«¿Alguna vez has leído un libro que te atraviesa por completo, pero de alguna manera a la vez sana tu alma, y ambas cosas a la perfección? Acabo de terminar de leer *Descansa en la soberanía de Dios: La plenitud de confiar solo en Él* de Joanna Weaver, y admito que me abrí paso a través de sus páginas bellamente escritas y florecientes con la verdad. En las conmovedoras historias personales de Joanna (la suya y la de otros) y las metáforas con las que me puedo identificar, reconocí mi propia tendencia a vagar por el laberinto de la desconfianza humana hacia Dios, especialmente cuando la vida arrebata toda esperanza y las circunstancias no tienen absolutamente ningún sentido. (¡Qué dolor!) Pero luego mi sabia amiga de la vida real, Joanna, entrelaza sólidas verdades bíblicas con nuevas perspectivas sobre por qué confiar genuinamente en Dios, tiene todo el sentido del mundo, por qué es lógico y liberador para aquellas de nosotras con almas desconfiadas y cansadas. (¡Qué alivio!) Este es un libro lo suficientemente sólido como para desafiar tus dudas y ayudarte a lidiar con ellas mientras nutre tu capacidad de abrazarte apasionadamente a la confianza en un Dios siempre fiel. Prepárate para que te atraviese y te sane mientras aprendes a abandonarte y aferrarte. Esta es tu próxima lectura que te cambiará la vida».

Dr. Jodi Detrick, autora de *Mujer al estilo de Jesús* y *El alma estable*

«Joanna se sumergió profundamente cuando escribió con ternura este libro. También tú te sumergirás profundamente, a medida que pases cada página y te encuentres creciendo en tu confianza y tu amor por Dios. Ideal para un estudio grupal».

Robin Jones Gunn, autora de más de cien libros, incluyendo *Victim of Grace*

DESCANSA EN LA SOBERANÍA DE *Dios*

La plenitud de confiar solo en Él

JOANNA WEAVER

PATMOS

Descansa en la soberanía de Dios: La plenitud de confiar solo en Él

Publicado por Editorial Patmos, Miramar, FL 33027

Publicado originalmente en inglés por Revell, una división de Baker Publishing Group, PO Box 6287, Grand Rapids, MI 49516-6287, con el título *Embracing trust : the art of letting go and holding on to a forever-faithful God.* © 2022 por Joanna Weaver.

Traducido por Carina Valerga

Diseño de portada e interior por Adrián Romano.

ISBN: 978-1-64691-287-2

Categoría: Mujeres / Estudios bíblicos

Impreso en Brasil
Printed in Brazil

«En este hermoso libro, Joanna nos revela el regalo de una confianza que nos cambia la vida. Cuando sentimos que nuestro mundo parece abrumador y fuera de control, ella nos recuerda desde las Escrituras y desde su propia historia que nunca hemos estado realmente en control, sino que Dios es el que siempre tuvo, tiene y tendrá el control».

Sheila Walsh, autora de *Holding On When You Want to Let Go*

«Joanna Weaver lo ha hecho de nuevo, ha escrito un libro que comparte la verdad bíblica familiar de una manera nueva y transformadora. Sus palabras animarán tu corazón, profundizarán tu fe y te mostrarán cómo abrazar lo mejor de Dios para ti como nunca lo has hecho».

Holley Gerth, autora del bestseller *What Your Heart Needs for the Hard Days*

«Si no tienes problemas para amar a Dios, pero descubres que confiar en él continuamente en medio de tus circunstancias es mucho más difícil de hacer, ¡este recurso inspirador fue escrito justo para ti! *Descansa en la soberanía de Dios* por Joanna Weaver te equipará de forma hermosa y práctica para vivir una vida de esperanza segura. Aprenderás a calmar tus temores con fe a medida que reemplaces tus dudas con la determinación de ver la mano de Dios en cada detalle de tu vida. ¡Muy recomendable!».

Karen Ehman, autora de los *bestsellers* del New York Times *Trusting God in All the Things* y *Make Their Day*; conferencista de *Proverbs 31 Ministries*; esposa y madre de cinco hijos

«Joanna me ha impulsado personalmente como hija de Dios y como escritora durante los últimos quince años, ¡así que estoy muy contenta de que nos haya regalado esta contribución tan necesaria y esperada! *Descansa en la soberanía de Dios* es una invitación y una hoja de ruta para vivir en la plenitud y libertad que proviene de confiar verdaderamente en Dios. ¡Deseo que mientras leas, puedas descubrir su paz sin igual a medida que aprendes a aferrarte a Él en fe, en cada temporada y circunstancia!».

Christy Nockels, líder de adoración, compositora, autora de *The Life You Long For*

«Confiar en Dios es fundamental para la fe, pero muy pocas de nosotras abrazamos esta confianza con todas sus ramificaciones para nuestra vida diaria. Joanna Weaver nos ha dado una guía práctica para ayudarnos a adoptar la confianza que cambia la vida. ¡He sido convencida, desafiada y alentada!».

Ruth Graham, autora de *Transforming Loneliness*

«Joanna Weaver comparte historias que calman el alma y palabras que hablan de asuntos del corazón. Amable, gentil, tiernamente, ella nos lleva a ver la verdad acerca de Dios y a confiar en su amor por nosotros. Si estás cansada de luchar por la perfección, la paz y el control, este libro te guiará a soltar el pasado y abrazar el don de la gracia, así como al Dios que la da gratuitamente».

Rachel Marie Kang, autora de *Let There Be Art*

«Al igual que con todos sus excelentes libros, Joanna Weaver escribe desde lo más profundo de su corazón. ¿Tienes una chispa de descontento rondando por tu alma? Entonces este libro es para ti. Dentro de estas páginas aprenderás la belleza de confiar en Aquel que diseñó nuestros corazones. Yo pude sentir el amor de Dios en estas páginas. *Descansa en la soberanía de Dios* va más allá de la inspiración y la satisfacción de la transformación propia. ¡Es perfecto para compartir con una amiga o con un grupo!».

Tricia Goyer, autora de más de 80 libros, incluyendo *Heart Happy*

«Si has luchado con el miedo, la incertidumbre, la decepción, el desaliento o la duda, lee este libro. Joanna Weaver ha escrito una obra maestra. Cada capítulo es una obra de arte que reconoce nuestros desafíos y luego proporciona pasos de acción para edificar la fe, que nos ayudarán a reconstruir la confianza en nuestro Dios siempre fiel. ¿Estás buscando un libro para estudiar con amigas? ¡Aquí está! La profundidad bíblica de Joanna, las historias de la vida real, las aplicaciones prácticas y las pepitas de verdad encenderán una fe fresca y una firme confianza en Aquel que nunca cambia».

Carol Kent, Directora Ejecutiva de Speak Up Ministries, autora de *He Holds My Hand*

A mi esposo, John
Gracias por tu amor apasionado por Jesús.
Dado que Él tiene el primer lugar en tu vida,
mi corazón descansa seguro en tu amor.
Debido a que confías en Dios tan
plenamente, he aprendido a confiar en
Él en una medida más profunda.
Por esa y mil otras razones, estoy
muy agradecida de ser tu esposa.

A mi hijo, Josué
¡Oh, mi dulce niño, mi regalo del cielo!
Desde el momento en que naciste,
me has enseñado cómo es confiar en Dios.
Gracias por permitirme compartir tu historia.
Sigue amando a Jesús y compartiendo
su amor con los demás, lo haces
increíblemente bien.
Soy tan bendecida de ser tu madre.

Contenido

Una invitación

El libro que tienes en tus manos es un libro que he querido escribir durante más de veinte años. Desde el momento en que terminé de escribir *Cómo tener un corazón de María en un mundo de Marta*, este fue el mensaje que estaba segura de que Dios quería que escribiera. Sin embargo, Dios seguía pidiéndome que lo dejara de lado para trabajar en otros libros. (Irónico cuando consideras mi título provisional: Soltar el control y confiar en Dios).

Cuando el Señor finalmente me dio el visto bueno, el tema había crecido más allá de la rendición para incluir la importancia de aferrarse a la fe. Con el mensaje todavía claro y fuerte en mi corazón, estaba segura de que el «nacimiento» del libro sería relativamente fácil. Unas cuantas contracciones, pujar y ¡*voilà*! Saldría completamente formado, vestido y listo para afeitarse. Por el contrario, Dios me llevó en un viaje de confianza que tomó cuatro años hasta dar a luz este libro, pero que también cambió radicalmente mi vida.

Nunca me ha resultado fácil escribir, pero la inmensidad de este mensaje se sentía paralizante.

Con los plazos que se acercaban y las palabras aún distantes, lo único que detenía mi temor era repetir: «Confío en Ti, Señor. Confío en Ti, confío en Ti, confío en Ti». Sin embargo, en medio de la lucha por escribir, Dios me bendijo con tantos descubrimientos personales que casi me sentí culpable.

Uno

El viaje hacia la confianza

> En ti confían los que conocen tu nombre, porque tú, Señor, jamás abandonas a los que te buscan.
>
> Salmos 9:10

No es de sorprender que todos lleguemos a la vida con algún tipo de problema de confianza. Después de todo, el nacimiento en sí es bastante traumático.

En un momento estamos seguros y calentitos, flotando en suaves ondas de líquido amniótico, acunados cerca del útero de nuestra madre. Cada necesidad es satisfecha sin que lo pidamos. Nada que hacer excepto dar volteretas lentas, chuparnos el pulgar y patear las costillas de mamá. ¡Ah, qué vida!

Pero luego, de repente, somos expulsados a un mundo desconocido. Rodeados de luces brillantes, caras extrañas y la bofetada de aire frío contra nuestra piel, comenzamos a gritar y patear. Nuestros brazos se agitan. Nuestras manos se aprietan, luego se abren, agarrando, buscando algo que nos diga que no estamos solos. Que no estamos tan indefensos como nos sentimos.

En algún lugar un dedo acaricia nuestra mano, y aunque es extraño para nosotros, lo agarramos y nos negamos a soltarlo. Finalmente. Un punto de anclaje. Algo más grande y sólido que nosotros. Una fuente. Algo o alguien, no estamos del todo seguros de qué se trata, que responda a nuestros gritos con comida, tacto y, lo mejor de todo, pañales limpios. Y por un momento estamos satisfechos, hasta que el ciclo se repite.

Hasta que finalmente crecemos.

Al menos así es como se supone que debe funcionar. Pero me pregunto. Como adulto, todavía me encuentro a tientas y agarrándome, buscando algo más. Anhelando que mis necesidades sean satisfechas y mis deseos sean cumplidos.

Desafortunadamente, cuando lo que quiero y lo que obtengo no coinciden, llego a la conclusión inconsciente: estoy sola en el mundo y no hay nadie en quien pueda confiar. Al menos así es como se siente.

Sin embargo, nada podría estar más lejos de la verdad.

El nacimiento de la desconfianza

Desde el principio de los tiempos, Dios ha anhelado un pueblo al cual amar y llamar como suyo propio. Un pueblo sobre el que pudiera derramar abundantemente de su provisión y protección, así como de su presencia. Al igual que Adán y Eva, tú y yo estábamos destinadas a vivir como niñas mimadas disfrutando de la dulce comunión con nuestro Padre. Caminando juntos por la vida. Tiernamente cuidadas y protegidas por su amor. Todas las necesidades suplidas. Cada anhelo satisfecho.

Pero entonces ocurrió el pecado, y todo cambió.

Tal vez comenzó con una semilla de duda que había acechado en el corazón de Eva por un tiempo. Una desconfianza de la bondad de Dios que la llevó a anhelar algo más de lo que tenía. ¿De qué otra manera explicar la habilidad de Satanás para tentarla tan fácilmente con lo prohibido y llevarla por mal camino?

Después de todo, había muchos, muchos árboles en el jardín del Edén. Génesis 2:9 nos dice: «Dios el Señor hizo que creciera toda clase de árboles atractivos a la vista y buenos para comer». De todos esos árboles, había dos que eran especialmente importantes: «el árbol del conocimiento del bien y del mal» y «el árbol de la vida» (v. 9). Y de estos dos, solo uno había sido marcado como prohibido por Dios (v. 17).

Considera lo que eso significa. Cuando Dios dijo no a un árbol, Él estaba diciendo sí a cientos de otros, incluyendo el súper especial árbol de la vida. Pero entonces vino una serpiente que sembraba dudas, trayendo un siseo de descontento.

«Dios se está quedando con lo mejor», le dijo el diablo a Eva, atacando el carácter de Dios. Come este fruto y «se les abrirán los ojos y llegarán a ser como Dios, conocedores del bien y del mal», le prometió en Génesis 3:5.

Dudando de las intenciones amorosas de Dios, Eva tomó el fruto, y tanto ella como su esposo lo comieron (v. 6). Y por ese acto, el Paraíso se perdió. Forzados a salir del Edén debido a la desobediencia, Adán y Eva se encontraron solos, confinados a una vida fuera de la cobertura de la protección y provisión de Dios. Su rebelión les afectaría no solo a ellos, sino a las generaciones venideras, incluyéndonos a ti y a mí. Todo porque nuestros tatarabuelos no tan geniales eligieron comer del árbol equivocado.

Si te pones a pensar, fue la mayor de las estafas. Adán y Eva fueron engañados para cambiar la perfección del jardín por algo que ya tenían. Hechos a imagen de su Hacedor, ya eran «como Dios». Rodeados de una belleza impecable, la pareja tenía conocimiento de primera mano de todo lo bueno. Pero el conocimiento del mal fue el mayor engaño de Satanás. En lugar de dar a Adán y Eva el control sobre sus vidas, los dejó indefensos, atormentados por el miedo, esclavizados a la tentación y susceptibles al sufrimiento.

Con la puerta abierta a la oscuridad, la maldad se precipitó, dejando a la pareja aterrorizada e incapaz de detenerla. Tal como nos sucede cuando tratamos de vivir la vida separados de nuestro Dios en quien podemos confiar.

La lucha por confiar

Es interesante que Satanás tentara a Adán y Eva con la misma cosa que lo expulsó del cielo. Lucifer, como era conocido, parecía haber recibido un papel prominente como líder de adoración del cielo (véase Ezequiel 28:13). Pero evidentemente, se cansó de adorar a Dios y quiso ser adorado en su lugar.

Isaías 14:13-14 registra sus pensamientos orgullosos:

> «Subiré hasta los cielos. ¡Levant aré mi trono por encima de las estrellas de Dios! [...] seré semejante al Altísimo».

Por supuesto, el intento del diablo de apoderarse del cielo fracasó. Tal vez por eso está tan decidido a apoderarse del corazón humano. Él siembra sospechas y dudas en nuestras mentes atacando el carácter de Dios y tratando de socavar nuestro sentido de Su amor:

¿Por qué Dios prohibiría algo que necesitas? Él solo está tratando de controlarte.

Si Dios fuera verdaderamente bueno, no permitiría que sucedieran cosas malas.

Si Él realmente te amara, no te permitiría sentir tanto dolor.

Al vivir en un mundo estropeado por el pecado, somos especialmente vulnerables a sus mentiras. Porque la vida es impredecible y, a veces, terriblemente dura. Todos los días encontramos razones para dudar, razones para temer. Y aunque desearía que no fuera así, ser cristiano no nos exime de problemas. Las tragedias ocurren. La gente nos decepciona. No importa cuánto ejercicio hagamos o qué tan sano comamos, nuestra salud eventualmente se verá afectada. En resumen, esta vida es fatal.

No debemos sorprendernos por nada de eso, porque Jesús nos dijo claramente: «En este mundo afrontarán aflicciones» (Juan 16:33). Esto no es el cielo, después de todo. Sin embargo, en ocasiones, reconciliar las bendiciones prometidas por ser cristianos con las dificultades que enfrentamos en la vida, puede parecer confuso. No es de extrañar que todos luchemos por confiar en Dios cuando las cosas son difíciles.

Lysa TerKeurst habla de esto en su libro *Uninvited*. «Anhelo que la vida tenga sentido. Me estremezco cuando no es así», escribe, y continúa explicando:

> Quiero que la vida sea tan estable como un problema de matemáticas. Dos más dos siempre es igual a cuatro. Será igual a cuatro hoy, mañana y en los años futuros a partir de ahora...
>
> [Pero] la vida no cuadra. La gente no cuadra. Y en los momentos más crudos de genuino dolor, Dios tampoco cuadra. Todo eso nos hace mantener nuestra confianza guardada en nuestro interior hasta que se vuelve más ligada a nuestros miedos que a nuestra fe.[2]

¿A qué está ligada tu confianza, me pregunto? Me gusta pensar que soy una mujer de fe, pero con demasiada frecuencia, soy una mujer de miedo. La gente toma decisiones que me hieren. Las esperanzas y los sueños no siempre se hacen realidad. A veces, las responsabilidades y preocupaciones diarias de la vida se sienten tan abrumadoras que es más probable que me preocupe a que dedique tiempo para orar.

Me ayuda recordar una cita que escuché hace años: «El cristianismo no es la ausencia de problemas. Es la promesa de la presencia de Dios».[3] Pero para ser honesta, incluso ese concepto puede ser difícil de entender, especialmente para aquellos de nosotros con una visión americanizada del cristianismo.

De alguna manera hemos llegado a esperar bendiciones continuas y tangibles como nuestro derecho de nacimiento espiritual, olvidando el mundo caído en el que vivimos. Cuando Adán y Eva rechazaron la perfección de Dios, nos dejaron con esta mezcla llamada vida, con algunas cosas buenas, otras no tan buenas, y otras francamente malas.

Pero estas son las buenas noticias. Aunque Adán y Eva comieron del árbol equivocado, Jesús colgó de otro árbol para que tú y yo pudiéramos reconciliarnos con nuestro Padre celestial. A través del sacrificio de Cristo, el árbol de la vida se nos ofrece una vez más. En lugar de vagar por la vida confundidas y solas, tú y yo somos invitadas a regresar a la intimidad del Edén y a la hermosa seguridad de pertenecer al Señor.

«Les anunciamos lo que hemos visto y oído», escribe Juan en 1 Juan 1:3, «para que también ustedes tengan comunión con

10 SEÑALES DE QUE PODRÍAS TENER PROBLEMAS DE CONFIANZA

No es fácil tener confianza en este mundo quebrantado. La gente nos ha herido. La vida nos ha defraudado. Si no tenemos cuidado, podemos llegar a proyectar esos problemas de confianza en Dios. Estos son algunos síntomas:

1. ***Mantienes a Dios a distancia.*** Se siente más seguro de esa manera. Rara vez pasas tiempo a solas con Él o haces preguntas directas, porque no estás segura de querer escuchar lo que Él podría decir.

2. ***Permaneces en el asiento del conductor.*** Cuando dices: «Dios es mi copiloto», lo dices en serio. No puedes imaginarte dándole el volante por temor a dónde te pueda llevar.

3. ***Tu vida de oración tiende a ser sin vida o inexistente.*** Repites oraciones de memoria si es que oras en absoluto. Dices que no quieres molestar a Dios con tus problemas, pero en realidad, no quieres sufrir una decepción.

4. ***Limitas a Dios por tus limitaciones.*** Tal vez creas que Dios puede hacer cualquier cosa, pero no crees que pueda hacerlo a través de ti. Especialmente cuando la situación parece imposible.

5. ***No sientes el amor de Dios.*** Aunque crees que Jesús murió por tus pecados, secretamente piensas que debes ganarte su favor. Parece imposible que Él pueda aceptarte y amarte plenamente tal como eres.

6. ***Tienes dificultades para adorar.*** Tus palabras parecen no tener sentido. Mientras que una parte de ti quiere expresarle tu amor a Dios, la otra parte se siente indiferente, vacía y seca.

7. ***Rara vez te conectas con la Palabra de Dios.*** Quizás leas la Biblia como un deber, pero luchas por identificarte con lo que has leído. Las tiernas palabras del Padre pocas veces llegan a tu corazón.

8. ***Dudas de la bondad de Dios.*** Debido a que la vida es difícil, luchas por creer que Dios está de tu lado y trabajando a tu favor. Cuando Él bendice a otros, a veces te molesta el hecho de que no seas tú.

9. ***Secretamente crees que Dios está enojado contigo.*** Cuando algo sale mal, asumes que Dios te está castigando. Incluso cuando te arrepientes, luchas por aceptar su perdón.

10. ***Te sientes atascada.*** Los reproches del pasado, el resentimiento del presente y el temor del futuro te impiden confiar plenamente en Dios. Te cuesta imaginar una forma de vida diferente.

Si te sientes identificada con alguna de estas descripciones, lleva tu problema de confianza a Jesús y trabajen juntos. Él quiere sanar tu corazón y liberarte del miedo y la incredulidad.

«No temas, porque yo estoy *contigo* [...]
Te *fortaleceré* y te *ayudaré*».

Isaías 41:10

nosotros. Y nuestra comunión es con el Padre y con su Hijo Jesucristo». El hombre que disfrutó de una estrecha amistad con Jesús como parte de su círculo íntimo, el que apoyó su cabeza sobre el pecho del Salvador, nos ofrece que nosotras también seamos bienvenidas a tener intimidad con Dios.

Pero esta dulce comunión requiere una elección. ¿Rendiremos nuestras vidas y seguiremos sin reservas a Jesús, o mantendremos el control y le seguiremos desde la distancia? ¿Comeremos del árbol que ofrece conocimiento y autosuficiencia, o participaremos del árbol que nos da vida?

Elegir el árbol correcto no garantiza que escaparemos de las consecuencias de este mundo caído. Seguir a Jesús no necesariamente responderá a todas nuestras preguntas. Pero cuando comemos del árbol correcto, esas preguntas no parecen tan importantes. En lugar de tratar de entender los misterios de la vida y por qué el mal parece ganar más a menudo que el bien, nuestros corazones podrán descansar en el amor del Padre. Confiando en su carácter, sabiduría y poder.

Experimentaremos la libertad que está disponible cuando le damos a Dios el control de nuestras vidas incontrolables.

La hermosa lógica de confiar en Dios

No sé tú, pero si yo hubiera sido Dios y Adán y Eva me hubieran rechazado, habría presionado el botón de reinicio y comenzado de nuevo con la creación. Un cielo y una tierra nuevos. Un hombre y una mujer diferentes. Y ninguna serpiente en el camino.

Pero en lugar de permitir que el pecado arruinara su plan, Dios inmediatamente comenzó el proceso de redención. En su misericordia Dios cubrió la desnudez de la pareja. Su amor los siguió fuera del jardín y los ayudó a navegar por el mundo cruel. Y su amor y misericordia todavía nos alcanzan hoy. Nos atraen de nuevo a una relación con Aquel que nos conoce, pero a pesar de eso nos ama tanto.

Me desconcierta que tan a menudo rechacemos la iniciativa de nuestro Padre celestial y elijamos vivir por nuestra cuenta. Porque hay una hermosa lógica en confiar en Dios, junto con múltiples razones por las que Él merece nuestra fe:

- *Dios nos hizo.* Él nos formó en el vientre de nuestra madre y está íntimamente familiarizado con todos nuestros caminos (Salmos 139:3-13). Tiene todo el sentido que nuestro Creador conozca la mejor manera de vivir para nosotras.
- *Dios nos ama.* No importa por lo que estemos pasando, podemos estar seguras de que Él está de nuestro lado, no contra nosotras (Romanos 8:31). Dios siempre está trabajando a nuestro favor, y quiere que experimentemos su amor de forma real en nuestros corazones.
- *Dios nos redimió.* Él compró nuestra libertad a través de la muerte de su Hijo y nos restauró a una relación correcta con Él (Tito 2:13-14). Le encanta redimir todo lo que el enemigo pretende para el mal y convertirlo en algo bueno.
- *Dios nos da poder.* Debido a que no podemos vivir una vida piadosa por nuestra cuenta, Él nos da el Espíritu Santo para guiarnos y enseñarnos, y nos enviste del poder que necesitamos para convertirnos en todo lo que Dios quiere que seamos (2 Corintios 3:18).

Pero hay otra razón poderosa para confiar en el Señor que, en mi mente, reemplaza todas las demás razones. Reside en lo que significa nuestra dependencia para el corazón de nuestro Padre. Brennan Manning lo expresa maravillosamente en su libro *Ruthless Trust*:

> ¿Por qué nuestra confianza ofrece un placer tan inmenso a Dios? Porque la confianza es la expresión preeminente del amor. Por lo tanto, puede significar más para Jesús cuando decimos: «Confío en ti», que cuando decimos: «Te amo».[4]

En un sentido muy real, la confianza es el lenguaje de amor de Dios. Nada le trae más gozo que cuando ponemos nuestra esperanza plenamente en Él. Tú y yo no somos un experimento cósmico destinado a mantener el cielo ocupado. La humanidad no es parte de un proyecto de ciencia celestial que rastrea cómo ocho mil millones de ratones interactúan en un laboratorio llamado planeta Tierra. Somos hijos de Dios, cada uno de nosotros amado y querido de manera única. Intrincadamente diseñados para un lugar especial en el corazón del Padre.

Pero para hablar el lenguaje de amor de Dios y acceder a la vida que estamos destinados a vivir, debemos abrazar la confianza, soltar el control mediante la rendición y aferrarnos a la fe. Porque conformarnos con algo menor afectará todas las áreas de nuestras vidas.

- Cuando no confiamos en Dios, somos rápidas para preocuparnos y lentas para orar.
- Cuando no confiamos en Dios, nos resulta difícil perdonar.
- Cuando no confiamos en Dios, rezongamos y nos quejamos.
- Cuando no confiamos en Dios, construimos muros de autoprotección.
- Cuando no confiamos en Dios, intentamos micro gestionar nuestro mundo.
- Cuando no confiamos en Dios, reaccionamos mal en lugar de responder sabiamente.

- Cuando no confiamos en Dios, vivimos como huérfanas en lugar de como hijas amadas.
- Cuando no confiamos en Dios, perdemos la alegría y la libertad de pertenecer a Él.

Por el contrario, caminamos con una etiquetadora incorporada, definiendo la vida desde nuestra comprensión limitada y, por lo general, de manera equivocada.

Nuestras vidas mal etiquetadas

¿Alguna vez has usado uno de esos pequeños dispositivos de mano que producen etiquetas adhesivas para ayudarte a organizar tu vida? Con unos pocos giros del dial alfabético o unos pocos golpes en el teclado incorporado, puedes etiquetar tu cajón de calcetines y encontrar cualquier cosa en tu despensa con un solo vistazo. Pero hay que tener cuidado de poner las etiquetas correctas en los artículos pertinentes. De lo contrario, ¡podrías terminar agregándole chile en polvo en lugar de canela a tu pastel de durazno!

Eso es exactamente lo que sucede cuando usamos nuestra etiquetadora interna que nos fue instalada en la Caída. Comer del árbol del conocimiento en lugar del árbol de la vida ha sesgado nuestra perspectiva, lo que nos ha hecho etiquetar mal las cosas, tal como lo hace el mundo, llamando «a lo malo bueno y a lo bueno malo» (Isaías 5:20). Debido a que nuestro entendimiento humano es limitado, nos hace marcar a las bendiciones como «buenas» y a las pruebas como «malas», sin darnos cuenta de que Dios está obrando en ambas.

Una fábula popular describe a un granjero cuyo caballo se escapó. Sus vecinos fueron a expresarle sus condolencias. «Lamentamos escuchar sobre su caballo. ¡Qué desafortunado!», le dijeron. Pero el granjero simplemente respondió: «Tal vez».

Al día siguiente, el caballo regresó con siete caballos salvajes. «¡Esto es tan afortunado! Ahora tienes ocho caballos», dijeron sus vecinos. Pero de nuevo, el granjero respondió: «Tal vez».

Cuando el hijo del granjero trató de domar a uno de los caballos, se cayó y se rompió la pierna. «Oh, eso es terrible», dijeron sus vecinos. Pero el viejo simplemente se encogió de hombros. «Tal vez».

Cuando los soldados llegaron a la aldea para reclutar combatientes, rechazaron al hijo del granjero debido a su pierna rota. «¡Qué suerte tienes!», gritaron los vecinos. Pero el granjero solo sonrió y dijo: «Tal vez».[5]

Hay mucha sabiduría en la respuesta del granjero, porque solo Dios sabe lo que es verdaderamente bueno y lo que es malo. Comer del árbol equivocado tiende a hacernos creer que nuestra sabiduría es irrefutable y que nuestra percepción de una situación es la última palabra, pero solo Dios sabe la verdad. Solo Él sabe el *por qué* detrás de cada situación y *cómo* va a resultar todo al final. Entonces, ¿no tiene más sentido dejar que las etiquetas las coloque Él?

Porque nuestro gran Redentor se especializa en redefinir lo bueno y lo malo, reorientando lo peor que el infierno arroja para que sirva a sus propósitos eternos. Tal como lo hizo en la vida de un joven pastor llamado David.

Una perspectiva mejor

A lo largo de este libro, vamos a explorar la vida de David, porque él es un gran ejemplo de cómo es confiar en Dios en cada área de nuestras vidas. Afortunadamente, tenemos una gran cantidad de material del cual aprender. Con sesenta y seis capítulos dedicados a su historia en el Antiguo Testamento y cincuenta y nueve referencias a su vida en el Nuevo Testamento, se ha escrito más sobre David que sobre cualquier otro personaje de la Biblia.[6]

Aunque no siempre lo hizo bien, David trató de centrar su vida en conocer y agradar a Dios. A lo largo de Salmos, continuamente nos llama a *confiar* en Dios, haciendo uso de esa palabra cuarenta y nueve veces en la versión *King James* según mis cuentas.

> Dichoso el que pone su confianza en el Señor (40:4)
> Oh, pueblo, confía en él siempre [...] Dios es nuestro refugio. (62:8)

> En ti confían los que conocen tu nombre, porque tú, Señor, jamás abandonas a los que te buscan. (9:10)

Este último versículo es digno de mencionar, porque en el Antiguo Testamento, cada uno de los nombres de Dios revela un aspecto de su carácter. Lo cual es importante, porque solo confiamos en los que conocemos.[7]

Desde una edad temprana, David buscó conocer al Señor íntimamente. Esto resultó en una profunda amistad y dependencia de por vida en Dios que pudo haber sido cultivada durante los días y noches solitarios que pasó cuidando las ovejas de su padre. Cualquiera que sea la fuente, ciertamente estaba presente cuando era joven, momento en el que Dios lo eligió para ser rey.

Cuando Samuel fue enviado a ungir a uno de los hijos de Isaí para ser el próximo gobernante de Israel (1 Samuel 16:1-13), el profeta invitó a toda la familia a una ceremonia religiosa para que pudiera discernir la elección del Señor (v. 5). Pero por alguna razón, tal vez por ser el más joven y que se le necesitaba para cuidar las ovejas de la familia, David no fue incluido en la alineación. Después de que Samuel conoció a los hermanos mayores y más impresionantes de David, Dios impulsó al profeta a preguntar si había otros hijos. Isaí llamó a David de los campos, y Dios confirmó que él era «el indicado» (v. 12).

Mientras el aceite de la unción rodaba por la cara del joven, su mente debe haber corrido a mil revoluciones. Los sacerdotes y los reyes eran quienes recibían unciones, no los pastores insignificantes, aparentemente olvidados por sus padres. Aunque David no fue declarado rey públicamente en ese momento, el historiador del primer siglo Josefo ha afirmado que Samuel susurró el significado simbólico de la unción al oído del joven: «Tú serás el próximo rey».[8]

¿Por qué yo? David debe haberse preguntado. ¿Qué lo diferenciaba de los hombres mayores y más capaces? En Hechos 13:22, Dios revela la razón: «He encontrado en David, hijo de Isaí, un hombre conforme a mi corazón; él harátodo lo que yo quiera».

¡Oh, cómo deseo que Dios pueda decir eso de mí! Quiero ser conocida como una mujer que conoce a Dios tan íntimamente, que le obedece implícitamente, una mujer conforme al corazón de Dios. ¿No te pasa lo mismo?

Tener un corazón como ese requiere que renunciemos a crear etiquetas en nuestro entendimiento y que confiemos en Dios a fin de que defina y corrija todo lo referido a nuestras vidas, incluida nuestra visión de Él. Porque hasta que no lleguemos a conocer al Señor íntimamente y a ver la vida a través de la lente de quién es Él, no tendremos la perspectiva adecuada de lo que nos sucede, ni comprenderemos plenamente la profundidad de su amor.

Me encanta el consejo dado por el obispo Paternus del siglo VI:

> Piensa magníficamente acerca de Dios. Magnifica su providencia: adora su poder; sé constante en su servicio; y ora a Él con frecuencia e incesantemente. Llévalo siempre en tu mente; instruye a tus pensamientos a reverenciarlo en todo lugar, porque no hay lugar donde Él no esté… Teme y adora, y ama a Dios; de principio a fin, piensa magníficamente acerca de Dios.[9]

Es mi oración que, al leer este libro, permitas que el Espíritu Santo amplíe tu comprensión de quién es Dios realmente: tu Padre confiable. Tu Salvador compasivo. Tu tierno Consolador. Tu fiel amigo. No dejes que las etiquetas creadas por vivencias previas o por falta de experiencia minimicen su obra en tu vida. Deja que Dios salga de la caja de tu pensamiento limitado, porque nuestra visión de Dios determina nuestro nivel de confianza.

«Si tengo un concepto bajo de Dios, mi religión solo puede ser un asunto barato y diluido», escribe A. W. Tozer. «Pero si mi concepto de Dios es digno de Dios… Puede ser reverente, profundo, hermoso».[10]

Para ayudarte a fortalecer tu comprensión de Dios, he incluido una lista de sus atributos en el Apéndice B. Elige uno para meditar durante esta semana y permite que tu concepto de Dios crezca.

Si seguimos ignorando el carácter y los propósitos de Dios en la tierra, constantemente etiquetaremos su obra de manera errónea y cuestionaremos sus motivos. Viviremos mirando a través del extremo equivocado de un telescopio. Dios parecerá pequeño, y nuestros problemas parecerán enormes.

Pero cuando «pensamos magníficamente» acerca de Dios, el Espíritu Santo gira el telescopio para que veamos a Dios correctamente. En consecuencia, nuestros problemas se reducen a sus proporciones adecuadas. Porque a la luz de su amor, vemos la vida, y nos vemos a nosotras mismas, a través de la lente correcta.

Confianza incondicional

A lo largo de los años, Dios ha usado Proverbios 3:5-6 para recalibrar mi alma. Se ha vuelto tan precioso para mí que es el verso de mi vida y el tema de este libro:

> Confía en el Señor de todo corazón y no te apoyes en tu propia inteligencia. Reconócelo en todos tus caminos, y él enderezará tus sendas.

Al comenzar este viaje juntas, me gustaría analizar de cerca cada línea de esta poderosa Escritura. Porque contiene pistas importantes sobre cómo podemos conocer a Dios, confiar en Él y convertirnos en personas conforme a su propio corazón.

«Confía en el Señor de todo corazón».

La confianza a medias no será suficiente. Tenemos que traer todo a la mesa, incluyendo todo lo que somos. No podemos confiar en Dios con todo nuestro ser si estamos haciendo planes de respaldo en caso de que Él no llegue. Dios está buscando una entrega sincera y una confianza continua en Él. Día a día. Minuto a minuto. Como David escribe en Salmos 62:5:

Solo en Dios halla descanso mi alma; de él viene mi esperanza.

«Y no en tu propia inteligencia».

Los residuos persistentes del árbol del conocimiento nos dificultan renunciar a nuestra necesidad de entender. Como expertas en arreglarlo todo, creemos que deberíamos ser capaces de descifrar la vida por nuestra propia cuenta. Pero nuestro intelecto humano siempre será limitado y a menudo defectuoso. Sin embargo, cuando invitamos a Dios a la ecuación, Él promete hacernos más sabias. Tal como dice Santiago 1:5: «Si a alguno de ustedes le falta sabiduría, pídasela a Dios y él se la dará, pues Dios da a todos generosamente sin menospreciar a nadie».

«Reconócelo en todos tus caminos».

Muy a menudo, en medio de los problemas, me olvido de reconocer conscientemente que Jesús está conmigo, que nada lo toma por sorpresa ni está más allá de su poder para salvar. He descubierto que cuando conscientemente «reconozco» que Él está presente conmigo en todos mis caminos, no solo en algunos de ellos, no caigo tan fácilmente en el temor. Por el contrario, soy capaz de ver a Dios en la situación, lo que me ayuda a someterme a Él para que su voluntad se cumpla en lugar de la mía.

«Y él allanará tus sendas».

Esta parte del versículo me recuerda a la alfombra del pasillo del apartamento de mi abuela. La larga tira de alfombra a menudo se amontonaba y creaba peligros de tropiezo, de los que ocasionalmente caía presa.

Aunque los dobleces de una alfombra son fáciles de alisar, cuando aparecen en mi vida, a menudo parecen montañas imposibles e infranqueables. Pero en Isaías 45:2, Dios nos dice:

> «Marcharé al frente de ti, y allanaré las montañas».

Porque como dice el versículo 2 en la versión RVR1960, Él se especializa en «enderezar los lugares torcidos».

En lugar de ceder al miedo cuando surgen las dificultades, estoy aprendiendo a declarar mi fe en Jesús en voz alta: «Señor, confío en Ti con todo lo que soy y en todo lo que enfrento. Reconozco que Tú estás conmigo en esta situación, no estoy sola. Gracias por ir delante de mí y mostrarme el camino a seguir».

A veces tengo que repetir la declaración una y otra vez mientras me alejo del miedo y la incredulidad. Aunque pueda ser imperceptible para mí, mientras espero en Dios, Él comienza a tirar del borde de esa alfombra hacia Él. Doblez tras doblez, arruga por arruga, Él elimina los obstáculos y endereza mi camino.

El himno clásico «*'Tis So Sweet to Trust in Jesus*» [Es tan dulce confiar en Jesús] fue escrito por Louisa M. R. Stead después de que su esposo muriera tratando de rescatar a un niño de ahogarse. Con poco dinero y una hija de cuatro años que criar, la joven viuda se enfrentaba a un futuro aterrador. Pero del crisol de su dolor surgieron estas palabras:

> Jesús, Jesús, ¡cómo confío en él!
> ¡Cómo lo he probado una y otra vez!
> ¡Jesús, Jesús, precioso Jesús!
> ¡Oh, por gracia confiar más en él![11]

Esa es mi oración por este libro. Que gracia fresca sea liberada en tu corazón y en el mío para confiar más en Jesús. Porque, así como Él ha demostrado ser fiel a innumerables generaciones, Él quiere demostrar que es digno de confianza para nosotras también. Cuando surge el miedo o la duda, necesitamos hacer la oración de Louisa: «Señor, dame gracia para confiar más en Ti».

Porque la gracia de Dios no solo nos salva, sino que también nos permite confiar en Dios en medio de los momentos más oscuros y desesperados de la vida. Especialmente durante esos momentos en que no podemos ver, y nuestros corazones simplemente no entienden.

Abre nuestros ojos, Señor

Cuando mi hijo menor tenía cinco años, tuvieron que extirparle las amígdalas y las adenoides debido a problemas respiratorios. El médico me advirtió que el postoperatorio podría ser un poco difícil, pero no estaba preparada para la reacción de Josué al salir de la anestesia.

«¡Mami, mami!», gritó mi niño, normalmente equilibrado, cuando se despertó en la sala de recuperación. Con los ojos bien abiertos, frenéticamente arañaba el aire en un intento de encontrarme.

«Estoy aquí, cariño…», trataba de tranquilizarlo mientras lo tomaba en mis brazos. «Mami está aquí».

Pero él se apartaba de mí e intentaba alcanzar algo más allá. Cegado a mi presencia e incapaz de recibir mi amor, continuaba llamándome por mi nombre, sin darse cuenta de que yo estaba de pie frente a él. Sin darse cuenta de que estaba esperando para consolarlo si solo se relajaba en mi amor.

Me pregunto cuántas veces le hacemos eso a Dios. «¿Dónde estás, Señor?», clamamos durante situaciones difíciles. «¿No ves mi dolor? ¿No escuchas mi temor?»

Estoy aquí, hija mía. Susurra a nuestros corazones atribulados mientras intenta tomarnos en sus brazos. *He estado contigo todo el tiempo.*

Tal vez justo ahora estás pasando por un momento difícil. Quizás tomaste este libro porque sabes que necesitas un nivel más profundo de confianza. Tal vez, como Josué, estás buscando frenéticamente a Dios en tu situación. Ha pasado mucho tiempo desde que sentiste el amor del Padre. Han pasado años desde que experimentaste su presencia.

Bueno, tengo buenas noticias para ti, amiga mía. Jesús está contigo, justo en medio de tus circunstancias. Él te ama y quiere mostrarse poderoso. Él quiere abrir tus ojos a Su presencia y ayudarte a sacudir la anestesia de la duda, a ser fiel a la promesa que declaró a través del profeta Jeremías: «Me buscarán y me encontrarán cuando me busquen de todo corazón. Me dejaré encontrar —afirma el SEÑOR» (Jeremías 29:13-14).

En lugar de andar a tientas, tratando de vivir la vida por tu cuenta, extiende la mano y recibe el amor que Jesús ofrece. A medida que te relajes en su amor, encontrarás todo lo que necesitas: fortaleza para tu día, esperanza para el mañana y gracia para confiar más en Él.

No importa lo que se te presente.

Dos

Rendición total

> El que ama su vida la pierde; en cambio, el que aborrece su vida en este mundo la conserva para la vida eterna.
>
> Juan 12:25

Dije que nunca lo haría. Después de todo, ¿quién en su sano juicio salta de un avión en perfectas condiciones?

Pero allí estaba yo, poniéndome el traje para mi primer salto en paracaídas. Mi primer descenso. Mientras me abrochaba el casco de aspecto gracioso, cuestioné la sabiduría de mi decisión. Después de todo, tenía terror a las alturas. Al crecer, mis peores pesadillas siempre tenían que ver con caer de lo alto. Caía en picada hacia un abismo, agitando los brazos, con la boca abierta en un grito silencioso e interminable. El hecho de que siempre me despertaba antes de estrellarme contra el suelo nunca había disminuido la intensidad de mi miedo.

Incluso el simple acto de subir una escalera hacía que se me subiera el corazón a la garganta. ¿Paracaidismo? Bueno, esa era la prueba definitiva de fe para mí. Supongo que por eso Dios lo escogió.

Quiero que confíes en Mí, Joanna, el Señor había estado susurrando a mi corazón durante meses.* No era solo mi miedo a las alturas a lo que Él se estaba refiriendo. Él me estaba pidiendo una mayor fe en cada área de mi vida, incluyendo a mis hijos. Aparentemente este desafío me ayudaría a crecer, así que finalmente dije que sí. John Michael y Jessica siempre habían querido saltar en paracaídas. Ahora que ambos se habían graduado de la escuela secundaria, mi esposo y yo decidimos que sería una buena manera de conmemorar este capítulo de la vida.

Les habíamos dado raíces a nuestros hijos. Ahora era el momento de darles alas.

De camino al aeródromo esa hermosa mañana de agosto, decidimos que John subiría con Jessica, y yo subiría con John Michael, en vuelos separados. De esa manera, en caso de que algo sucediera, quedaría alguien para criar a nuestro dulce hijo de cuatro años, Josué, quien más tarde comenzó a llorar mientras nos veía colocarnos nuestro equipo. Aparentemente, él también quería saltar de un avión en perfectas condiciones.

Atada de manera incómoda a un instructor bastante grande a cargo del salto en tándem, me encontré mirando por la ventana de un pequeño Cessna mientras ascendía al cielo. La emoción y el terror puro se arremolinaron en mi estómago mientras contemplaba hacia abajo el paisaje que se alejaba.

Finalmente, al llegar a la altitud indicada y rodeando el campo de aterrizaje, las parejas en tándem comenzaron a saltar del avión. En ese momento, estaba casi convencida de que esto era divertido y que, si me daban la opción, prefería saltar sola. Después de todo, ¿qué tan difícil podría ser? Nos dieron instrucciones claras antes de despegar, nos mostraron cómo usar el cordón de apertura del paracaídas y nos explicaron cómo aterrizar.

Pero luego llegó nuestro turno de saltar, y toda mi determinación se derritió cuando nos acercamos a la puerta del avión.

*Aclaración: nunca he escuchado la voz audible de Dios. En cambio, he aprendido a reconocer su voz apacible y delicada que habla dentro de mí a través de repetidas impresiones, correcciones suaves o pensamientos que son demasiado sabios para ser míos.

Agarrando la barra por encima de nuestras cabezas, el instructor se asomó, dejándome colgando frente a él. Ignorando mis gritos de «¡No, no, no!», se impulsó desde el umbral del avión, y comenzamos a caer, abajo, abajo y más abajo, hasta la tierra.

Cuando el paracaídas finalmente se abrió y ralentizó nuestro descenso, dejé de gritar y comencé a disfrutar del proceso. La vista de abajo era hermosa, un mosaico de bosques y prados rodeados por las majestuosas montañas del noroeste de Montana.

Curiosamente, incluso cuando estaba en caída libre, nunca tuve la sensación de caída en picada que había experimentado en mis pesadillas. En lugar de la sensación de una montaña rusa, el aire parecía sostenernos, amortiguando nuestro descenso.

Aunque mi salto duró solo unos minutos, la experiencia de haberme lanzado en paracaídas ha durado toda la vida. Mirando otra vez el cielo desde la seguridad del suelo, me pregunté por qué había tenido tanto miedo. Por qué me había resistido a dar un salto de fe durante tanto tiempo. No solo en el paracaidismo, sino también en otras áreas de mi vida.

Porque, resulta que, cuando estás saltando en tándem con Jesús, no hay nada que temer.

La ilusión de control

Seamos realistas, todos somos fanáticos del control por naturaleza.

Algunas de nosotras somos expertas en mantener ocultas nuestras tendencias controladoras. Las escondemos detrás de sonrisas benignas, diciendo: «Como tú quieras», pero luego manipulamos sutilmente a las personas para que lo hagan a nuestra manera.

Otras estamos orgullosas del control remoto que sujetamos firmemente en nuestra mano. Convencidas de que sabemos lo que es mejor para todos, manejamos nuestras opiniones como una varita mágica. Al igual que Lorelai de *The Gilmore Girls*, no dudamos en proclamar: «Mientras todo sea exactamente como yo quiero, soy totalmente flexible».[12]

El control no es necesariamente algo malo. Es un tipo de instinto de supervivencia conectado al ADN humano. Renunciar al control en la situación equivocada puede ser peligroso, como cuando eres un alcohólico en recuperación que está considerando una bebida o un padre cuyo niño pequeño está decidido a salir corriendo a la calle.

Una cantidad adecuada de autocontrol, autosuficiencia y autocuidado es saludable e importante. El dominio propio incluso se enumera en Gálatas 5:23 como un fruto del Espíritu. Pero si no tenemos cuidado, nuestro impulso de controlar puede cruzar la línea y volverse delirante y dañino, no solo al lastimar nuestras relaciones interpersonales, sino hasta llegar tan lejos como para sabotear nuestra relación con Dios. El Señor del universo no será manejado ni manipulado, no importa cuánto lo intentemos.

Si vamos a ser verdaderos seguidores de Jesús, debemos estar dispuestos a ser guiados. Solo puede haber un líder en nuestra relación. Un solo Dios. Solo un rey. Lo que significa que debemos renunciar a la varita mágica y entregar el control remoto, junto con nuestros intentos pasivo-agresivos de hacer que Dios haga las cosas a nuestra manera.

«Puedes tener fe o puedes tener el control», señala el pastor Joel Schmidgall, «pero nunca puedes tener ambos».[13]

Jesús lo dejó claro cada vez que alguien expresó interés en ser su discípulo. En lugar de ofrecer incentivos o una presentación hábil de los beneficios de quienes lo siguieran, Jesús parecía hacer todo lo posible para desalentar a los seguidores al resaltar el costo. «Si alguien quiere ser mi discípulo, que se niegue a sí mismo, tome su cruz cada día y me siga». (Lucas 9:23).

Los expertos en marketing dirían que no es la mejor estrategia. Tampoco la mejor metáfora, especialmente cuando las cruces eran utilizadas como instrumentos de tortura por los romanos, y estaban reservadas para los criminales, que colgaban desnudos y sangrando para que todo el mundo los viera. La crucifixión era considerada la peor manera de morir.

Pero en lugar de atenuar la imagen, Jesús continuó intensificándola. «Porque el que quiera salvar su vida la perderá; pero el que pierda su vida por mi causa la salvará» (v. 24).

No es suficiente cargar tu cruz, Jesús les estaba diciendo a los ansiosos aspirantes a ser sus seguidores. Tienen que confiar tanto en Dios como para subir a esa cruz y elegir morir, porque es la única manera de vivir verdaderamente. Es un tema que Jesús repite a lo largo de su ministerio. Aparece cinco veces en los Evangelios[14] y otra vez en una discusión de los eventos del tiempo del fin en Lucas 17:32-33, donde Jesús advierte: «¡Acuérdense de la esposa de Lot! El que procure conservar su vida la perderá; y el que la pierda la conservará».

No hay forma de evitarlo. Como cristianas, tú y yo estamos llamadas a rendirnos. Un compromiso total de nuestras vidas que va más allá de una bandera blanca débilmente ondeada en la dirección de Dios o de simplemente asentir con nuestra mirada que aceptamos seguir a Jesús, pero reservarnos el derecho de regresar si las cosas se ponen difíciles. Jesús requiere una rendición total, una entrega y sumisión absoluta de nuestras vidas a su gobierno. Cualquier esfuerzo menor resulta en un cristianismo diluido, como lo explica Mark Batterson:

> [Tristemente] las personas pueden asistir a la iglesia todas las semanas de sus vidas y nunca rendirse plenamente a Jesucristo. Me temo que hemos abaratado el evangelio al permitir que la gente lo compre sin invertirse por la causa. Lo hemos hecho demasiado conveniente, demasiado cómodo. Le hemos dado a la gente suficiente Jesús como para aburrirse, pero no lo suficiente como para sentir la sobrecarga de adrenalina santa que corre por nuestras venas cuando decidimos seguirlo a pesar de todo, a donde sea y cuando sea.[15]

Algunas veces, en un afán de ser «sensibles al buscador», podemos eludir este tema de la entrega total como líderes ministeriales, endulzando el evangelio con la esperanza de hacerlo más aceptable. Pero la «adrenalina santa» que todos anhelamos, la vida abundante que necesitamos, se encuentra únicamente al confiar en Dios con todo nuestro corazón. Rendirlo todo a Jesús para que solo Él controle nuestras vidas.

Lealtad dividida

Tal vez pienses que ser criada en un hogar lleno de gracia y en una iglesia llena de gracia me haya dado una ventaja en el cristianismo. Y en muchos sentidos así fue. Estoy eternamente agradecida por una herencia piadosa, y no cambiaría a mis padres, Cliff y Annette Gustafson, por nada en el mundo. Consistentemente me han mostrado «la forma de la piedad»[16] al vivir su caminar con Dios de manera tangible.

Debido a que mi mamá y mi papá reflejaron a Jesús tan bien, siento que lo conozco desde que he llegado a este mundo. Sin embargo, llegó un momento en que descubrí que nacer en una familia piadosa no era suficiente. Necesitaba un Salvador. Así que en algún momento alrededor de los cuatro o cinco años, acepté a Jesús en mi corazón. Mi amor por Él era genuino, y quería servirle siempre.

Sin embargo, a mitad de la escuela secundaria comencé a compartimentar nuestra relación. Aunque le había dado mi corazón a Jesús, como alguien dijo alguna vez: «el resto de mí seguía saliendo con otros chicos». Desesperada por la aprobación de la gente, hice muchas cosas tontas buscando aceptación. Nada oscuro ni sórdido, ¡era demasiado santurrona para eso! Pero mi corazón estaba definitivamente más interesado en las opiniones de los demás que en priorizar la opinión de Dios.

Aunque no me di cuenta, una dicotomía se había desarrollado en mi alma. Una línea invisible dividió mi vida por la mitad, con una parte de mí amando a Dios y la otra parte admirando al mundo. Jesús era mi Salvador, pero yo no lo había hecho mi Señor. Sentada en el trono de mi vida, seguí tomando las decisiones, porque en el fondo no estaba segura de poder confiar en Dios. ¿Qué

ACEPTAR A JESÚS COMO SALVADOR

Antes de que podamos hacer de Jesús nuestro Señor, debemos recibirlo como Salvador. Si aún no has tomado esa decisión tan importante, puedes hacerlo ahora mismo. El pastor y evangelista Greg Laurie describe los siguientes pasos:

> ***Reconoce que eres una pecadora.*** No importa cuán buena sea la vida que tratemos de vivir, todavía estamos miserablemente lejos de ser buenas personas. Eso es porque todos somos pecadores. La Biblia dice: «Nadie es bueno, ni siquiera uno» (Romanos 3:10, parafraseado). No podemos llegar a ser quienes se supone que debemos ser sin Jesucristo.
>
> ***Reconoce que Jesucristo murió en la cruz por ti.*** La Biblia nos dice que «Dios demuestra su amor por nosotros en esto: en que cuando todavía éramos pecadores, Cristo murió por nosotros» (Romanos 5:8). Esta es la Buena Nueva, que Dios nos ama tanto que envió a su único Hijo a morir en nuestro lugar cuando menos lo merecíamos.
>
> ***Arrepiéntete de tu pecado.*** La Biblia nos dice: «Para que sean borrados sus pecados, arrepiéntanse y vuélvanse a Dios» (Hechos 3:19). La palabra *arrepentirse* significa cambiar nuestra dirección en la vida. En lugar de huir de Dios, podemos correr hacia Él.
>
> ***Recibe a Jesucristo en tu vida.*** Convertirse en cristiano no es simplemente creer en alguna doctrina o ir a la iglesia. Es tener a Cristo mismo tomando residencia en tu vida y corazón. Jesús dijo: «Estoy a la puerta y llamo. Si alguno oye mi voz y abre la puerta, entraré...» (Apocalipsis 3:20).

Si deseas tener una relación con Jesús, simplemente haz esta oración y dícela en tu corazón: «Amado Señor Jesús, sé que soy una pecadora. Creo que moriste por mis pecados. Ahora mismo, me alejo de mis pecados y te abro la puerta de mi corazón y de mi vida. Te confieso como mi Señor y Salvador personal. Gracias por salvarme. Amén».[17]

Porque tanto *amó* Dios al mundo que dio a su Hijo único, para que *todo* el que cree en él no se pierda, sino que tenga *vida eterna.*

Juan 3:16

pasaría si Él me pidiera que hiciera algo que yo no quería hacer? ¿Qué pasaría si abdicar del trono de mi corazón significara que también tuviera que renunciar a mis esperanzas y sueños?

Para complicar todavía más las cosas, Pablo se refiere una y otra vez en Romanos a algo llamado la «carne» (7:18, RVR1960), también traducida como la «naturaleza pecaminosa» (NTV). Aunque como cristianos hemos sido reconciliados con Dios, Pablo nos recuerda que todavía hay una batalla continua dentro de nosotros, un tipo de guerra civil entre nuestro ser redimido y nuestra naturaleza estropeada por el pecado (7:15-25). He llegado a pensar en estos dos rivales que luchan como en La Mujer de la Carne y La Mujer del Espíritu.

Escribo extensamente sobre este conflicto interno en mi libro *Un espíritu como el de María: Dejemos que Dios nos cambie de adentro hacia afuera.*[18] Decidir quién gana la batalla cada día, la carne o el espíritu, es crucial para una transformación positiva y duradera en nuestras vidas. Pero también es importante cuando se trata de confiar en Dios, dado que explica por qué muchas de nosotras luchamos por rendirnos y por qué en ocasiones sentimos un tira y afloje despiadado dentro de nuestras mentes y corazones.

Mi Mujer del Espíritu es esa parte de mí que fue vivificada mediante la salvación (Efesios 2:4-5), la parte que está completamente sometida a Dios. Mi Mujer de la Carne, sin embargo, bueno, ella es una historia diferente. Aunque es feliz de hacer lo cristiano siempre y cuando le convenga, en realidad, mi Mujer de la Carne es una luchadora de sumo de 310 kilos, fanática del control y decidida a salirse con la suya. Diciéndole a Dios una cosa, pero haciendo algo totalmente diferente, ella es una agente doble dedicada a socavar Su gobierno en mi corazón. Porque como nos dice Romanos 8:7, la carne es «enemiga de Dios».

Hasta que la Mujer de la Carne no sea destronada y derrotada, nunca llegaremos a entronizar a Jesús como Señor sobre nuestras vidas. Por el contrario, seremos personas de doble ánimo viviendo vidas de doble ánimo, queriendo a Dios con una parte de nuestro corazón, pero desconfiando de Él con el resto.

Es la dicotomía, la batalla, que sentí cuando era adolescente. Estaba bastante segura de que, si le entregaba mi vida por completo a Jesús, Él me pediría que hiciera algo que no quería hacer. Como regalar todas mis posesiones para alimentar a los pobres. O cualquiera de la infinidad de cosas que la Mujer de la Carne me susurraba. Así que seguí viviendo una doble vida.

Pero el Señor, en su misericordia, no se conformaría con una parte de mi corazón. Él quería todo de mí. Así como Él quiere todo de ti.

¿Quién está en el trono?

Saúl tenía marcas de grandeza. De pie por encima de otros israelitas, era guapo e impresionante. Pero cuando Dios lo escogió para ser el primer rey de Israel, Saúl se resistió (1 Samuel 9:17-21), hasta el punto de que incluso se escondió entre el equipaje en su propia coronación (10:20-22). Sin embargo, eventualmente le fue gustando el rol. Después de todo, ser el rey de Israel tenía sus ventajas: poder, prestigio, sirvientes y riquezas.

Según los eruditos, Saúl tenía treinta años cuando se convirtió en rey, y ocupó el cargo durante cuarenta y dos años (1 Samuel 13:1). Pero mientras que el hombre era impresionante por fuera, una inestabilidad interior se evidenciaba periódicamente a lo largo de su reinado, una inseguridad tonta que buscaba la aprobación de la gente y unos celos oscuros que estallaban cuando esa aprobación se le daba a otra persona. Estos defectos no resueltos eventualmente causaron que Dios descalificara a Saúl como gobernante. Pero no tendría por qué haber sido así.

Desde el principio, Dios había prometido equipar a Saúl para el puesto. «El Espíritu del Señor vendrá sobre ti con poder...», le dijo el profeta Samuel, «y serás una nueva persona. Cuando se cumplan estas señales que has recibido, podrás hacer todo lo que esté a tu alcance, pues Dios estará contigo». (1 Samuel 10:6-7).

Según el versículo 9, todo sucedió como Samuel lo había predicho. «Dios le cambió el corazón, y ese mismo día se cumplieron todas esas señales». Desafortunadamente, con el paso del tiempo, Saúl dejó de depender de Dios y comenzó a depender de sí mismo.

Su autosuficiencia apareció por primera vez en un lugar llamado Gilgal (1 Samuel 13:7-9). Se suponía que Samuel debía ofrecer sacrificios a Dios antes de una inminente batalla con los filisteos. Pero cuando el profeta se retrasó, el ejército de Saúl comenzó a dispersarse. Así que el rey ansioso ofreció sus propios sacrificios en lugar de esperar a que Samuel llegara.

Lamentablemente, este patrón impaciente e impulsivo continuó. Incluso cuando resultó evidente que Dios había elegido a un rey diferente (1 Samuel 15:22-26), Saúl se negó a reconocer a su reemplazo y, en cambio, pasó la mayor parte de la próxima década intentando perseguir y matar a David.

Aunque no lleguemos a tales extremos, creo que todos tenemos un Saúl interior. Aparece cuando tratamos de controlar a las personas y a las situaciones para beneficiarnos o protegernos. Si continuamente cedemos ante eso, podríamos llegar a escuchar una variante de lo que Dios le dijo a Saúl en 1 Samuel 15:23:

> «Como tú has rechazado la palabra del Señor, él te ha rechazado como rey».

Estoy agradecida de que vivamos bajo el nuevo pacto y que podamos experimentar el perdón del Señor cada vez que nos arrepintamos humildemente. Pero debo advertirte: es imposible engañar a Dios. Él sabe si realmente estamos viviendo para Él o si estamos solo subsistiendo en una inercia religiosa para obtener lo que queremos.

«Nadie puede servir a dos señores», advierte Jesús en Mateo 6:24, «pues menospreciará a uno y amará al otro, o querrá mucho a uno y despreciará al otro».

No es de extrañar que tantos cristianos sufran de una crisis de identidad autoinducida. Queremos saber quiénes somos en Cristo, pero no queremos su señorío. Queremos las bendiciones de ser su pueblo, pero sin las normas de su Palabra. Al igual que el hijo pródigo (Lucas 15:11-32), queremos nuestra herencia ahora, y la libertad de gastarla de la manera que queramos. Atrapados entre dos lealtades, vivimos como ciudadanos de dos reinos, pero nos sentimos como extraños en ambos: no estamos a gusto en el mundo, pero tampoco estamos completamente a gusto con Dios.

Porque hasta que Jesús no sea el Señor *de todo*, Él no es el Señor *de nada*.

Dispuesta a todo

Cuando Dios puso su dedo en mi corazón adolescente dividido, pasé meses en una lucha desgastante entre la fe y el miedo. Sabía que la rendición total era la única respuesta, pero mi Mujer de la Carne no quería renunciar a su sitio de poder, porque sabía que implicaría abdicar el control de mi vida para siempre.

Nunca olvidaré cómo fue ese momento. Era como si estuviera parada en el borde de una plataforma de buceo de diez metros. Mirando hacia abajo en la oscuridad, sentí que el Señor me decía: *Quiero todo de ti, Joanna. No estoy haciendo ninguna promesa. No estoy ofreciendo ninguna recompensa. Te estoy pidiendo que me elijas a Mi. Rendición incondicional.*

El miedo era tangible mientras me quedaba temblando al borde de la sumisión. Cada parte de mi ser me gritaba que me alejara del borde y mantuviera el control. Tenía tanto miedo de lo que podría perder si me rendía por completo.

Sin embargo, realmente no tenía otra opción. Había probado el amor y la presencia de Dios en mi vida desde que era adolescente. ¿Cómo podría rechazar su petición?

El llamado de Jesús vino envuelto en tanto amor y anhelo, que casi me abrumó. Aunque insistente y firme, enamoró la parte más profunda de mí. Detrás de Su voz podía oír a la Mujer de Carne gritando sus objeciones. Pero ignorando sus estridentes desvaríos, superé el miedo y salté a lo desconocido.

Sin reservas, entregué mi vida por completo a Jesús. Y en ese momento todo cambió. Verdaderamente. A tal punto que incluso décadas después mis ojos se llenan de lágrimas al recordar lo que sucedió esa noche.

En lugar de la caída de pesadilla que me imaginaba y el vacío interminable que temía, inmediatamente me sostuvieron los «brazos eternos» de mi Padre celestial (Deuteronomio 33:27). Atrapándome, luego abrazándome. Estabilizándome, luego acunándome. Atrayéndome más y más hacia Él, tan cerca de Su corazón como jamás lo había experimentado.

Es curioso que esté escribiendo estas palabras a pocos metros del lugar donde tomé esa decisión que cambió mi vida. El altar en el Campamento Bíblico Glacier ha sido mi propio Bethel personal.[19] Es aquí donde me he encontrado con Dios una y otra vez de manera poderosa, cambiando mi vida. Pero ninguno de esos encuentros ha sido tan importante como el momento que acabo de describir. Porque en mi transacción adolescente con Dios, se resolvió una batalla decisiva, y la guerra por mi alma fue esencialmente ganada.

Oh, también he tenido conflictos desde entonces. Encuentros con el enemigo que me han hecho temblar de miedo. Golpes impíos orquestados por mi carne y tentaciones sutiles diseñadas para seducirme y alejarme de mi primer amor. Pero ninguno de estos ha afectado los asuntos más importantes, porque ya han sido resueltos:

- No me pertenezco. He sido comprada por un precio.
- Dios puede hacer lo que quiera conmigo (o no, depende de Él).
- No retengo nada del Señor.

Ese último punto es importante, porque hasta que no nos rindamos plenamente, nunca confiaremos plenamente. Al tratar de gestionar las áreas que no hemos rendido, extrañaremos la alegría y la libertad que vienen cuando entregamos todo lo que somos y todo lo que tenemos a Aquel que nos creó.

Aunque ha tomado toda una vida de innumerables rendiciones, tanto grandes como pequeñas, creo que he llegado a un lugar donde puedo decir honestamente que Dios es el dueño de mis hijos, de mi esposo, de mi salud y de mi ministerio. Nada de eso me pertenece. Todo le pertenece a Dios.

Si bien hay oportunidades en las que tengo que reafirmar mi sumisión, esa entrega inicial del alma ha traído consigo una hermosa seguridad que ha creado una certeza firme. No siempre vivo en esa realidad como debería, pero haber rendido todo a Jesús ha cultivado una fe que es capaz de superar mis miedos.

Al igual que para todo el mundo, la vida sigue siendo dura algunas veces. Cosas malas me suceden a mí y a los que amo. Es importante entender que estar completamente dedicado a Jesús no garantiza que todo saldrá a nuestra manera. Pero esa comprensión no me consterna como solía hacerlo, y oro para que también encuentres ese fundamento firme bajo tus pies espirituales. Aunque tu Mujer de la Carne pueda retroceder ante la idea de soltar el control y confiar en Dios, espero que te opongas a la resistencia hasta que logres hacerlo. Porque hay tanta libertad al otro lado de la rendición:

- *Libertad del temor.* No tengo que tener miedo del mañana porque Dios está trabajando a mi favor. No importa lo que pase, Él cuidará de mí (Mateo 6:25-27).
- *Libertad del remordimiento.* Dios puede redimir mis peores errores y convertir mi vida en una muestra de su asombrosa gracia (Efesios 1:7).
- *Libertad del resentimiento.* Puedo perdonar a otros (incluso a mí misma) porque nada ni nadie frustra los propósitos de Dios en mi vida (Isaías 54:17).

Al renunciar al control y ponerme completamente en las manos de Dios, he encontrado que Romanos 8:28 es verdad. Incluso la adversidad más dolorosa está funcionando a mi favor, no en mi contra. Porque mi Padre celestial «dispone todas las cosas para el bien de quienes lo aman».

Vuelo libre con Jesús

Durante el último año de su vida, el sacerdote y teólogo holandés Henri Nouwen quedó fascinado con un acto de trapecio llamado Flying Rodleighs. Henri fue invitado a sesiones de práctica y pasó mucho tiempo hablando con el líder de la compañía sobre cómo funcionaba todo. Nouwen describe el encuentro así:

> Un día, estaba sentado con Rodleigh, el líder de la compañía, en su camioneta, hablando acerca de volar. Él me dijo: «Como trapecista ejecutante, debo tener plena confianza en mi receptor. El público podría pensar que soy la gran estrella del trapecio, pero la verdadera estrella es Joe, quien me recibe. Tiene que estar ahí para mí con una precisión de fracción de segundos para agarrarme en el aire cuando me acerco a él luego de mi salto de lanzamiento». «¿Cómo funciona?», le pregunté. «El secreto», dijo Rodleigh, «es que el trapecista ejecutante no hace nada y el receptor lo hace todo. Cuando vuelo hacia Joe, simplemente tengo que estirar mis brazos y manos, y esperar a que me atrape».
>
> «¡No haces nada!» Dije, sorprendido. «Nada», repitió Rodleigh. «Lo peor que puede hacer quien se lanza es tratar de atrapar al receptor. Es tarea de Joe atraparme. Si agarrara las muñecas de Joe, podría romperlas, o él podría romper las mías, y ese sería el final para los dos. Un ejecutante debe volar, y un receptor debe atrapar, y el ejecutante debe confiar, con los brazos extendidos, en que su receptor estará allí para él».[20]

¡Tú y yo fuimos hechas para volar libremente con Jesús! Pero debemos soltarnos en rendición antes de que Él pueda agarrarnos con sus hábiles manos.

Cuando un joven y asustado Josué tomó el lugar de Moisés como líder de los israelitas, Dios le dio una promesa llena de aliento: «Yo estaré contigo como estuve con Moisés. No te fallaré ni te abandonaré. Sé fuerte y valiente» (Josué 1:5-6, NTV).

Curiosamente, la palabra hebrea para *fallar* en este versículo significa «volverse flácido, relajarse, dejarse caer»[21], mientras que la palabra para *fuerte* puede significar «sé firme, sé atrapado rápido, sé seguro».[22] A medida que abandonamos la autosuficiencia y elegimos la confianza en Dios, Jesús no solo nos atrapará y nos sostendrá, sino que promete nunca dejarnos ir.

Después de todo, el Señor ha pasado la eternidad esperando ser todo lo que Él ha prometido ser en su Palabra. Así que no tengas miedo de abandonarte en sus brazos y confiar en tu Padre siempre fiel.

Él quiere hacerte fuerte y valiente para que juntos puedan volar.

Tres

Fe inquebrantable

Con tal de que se mantengan firmes en la fe, bien cimentados y estables.

Colosenses 1:23

El sueño era tan extraño que no podía sacarlo de mi mente. Por alguna razón me paré en un gimnasio que estaba siendo restaurado por nuestra iglesia. El exterior había sido pintado y el estacionamiento limpiado. En el interior, la pintura fresca y los pisos de madera pulida hacían que el lugar pareciera casi nuevo. Sin embargo, había un problema: un enorme agujero en el medio del piso del gimnasio.

Una jovencita estaba parada a mi lado, señalando la abertura. Cuando me incliné para mirar, pude ver grandes rocas iluminadas por un resplandor rojo parpadeante. Unos huecos preocupantes yacían en el lecho rocoso debajo de la plataforma de concreto que sostenía el piso.

«¿No deberíamos hacer algo con el agujero antes de arreglar este lugar?», preguntó la niña, con los ojos confundidos y ligeramente perturbados.

Así es, deberíamos hacer algo, pensé entredormida. *Pero sería mucho trabajo.*

Para lidiar con los cimientos defectuosos, es posible que tengamos que demoler el edificio por completo. Perderíamos todo el dinero que habíamos gastado, sin mencionar nuestro tiempo.

Tal vez esté bien cubrir el agujero y continuar con la remodelación, pensé de manera ilógica. *Tal vez esté bien fingir que no he visto lo que hay debajo.*

Agujeros en nuestra fe

Durante meses después de ese sueño, luché por entender su significado. Pero luego comencé a trabajar en este capítulo, y el significado salió a la luz. Nuestra fe puede verse bien en el exterior y aun así estar plagada de agujeros. Lo que lleva a una pregunta importante: ¿cuál es la condición de tu fundamento espiritual?

Lamentablemente, pocos de nosotros nos tomamos el tiempo para examinar lo que hay debajo de la superficie de nuestra fe. Incluso cuando enfrentamos pensamientos equivocados o brechas en nuestra teología, la mayoría de nosotros preferimos ignorar tal información. En cambio, hacemos todo lo posible para arreglar las inconsistencias con buenas intenciones y varios metros de cinta adhesiva.

Volver atrás y reparar los fundamentos de nuestra fe parece demasiado desalentador, demasiado costoso. Tememos que requiera demasiado tiempo y esfuerzo, tal vez hasta desmantelar en absoluto nuestras vidas. Así que ignoramos nuestra verdadera condición y seguimos viviendo un cristianismo por inercia. Arreglando el exterior. Tratando de ser buenas personas. Intentado amar a Dios. Lo cual podría parecer que resuelve el problema temporalmente.

Pero luego llegan los problemas. Un negocio fracasa. Un matrimonio se rompe. Un diagnóstico inesperado golpea la vida de alguien que amamos. Y de repente las brechas en nuestra fe quedan expuestas.

Pero, ¿cómo arreglamos los agujeros? ¿Dónde obtenemos más fe?

Curiosamente, a menudo es en las cosas que nos sacuden emocionalmente y amenazan con erosionar nuestra confianza que encontramos el material necesario para construirla. Porque no hay nada más efectivo que el problema para hacernos correr a Dios, y acudir «confiadamente al trono de la gracia para recibir la misericordia y encontrar la gracia que nos ayude oportunamente» (Hebreos 4:16).

La palabra griega para «fe» —*pistis*— se usa 243 veces en el Nuevo Testamento. Se puede traducir como «confianza» y «creencia».[23] Me resulta útil recordarlo, porque la palabra *fe* siempre me ha parecido un poco etérea, un poco difícil de entender. ¡Oh! Sé que he sido criada *en* la fe, y sé que he sido salva *por* la fe. Y sé que necesito *vivir* mi fe siendo obediente a la Palabra de Dios. Pero, ¿cómo *activar* mi fe para confiar únicamente en Jesús? Bueno, ahí es donde a veces lucho.

Me ayuda a pensarlo así: fe es un sustantivo, pero confiar es un verbo. La fe es algo que *tengo*, pero la confianza es algo que *hago*. Es una elección, una decisión activa.[24] Sé cuándo estoy confiando en Dios y cuándo no. Mi confianza (o falta de confianza) sale a la luz en las fuentes a las que acudo en busca de sabiduría. Los lugares a los que corro cuando tengo miedo. Incluso las respuestas emocionales a las que cedo cuando todo parece ir mal.

Mi hermosa amiga Jodi Detrick, autora de *La mujer al estilo de Jesús*, ha estado luchando con una infección ocular virulenta durante más de nueve meses. Actualmente, la batalla la ha dejado casi ciega de un ojo. «Pero estoy eligiendo confiar en Jesús», me dijo el otro día. «Y cuando mi fe comienza a flaquear, elijo *volver a confiar* en Él una y otra vez».

Tomará otra cirugía y varios meses más para saber si recuperará la vista en ese ojo. Pero la confianza de Jodi en el Señor es admirable. Aunque ha tenido que hacer su parte para «luchar vigorosamente por la fe» (Judas 1:3), Jesús se encuentra con ella en su larga prueba, fortaleciendo su alma a medida que su fe crece en la oscuridad.[25]

«Porque ustedes saben que, siempre que se pone a prueba la fe, la constancia tiene una oportunidad para desarrollarse», nos dice Santiago 1:3-4. «Así que dejen que crezca, pues una vez que su constancia se haya desarrollado plenamente, serán perfectos y completos, y no les faltará nada» (NTV).

10 EJERCICIOS PARA EDIFICAR LA FE

Según la Biblia, no podemos desarrollar la fe que necesitamos por nuestra cuenta. Es un don de Dios (Efesios 2:8-9). Pero si invertimos la «medida de fe» que se nos ha dado (Romanos 12:3), crecerá y llenará los vacíos de nuestra alma. Aquí hay algunas maneras de hacerlo:

1. ***Pídele a Dios que aumente tu fe.*** Eso es lo que hicieron los discípulos en Lucas 17:5, y nosotros podemos hacer lo mismo. Sin la ayuda de Dios, nuestra fe sigue siendo pequeña. Así que podemos repetir la oración que hizo el padre en Marcos 9:24: «¡Sí creo! ¡Ayúdame en mi falta de fe!»

2. ***Practica confiar en Dios en las cosas pequeñas.*** A medida que confiamos en Dios en las cosas pequeñas, incluso en aquellas que podríamos pensar que no le importan, lo vemos obrar y nuestra fe de «semilla de mostaza» crece. Como resultado, aprendemos a creerle en cosas más grandes (Marcos 4:30-32).

3. ***Recuerda lo que Dios ha hecho por ti.*** A menudo carecemos de fe en el presente porque no recordamos lo que Dios ha hecho por nosotros en el pasado. Recordar su bondad y compartirla con otros no solo fortalece nuestra fe, sino que bendice a Dios (Salmos 103:2-5).

4. ***Practica la gratitud por tus bendiciones.*** Cuando le expresamos las gracias a Dios de manera regular, nuestro corazón se ensancha junto con nuestra fe (Colosenses 2:7). Vemos conexiones que no veíamos antes al reconocer la obra de Dios en nuestras vidas, tanto en el pasado como en el presente.

5. ***Dedica tiempo a la Palabra de Dios.*** No solo leas la Biblia, permite que habite abundantemente en ti (Colosenses 3:16). Memoriza versículos, medita en los pasajes y permite que el Espíritu Santo use las Escrituras para recalibrar tu alma.

6. ***Invita a Jesús a tu vida diaria.*** Colócalo conscientemente en el trono de tu corazón cada mañana. Pídele al Espíritu Santo que te guíe y te dirija durante todo el día (Salmos 32:8). Practica estar lista y dejar que Dios te interrumpa con sus sorpresivas asignaciones divinas.

7. ***Pídele al Espíritu Santo que te ayude a orar.*** Al permitir que el Espíritu moldee nuestras oraciones para que coincidan con los intereses de Dios (Romanos 8:26-27), no solo oramos de acuerdo con la voluntad de Dios, sino que nuestra intercesión guiada por el Espíritu abre la puerta para la intervención de nuestro Padre.

8. ***Pasa tiempo con otros creyentes.*** Dios promete estar con nosotros cuando adoramos juntos, al alentar nuestros corazones con su presencia. A medida que compartimos lo que Dios nos está enseñando y aprendemos a trabajar juntos, la fe de todos crece (1 Tesalonicenses 5:11).

9. ***Busca recursos que edifiquen tu fe.*** Escucha podcasts de sermones. Lee libros y biografías cristianas. Asiste a estudios bíblicos y se fiel en ir a la iglesia. A medida que «escuchemos las enseñanzas [de Cristo], se nos dará más comprensión» (Mateo 13:12, NTV).

10. ***Comparte tu fe.*** No tienes que comprenderlo todo ni saber mucha teología, solo comparte la historia de lo que Jesús ha hecho por ti (Salmos 9:1). Pero permite que Dios escriba múltiples testimonios en tu vida: ¡porque cuanto más fresco sea el pan, más querrás compartirlo!

Arráiguense *profundamente* en él y edifiquen toda la vida sobre él. Entonces la *fe* de ustedes se fortalecerá en la verdad que se les enseñó, y rebosarán de *gratitud*.

Colosenses 2:7, NTV

Aunque ninguno de nosotros disfruta de las pruebas, a menudo contienen una bendición preciosa. Dios usa los momentos en que somos zarandeados para llenar agujeros en nuestro fundamento espiritual a fin de que seamos «perfectos y completos, y no nos falte nada» (v. 4). Al aferrarnos a Él, nos convertimos en creyentes centrados en Dios que saben cómo soportar las dificultades, impermeables a las inundaciones de problemas, el deterioro de la duda y la decadencia del tiempo.

¿Sobre qué estás construyendo?

Si creciste asistiendo a la escuela dominical como yo, probablemente hayas escuchado la historia del hombre sabio y el hombre necio que estaban construyendo una casa. La parábola que Jesús contó está registrada en Mateo 7:24-27 y en Lucas 6:46-49. El primer hombre construyó su vida sobre las palabras de Jesús poniéndolas en práctica. El segundo hombre escuchó las palabras de Jesús, pero prefirió hacer lo suyo.

El hombre necio estaba tan ansioso por terminar su morada, que no pensó que necesitaba un fundamento. Así que construyó directamente «sobre la arena» (Mateo 7:26). Pero la arena es voluble. Se desplaza y se mueve. Hoy está aquí y mañana se ha ido, especialmente cuando el viento y las olas la golpean de lleno.

El hombre sabio, por otro lado, «cavó bien hondo y puso los cimientos sobre la roca» (Lucas 6:48). Probada y validada por el tiempo, la roca es relativamente permanente, estable y no se mueve fácilmente. Cualidades importantes al construir una casa, y absolutamente necesarias a la hora de construir una vida.

Ambos hombres fueron capaces de construir sus estructuras. Ambos hombres parecían crear vidas exitosas. Pero entonces llegaron las tormentas, tal como le sucede a cada una de nuestras vidas, y revelaron la verdadera condición del trabajo de cada hombre.

Mientras que la casa en la roca se mantuvo firme, a la casa en la arena no le fue tan bien. «Tan pronto como la azotó el torrente», nos dice Lucas 6:49, «la casa se derrumbó, y el desastre fue terrible».

Entonces, ¿cómo podemos tú y yo saber sobre qué tipo de fundamento estamos construyendo? Creo que todo se reduce a nuestra respuesta ante las tormentas.

La fe superficial descansa sobre la arena movediza de las circunstancias. Como resultado, se mueve fácilmente. Cuando la vida es buena, los «cristianos del buen clima» no luchan por confiar en Dios. De hecho, muchos se apresuran a expresar agradecimiento por todas sus bendiciones. Pero cuando las cosas van mal, y especialmente cuando permanecen mal, es cuando aparecen las resquebrajaduras en su fe.

La fe profunda, por otro lado, está anclada a la Roca, Jesucristo. Debido a que no depende de las bendiciones, este tipo de fe no es sacudida por las tormentas. Los «cristianos de todo clima» no se sorprenden por las dificultades de la vida, porque entienden que «la persona íntegra enfrenta muchas dificultades, pero el Señor llega al rescate en cada ocasión» (Salmos 34:19, NTV).

Me temo que la mayoría de los creyentes del siglo XXI, incluso yo, tendemos a ser cristianos de buen clima. En algún lugar de la prosperidad de los últimos cincuenta años, hemos desarrollado una mentalidad de derechos. No solo *queremos* que la vida sea fácil, sino que lo *esperamos*. No solo *deseamos* las bendiciones de Dios, sino que inconscientemente creemos que las *merecemos*. Entonces, cuando la vida va patas para arriba y Dios no interviene, es cuando muchos de nosotros nos sentimos heridos. Incluso podemos encontrarnos culpando a Dios por nuestros problemas o renunciando a Él por completo a medida que nuestra confianza se erosiona en desconfianza.

«Todavía creo en Dios», me dijo una mujer, «pero ya no creo que Él sea un buen Padre. Mi vida ha sido una angustia tras otra, y ninguna de mis oraciones ha sido respondida».

Se me rompe el corazón por esta mujer. Su vida ha sido terriblemente dura. Pero en lugar de permitir que la lucha la acerque más a Dios, ha dejado que la aleje hasta el punto de la incredulidad. Y para mí, esa es la verdadera tragedia. Porque al permitir que el dolor se convierta en un obstáculo entre su corazón y Dios, no solo se está separando del amor que necesita, sino que también está excluyendo al único que puede ayudarla a navegar las preguntas y decepciones de la vida.

El problema del mal

Cuando nuestras oraciones no reciben respuesta y nuestras situaciones no cambian, todos tendemos a juzgar a Dios por la evidencia circunstancial. Si no recordamos conscientemente todas las formas en que el Señor nos ha ayudado en el pasado, la frustración por su aparente falta de acción en el presente puede alimentar nuestra duda hasta convertirla en incredulidad.

Vivir en un mundo lleno de maldad y sufrimiento solo intensifica la lucha. El problema del mal ha provocado debate y especulación (así como preguntas angustiosas) desde que Adán y Eva dejaron el Jardín. Los ateos y los críticos de la fe lo han convertido en la piedra angular de sus argumentos contra la existencia de Dios. Pero incluso aquellos que aman a Jesús pueden luchar con preguntas cuando echan un vistazo honesto a todo el dolor que hay en el mundo. La evidencia circunstancial ciertamente puede parecer condenatoria.

En tanto que no pretendo tener todas las respuestas a esta gran pregunta, me ha ayudado el considerar los siguientes hechos.

1. *Vivimos en un mundo caído*. Cuando Adán y Eva eligieron rebelarse contra Dios, el pecado entró en el mundo, dejándolo dañado y defectuoso. Los resultados fueron la enfermedad, la muerte y todo tipo de maldad.
2. *Tenemos un enemigo.* Debido a que Satanás odia a Dios, hace todo lo posible para destruir la relación del Padre con sus hijos. Como un hábil abogado que persigue ambulancias, Satanás difama tanto a Dios como a nosotros para volvernos unos contra otros, porque su nombre significa literalmente «acusador».[26]
3. *Tenemos libre albedrío.* Debido a que el amor requiere una respuesta no forzada, Dios nos permite elegir si lo seguiremos. Desafortunadamente, el libre albedrío también nos da la oportunidad de pecar, contra nosotros mismos, unos contra otros, e incluso contra Dios. Las consecuencias devastadoras se pueden ver a nuestro alrededor.
4. *Dios es soberano.* Mientras que el pecado y el libre albedrío son fuerzas poderosas, Dios gobierna por encima de todo. John Piper define la soberanía de Dios como su «derecho y poder para hacer todo lo que decida hacer».[27] Aunque Él nunca causa el mal, a veces Dios permite que cumpla Sus propósitos.

5. *Dios es nuestro Redentor.* Aunque Él no interrumpa o intervenga, Dios promete siempre redimir. Él toma todo lo que el enemigo quiere usar para hacer mal —abuso, tragedia, incluso nuestros propios errores— y hace que obre para nuestro bien y para su gloria.

Cuando considero todos estos factores, creo que el problema del mal y del sufrimiento en realidad vindican a Dios en lugar de denigrarlo. De todas las religiones del mundo, solo el judaísmo y el cristianismo parecen ofrecer una explicación adecuada de por qué existe el mal (Génesis 3). Y de esas dos, solo el cristianismo ofrece un remedio.

Jesús.

Dios, en su infinita sabiduría, escogió instrumentos elaborados por el diablo para desempeñar papeles clave en la salvación del mundo.

Cuando «la gente malvada» mató a Jesús «clavándolo en la cruz» (Hechos 2:23), parecía que el *mal* había vencido.

Cuando fue brutalmente golpeado y desfigurado hasta el punto de que «apenas parecía un ser humano» (Isaías 52:14, NTV), aparentemente el *sufrimiento* había ganado.

Pero Dios puso de cabezas el problema del mal y el sufrimiento al permitir que su Hijo derramara su vida por nosotros. Devolviéndonos a una relación correcta con el Padre y dándonos el privilegio de ser coherederos de los sufrimientos de Cristo para que también nosotros podamos participar en su gloria (Romanos 8:17).

Tal victoria nos asegura de una vez por todas que nada de lo que enfrentamos está más allá del poder de nuestro gran Dios Redentor.

Confiar en Dios cuando la vida nos decepciona

Cuando Dios me llamó al ministerio de tiempo completo a los dieciséis años, usó un método único para hacerlo. Dos años después de la entrega total que describo en el capítulo 2, Dios le pidió a mi corazón adolescente que dejara de desear un novio. Con su petición vino la gracia para poder hacerlo. Pude asistir al campamento juvenil ese verano sin distraerme en lo absoluto, con mi corazón y mi mente plenamente enfocados en el Señor.

Pero una noche, mientras oraba en el altar, en mi mente vi a uno de los consejeros del campamento predicando en un púlpito. Siempre había admirado el corazón de John Weaver por Jesús, y sabía que estaba estudiando para el ministerio. Rápidamente descarté la imagen, sin embargo, tuve un pensamiento: *Me pregunto cómo sería ser la esposa de un pastor.*

Bueno, por supuesto que inmediatamente reprendí a Satanás y traté de volver a la oración. Pero el pensamiento y la imagen persistían en mi mente. Finalmente tuve que decirle al Señor: «Si esto es de Ti, lo acepto. Pero si no es así, por favor quítalo».

La noche siguiente, después del servicio, Dios confirmó su llamado en mi vida al incitar a John a decirme que pensaba que sería una gran misionera o esposa de pastor. Todo parecía un sueño, especialmente cuando John y yo nos comenzamos a enviar cartas. Y más aún cuando me invitó a visitarlo durante las vacaciones de Navidad y me llevó a una cena romántica la última noche.

A la luz de las velas, me entregó una pequeña placa. «Me gustaría que este fuera nuestro versículo» dijo, leyendo las palabras de Romanos 8:28: «Sabemos que Dios dispone todas las cosas para el bien de quienes lo aman, los que han sido llamados de acuerdo con su propósito».

No tenía idea de cuánto necesitaría esa promesa, o qué tan pronto. Cuatro meses después, el hombre con el que pensé que me casaría me dijo que estaba saliendo con otra chica.

Resulta que Dios no le había dado a John ninguna visión acerca de mí.

Si bien entiendo que mi decepción romántica no se compara con algunos de los sufrimientos que otras personas han enfrentado, sinceramente en ese momento fue devastador para mí. Después de todo, qué haces cuando la vida no sale como la planeaste. Cuando las esperanzas y los sueños que has anhelado quedan vacíos. Cuando las promesas que pensabas que eran de Dios no se cumplen.

David debe haber luchado con preguntas similares, especialmente cuando el trabajo de sus sueños se convirtió en una pesadilla.

Cuando se le pidió que tocara el arpa para el rey Saúl en 1 Samuel 16:15-19, el joven David debe haber aprovechado la oportunidad de ver a la monarquía en acción. Cuando el hijo del rey, Jonatán, hizo un pacto de amistad de por vida al entregarle su manto a David, y luego agregara «su túnica, y aun su espada, su arco y su cinturón» (18:1-4), el ex pastor debe haberse maravillado de la manifestación del plan de Dios, especialmente porque, como señala un comentario, los regalos de Jonatán pueden haber significado su «reconocimiento de que David iba a asumir su lugar como sucesor de Saúl».[28] La posición de David en el palacio debe haber parecido solidificada cuando el rey Saúl le entregara a su hija Mical para que fuera su esposa (v. 27).

Pero todo se desmoronó rápidamente cuando salieron a la luz los celos del inseguro rey y se convirtieron en un odio asesino. «Mi padre Saúl está buscando una oportunidad para matarte», le dijo Jonatán a David en 1 Samuel 19:2, y la esposa de David, Mical, también tuvo que advertirle. «Si no te pones a salvo esta noche, mañana serás hombre muerto» (v. 11).

Ciertamente no era la sucesión pacífica que David había esperado. Satanás debe haberse reído por el caos que había causado. Pero Dios solo sonrió y continuó tomando ventaja de la «prueba de la fe [de David]» (Santiago 1:3). Porque Él estaba usando las pruebas de David para edificar a un hombre conforme a Su propio corazón.

Un rey en el que Dios pudiera confiar.

El secreto de la fe inquebrantable

En conclusión, una fe inquebrantable no puede formarse completamente a menos que sea sacudida. La confianza absoluta en Dios aparece solo cuando nos despojamos de todo lo demás. Hasta que lleguemos a ese punto, no creo que podamos entender completamente lo que significa «tener fe en Dios» (Marcos 11:22).

Le sucedió a David y a todos nuestros héroes bíblicos. Pero también les sucedió a los grandes cristianos del pasado.

Como líder de la Misión al Interior de China a fines de 1800, J. Hudson Taylor tenía una gran carga por la misión y el pueblo chino al que servía. Durante un período particularmente difícil, lamentó la falta de poder en su ministerio, pero fue su propio sentido del pecado y el fracaso lo que casi lo aplastó.

Taylor se dedicó a la oración y al ayuno, haciendo resoluciones para leer la Palabra más diligentemente. Pero no fue hasta que recibió una carta de un amigo que todo cambió. El amigo de Hudson escribió sobre la plenitud de vida que tenemos a través de Cristo, y lo que significa permanecer en la Vid (Juan 15:1-8). El espíritu de Hudson fue vivificado mientras leía la carta, pero todavía se sentía demasiado débil, demasiado infiel para recibir el mensaje.

Luego leyó estas palabras: «¿Cómo fortalecer la fe? No esforzándose por tener fe, sino descansando en el Fiel».[29] Inmediatamente algo sucedió dentro de su corazón, a medida que Taylor recordaba la promesa de 2 Timoteo 2:13: «si somos infieles, él sigue siendo fiel».

¡Fue un gran alivio! Al renunciar a su esfuerzo, Hudson aprendió el secreto de permanecer. Debía rendirse completamente para que la vida de Jesús pudiera ser suya. Más tarde, mientras estudiaba Marcos 11:22, «Tengan fe en Dios», descubrió que el griego original, *ekete pistin Theou*, significaba «tomarse (o sostenerse) de la fidelidad de Dios».[30] En lugar de tratar de desarrollar la fe por su cuenta, simplemente necesitaba aferrarse a la fidelidad de Dios.

Después de ese día Hudson Taylor nunca fue el mismo. Aunque anteriormente era ansioso e impulsivo, se convirtió en «una lección objetiva de tranquilidad... Nada que no agitara al Salvador ni Su espíritu debía agitarlo a él».[31]

Lo que ese cansado misionero llegó a entender también puede cambiar nuestras vidas. No es la cantidad de fe que cultivamos lo que nos trae paz, sino confiar en la obra terminada de nuestro fiel

Salvador. Al confiar en la fidelidad inconmovible de Dios, tú y yo adquirimos la fe inquebrantable que necesitamos.

Preparados para las pruebas

Escribí gran parte de este libro durante 2020 y 2021, mientras el mundo se tambaleaba por una pandemia global. En octubre de 2021, el *New York Times* informó que más de 236.5 millones de personas habían sido infectadas en todo el mundo y que más de 4.8 millones habían muerto.[32] Ese primer año, las escuelas y las empresas cerraron, y muchas iglesias tuvieron que celebrar servicios en línea. Con una elección presidencial polémica y todo tipo de disturbios civiles, no es una exageración decir que nuestra nación, así como el mundo, estaban en caos. Y luego, justo cuando pensábamos que la crisis estaba terminando, las nuevas variantes del virus trajeron una nueva ola de desafíos.

Para cuando sostengas este libro, la pandemia puede haber terminado y gran parte de la lucha puede haberse calmado. ¡Eso espero! Es por lo que hemos estado orando durante este tiempo aterrador. Pero si salimos de la crisis siendo las mismas personas que cuando entramos, creo que habremos perdido una oportunidad crucial de reforzar nuestros cimientos para que coincidan con las especificaciones de los «últimos tiempos» descriptas en la Palabra de Dios.

«En los últimos días vendrán tiempos difíciles», Pablo advierte en 2 Timoteo 3:1. Es un eco de las palabras de Jesús en Marcos 13:7-8:

> Cuando sepan de guerras y de rumores de guerras, no se alarmen. Es necesario que eso suceda, pero no será todavía el fin. Se levantará nación contra nación, y reino contra reino. Habrá terremotos por todas partes; también habrá hambre. Esto será apenas el comienzo de los dolores.

Aunque estas advertencias sombrías podrían causar más ansiedad, nosotros, como pueblo de Dios, no debemos tener miedo. Sin embargo, tenemos que estar preparados. Con todo lo que sucede en el mundo, la segunda venida de Cristo podría estar a la vuelta de la esquina. Pero incluso si no fuera así, tenemos que estar listos, porque a ninguno de nosotros se nos promete el mañana. Debido a que todos somos mortales, cada uno de nosotros está viviendo en lo que podría llamarse nuestros «últimos días».

Todo lo cual hace que esta cuestión de la fe sea especialmente vital. En Lucas 18:8, Jesús dice algo que me ha perseguido durante años, especialmente durante la escritura de este libro. «Pero cuando el Hijo del Hombre regrese, ¿a cuántas personas con fe encontrará en la tierra?», (NTV).

Oh, cómo deseo que todas nosotras seamos contadas entre esos seguidores llenos de fe si viviéramos en la tierra cuando Cristo regrese. Pero ese tipo de fe requiere una confianza profundamente arraigada en Dios y un compromiso sin reservas si vamos a ser como los creyentes extraordinarios descritos en Hebreos 10:32-34:

> Recuerden aquellos días pasados cuando ustedes, después de haber sido iluminados, sostuvieron una dura lucha y soportaron mucho sufrimiento. Unas veces se vieron expuestos públicamente al insulto y a la persecución; otras veces se solidarizaron con los que eran tratados de igual manera. También se compadecieron de los encarcelados y, cuando a ustedes les confiscaron sus bienes, lo aceptaron con alegría, conscientes de que tenían un patrimonio mejor y más permanente.

En lugar de ceder al temor y cuestionar la bondad de Dios cuando la persecución golpeó, estos cristianos de todo clima rehusaron negar a Cristo. Aunque su fe literalmente les costó todo, no estaban dispuestos a perder el gozo eterno a fin de obtener unos años de paz terrenal.

El Señor quiere ayudarnos a forjar este tipo de fe desinteresada y sin disculpas, pero no sucede de la noche a la mañana. Se forma en los momentos de quietud que pasamos a solas con Jesús. Se forma cuando el Espíritu Santo nos habla a través de la Palabra de Dios. Se perfecciona a medida que adoramos a Dios y caminamos en comunión con otros creyentes. Pero su pureza y fortaleza se desarrollan más plenamente cuando elegimos confiar en Dios durante tiempos de pruebas severas.

Porque Dios permite que nuestras vidas sean sacudidas, según Hebreos 12:27, «para que solo permanezcan las cosas inconmovibles», (NTV).

Esta pandemia mundial nos ha demostrado lo poco que la vida está realmente bajo nuestro control. Cuando abrazamos esa verdad incómoda, descubrimos una bendición: porque cuando se agotan nuestros recursos, encontramos el poder y la gracia supremos de nuestro Dios.

Confiar en Dios pase lo que pase

El Señor definitivamente usó mi ruptura adolescente con John para construir una fe más profunda y sólida dentro de mí. Pero tengo que confesar que fue un momento confuso y doloroso. Tanto la Mujer de la Carne como Satanás trataron de insistir en que Dios tenía la culpa de la situación. Después de todo, Él fue quien me dio la visión y lo que parecía una promesa de que John y yo estaríamos juntos en el ministerio.

Pero en mi espíritu sabía que John tenía libre albedrío. Dios no lo obligaría a casarse conmigo si no quería. Y si él escogía a otra persona, no significaba que yo estuviera descalificada de lo mejor de Dios.

Dos semanas después de mi desilusión amorosa, supe que tenía que dejar de lado la relación. No estaba renunciando a la promesa, pero necesitaba entregársela a Dios. Aferrarse al sueño haría difícil vivir plenamente en el presente. Peor aún, afectaría mi relación con Jesús.

«Si es Tu voluntad que estemos juntos, Señor, depende de Ti hacer que suceda», oré. «Por favor, toma este amor que siento y ayúdame a ver a John como un amigo».

Cuando le rendí mi corazón roto a Jesús, Él me permitió perdonar a John de tal manera que hasta podía orar por él y su nueva novia. Fue un milagro diferente a todo lo que había experimentado antes. Dios cambió tan radicalmente mi corazón que honestamente quería lo mejor de Dios para John, incluso si eso significaba que nunca estuviéramos juntos.

Todavía me maravillo de la obra de Dios en mi vida durante ese tiempo. La paz que sentí fue definitivamente sobrenatural. De alguna manera, superó el milagro que sucedería dieciocho meses después, cuando John finalmente volvió en sí (sonrisa) y se dio cuenta de que yo era la chica para él.

Catorce meses después, nos casamos.

Pero en caso de que pienses que desde ese momento he recibido todas las cosas por las que he soñado, déjame asegurarte de que eso no es cierto. Ha habido muchas otras angustias en mi vida que no terminaron tan bien. Pero a medida que he aprendido a soltar el control y a confiar en Dios, Él ha usado cada decepción para alejarme de las varitas mágicas y las respuestas fáciles, a fin de que juntos podamos forjar una fe cada vez más inquebrantable.

Un ancla para el corazón

Aunque no sé por lo que has pasado, amiga mía, sí sé que es imposible vivir en este mundo roto sin ser lastimada por sus bordes. Tal vez para ti sea una batalla diaria confiar en que Dios se interesa por ti. Puede que el fundamento de tu fe esté tan plagado de agujeros, que ya no estás segura de lo que crees.

Pero recuerda, la fe no es un sentimiento. Confiar y volver a confiar en Dios una y otra vez, es una decisión activa, incluso cuando sientes que tu mundo parece estar patas para arriba. En lugar de ceder al miedo, ancla tu corazón al cimiento de su amor infalible y de su carácter inmutable. Para que cuando caigan las lluvias y crezcan las inundaciones, tu vida se fundamente en cuatro verdades inquebrantables.

1. *Dios es bueno.* Su corazón hacia ti es inmutable y perfecto. A nuestro Padre bueno y omnisciente le encanta

dar «dádivas buenas y perfectas» (Santiago 1:17). Lo que significa que puedes confiar en que Él te proveerá todo lo que necesitas, en el momento adecuado y de la manera correcta.

2. *Dios te ama.* Su amor es tan inmenso que «sobrepasa nuestro conocimiento» (Efesios 3:19). Pero no dejes que eso te impida recibirlo y creerlo. Porque a medida que te «arraigues y cimientes en su amor» (v. 17), serás llena «de la plenitud de Dios» (v.19).
3. *Tú le perteneces a Él.* Has sido reconciliada con el Padre por la preciosa sangre de Jesús (Colosenses 1:20). No tienes que ganarte su favor; ya te ha sido dado. Como su hija amada, nada puede tocar tu vida sin su permiso.
4. *Dios cuida de los suyos.* Puedes confiar en la provisión, protección y poder de Dios. Aunque «se desmorone la tierra» y las «montañas se hundan en el fondo del mar», no tienes que preocuparte, porque Dios será tu «ayuda segura en momentos de angustia» (Salmos 46:1-2).

Así que en esos días no tan buenos cuando tu fe vacila y el miedo llama a la puerta, tómate un momento y susurra estas verdades a tu alma. *Dios es bueno. Él me ama. Yo le pertenezco y Él cuida de los suyos.*

Permite que el amor inmutable de Dios y su bondad constante fluyan sobre tu corazón y llenen cada agujero. Agárrate fuerte de la mano de Jesús y deja que Él te fortalezca y te guíe. Declara sobre lo que estás enfrentando: «¡Confío en Ti, Señor!». Dilo una y otra vez hasta que la preocupación dé paso a la paz.

Aunque Satanás pueda resoplar una y otra vez para tratar de derribar tu fe, recuerda a quién perteneces y rehúsa temer. Porque tu casa está construida sobre la Roca de los Siglos. Una base firme e inconmovible que nunca cederá.

SEGUNDA PARTE

Soltar el control

«Padre, quiero conocerte, pero mi corazón cobarde teme renunciar a sus juguetes. No puedo separarme de ellos sin sangrar interiormente, y no trato de ocultarte el terror de la separación. Vengo temblando, pero vengo. Por favor, arranca de mi corazón todas esas cosas que he apreciado durante tanto tiempo y que se han convertido en una parte muy importante de mi ser, para que puedas entrar y morar allí sin rival. Entonces harás glorioso el lugar de tus pies. Entonces mi corazón no tendrá necesidad de que el sol brille en él, porque Tú mismo serás la luz de él, y no habrá noche allí. En el nombre de Jesús. Amén».

A. W. Tozer[33]

Cuatro

Entregar las hojas de higuera

> En ese momento los ojos de ambos fueron abiertos y tomaron conciencia de su desnudez. Por eso, para cubrirse entretejieron hojas de higuera.
>
> Génesis 3:7

«¡Buenos días, buenos días, dijo el pajarito!» Ese es el saludo con el que mi mejor amiga, Christie Chaussee, solía despertarme temprano cada día de la semana para asegurarse de que llegara a tiempo a la práctica del equipo de porristas.

Nunca fui una persona madrugadora, me molestaba ese pajarito, pero apreciaba el apoyo de Christie. Aunque no era tan flexible ni coordinada como ella, Christie se mantuvo a mi lado durante todo nuestro segundo año. Me enseñaba rutinas, pero también me ayudaba a estirar cada día con el objetivo de que pudiera abrirme de piernas como lo requería el equipo de élite.

Yo era hábil con los pompones y podía dar patadas altas como las demás aspirantes a porristas, pero me resultaba imposible hacer las aperturas de piernas.

Lo intenté. De verdad. La práctica hace al maestro, dicen. Pero en mi caso, no fue así. A pesar de seis meses de estiramiento continuo, lo más cerca que mis piernas llegaban del suelo era hasta doce centímetros. Doce desagradables centímetros que se negaron a ceder, sin importar cuánto lo intentara.

Siempre optimista, Christie me animaba mientras presionaba mi apertura de piernas cada mañana, agregando su peso a mi estiramiento. «¡Tú puedes, Joanna! ¡Creo en ti!» Finalmente, cuando no podía soportarlo más, ella me soltaba y me invitaba a ayudarla a *ella* a estirarse.

Parada contra la pared del gimnasio, extendía su hermosa pierna de muñeca *Barbie* en el aire y me pedía que la empujara hacia arriba. «Más alto», me decía mientras le empujaba la pierna hacia el hombro. «Más alto, Joanna, más alto», me exigía con su voz de pajarito mientras su pierna pasaba por su oreja. Se inclinaba hacia adelante para extender aún más su ya increíble estiramiento, parecía unas tijeras invertidas.

¿Ya mencioné que la vida no es justa?

Afortunadamente, el entrenador no me echó del equipo. Es difícil distinguir a las niñas con problemas de flexibilidad que trabajan tan duro. Además, yo había descubierto una manera de ocultar mi deficiencia. Al final de cada actuación, cuando llegaba la hora de abrirme de piernas, caía al suelo con el resto de las chicas. Acurrucando enormes y esponjosas bolas de serpentinas de plástico contra mis caderas para cubrir el espacio, sonreía a lo grande y disfrutaba de los aplausos. Fin de semana tras fin de semana, partido tras partido, a lo largo de mi corta carrera en el equipo de porristas, nadie parecía notarlo.

A lo que debo decir… gracias a Dios por los pompones.

Desnudos y asustados

Los humanos nos hemos convertido en expertos en cubrir nuestras falencias. No es de extrañar que la industria de la belleza sea una empresa que gana miles de millones al año y que una faja sea la mejor amiga de una chica. Con la ayuda de una aplicación para editar fotos, podemos alterar la realidad casi de cualquier manera que queramos: blanquear nuestros dientes, borrar arrugas e incluso recortar algunos kilos. Los resultados pueden ser tan buenos que hasta los expertos tienen problemas para saber qué es real y qué no.

Supongo que este tipo de tretas viene naturalmente. Desde el momento en que el pecado entró en el mundo, Adán y Eva trataron de ocultar el hecho de que habían metido la pata. Aunque habían vivido desnudos y sin vergüenza ante Dios y entre sí (Génesis 2:25), siendo abiertamente ellos mismos sin ninguna pretensión ni temor, en el momento en que comieron el fruto prohibido, todo cambió. Sus ojos se abrieron a su nueva realidad separados de Dios, y fue aterrador.

Desnudos por el pecado y abrumados por la vergüenza, Adán y Eva se apresuraron a remediar la situación. «Para cubrirse entretejieron hojas de higuera», nos dice Génesis 3:7.

Pero cubrir su desnudez el uno del otro no era suficiente como para ocultar su condición de Dios. Esa tarde el Padre los estaba llamando, invitando a la pareja a caminar con Él en la frescura del día. Pero en lugar de correr hacia su amor, Adán y Eva huyeron. Se cubrieron con las hojas y se escondieron detrás de los árboles, esperando que el camuflaje impidiera que Dios descubriera lo que habían hecho (v. 8).

De vez en cuando, todos intentamos camuflajes similares. En lugar de correr hacia nuestro Salvador y confesar lo que hemos hecho, nos apresuramos a coser hojas de higuera. Pero es en vano, porque a pesar de nuestro mejor esfuerzo, «siempre [tenemos] presente nuestro pecado» (Salmos 51:3).

Abrumados por la vergüenza, muchos de nosotros nos conformamos con una especie de vida a mitad de camino. Sin confiar plenamente en que Dios nos perdonará, sin creer que en su poder podemos cambiar, nos alejamos de Aquel que verdaderamente puede salvarnos. Escondidos en las sombras, nos conformamos con una «apariencia de piedad», pero nunca experimentamos «su poder» (2 Timoteo 3:5, NBLA). Aunque tenemos esperanza de ir al cielo algún día, no estamos seguros de que en la tierra haya ayuda para nosotros.

Otros de nosotros corremos a toda marcha, por inercia, hacia las buenas obras y los planes de superación personal. «Esto se puede arreglar», nos decimos a nosotros mismos, con la esperanza de almacenar suficiente buen comportamiento como para cubrir nuestra falencia. Pero no importa cuánto tratemos de fabricar la santidad, solo se necesita un pecado para destrozar nuestras débiles vestiduras de justicia hechas por nosotros mismos. Y acabamos tan temerosos y avergonzados como al principio.

Otros optan por el juego de la culpa como lo hicieron Adán y Eva. En lugar de arrepentirse y admitir su pecado cuando Dios lo señala, corren para defenderse. Intentando desviar la responsabilidad, señalan con el dedo a otra persona.

Como Eva, que culpó a la serpiente que la tentó (Génesis 3:13): *¡El diablo me obligó a hacerlo!*

O como Adán, quien no solo culpó a su esposa por la fruta prohibida, sino que también acusó a Dios (v. 12): *¡Fue la mujer que me diste!*

Hojas de higuera. Eso es lo que son todas estas respuestas: intentos descarados de desviar la culpa y ocultar la vergüenza. Tristemente, a menudo hacemos cualquier cosa menos confesarle al Señor lo que hemos hecho. Lo cual, si lo piensas, es desgarrador.

Aunque habían pasado tanto tiempo con Dios en el Jardín, Adán y Eva realmente no lo conocían. A pesar de su generosa provisión y la dulce comunión que habían compartido, no entendían la profundidad del amor de Dios. Como resultado, no confiaban en Él. Esa desconfianza no solo los llevó al pecado, sino que también les hizo perder la gracia incomparable que fluye hacia todos los que se humillan ante Dios y se arrepienten de verdad.

> ¿Qué Dios hay como tú, que perdone la maldad y pase por alto el delito del remanente de su heredad? No estarás airado para siempre, porque tu mayor placer es amar. Vuelve a compadecerte de nosotros. Pon tu pie sobre nuestras maldades y arroja al fondo del mar todos nuestros pecados. (Miqueas 7:18-19)

Al confesar nuestros pecados, 1 Juan 1:9 nos dice que Dios no solo «nos perdonará nuestros pecados», sino que también «nos limpiará de toda maldad». En lugar de escondernos en las sombras o detrás de fachadas endebles, podremos vivir en la luz «como él está en la luz» (v. 7).

Podremos ser totalmente conocidos y completamente amados. Sin nada que probar ni nada que ocultar.

Cuando la inseguridad se encuentra con el ministerio

Cuando Dios me llamó al ministerio a los dieciséis años, quería que Jesús me usara. Pero el llamado de Dios puede ser un alimento sofisticado para la carne. Sin darnos cuenta, un deseo de importancia puede crecer junto con el deseo puro de servirle, ahogando la vida y el ministerio que Dios quiere que tengamos.

En tanto que en algunas de nosotras la Mujer de la Carne podría inclinarse hacia cosas más oscuras, mi carne siempre ha anhelado la aprobación de la gente. Mi constante necesidad de afirmación a menudo me ha llevado a un «temor a los hombres» enfermizo (Proverbios 29:25) que acabó por eclipsar mi temor de Dios.

Era como si caminara con un marco vacío, sosteniéndolo hacia las caras que anhelaba impresionar. Considerando el marco como un espejo, los miraba a los ojos para encontrar mi identidad. Si sonreían y me recibían, estaba bien, fenomenal. Pero si parecían indiferentes o desinteresados, no era simplemente porque tuvieran un mal día. Era porque yo era deficiente, indigna de su atención o amor. Por lo tanto, yo trabajaba más duro y servía más tiempo, tratando de hacer lo que fuera necesario para cambiar su opinión sobre mí.

En una constante metamorfosis para enfrentar tal situación, mi ego cosía hojas de higuera y se ponía disfraces, cualquier cosa para ganar aceptación y encajar. No era una hipocresía consciente, sino una inseguridad profundamente arraigada lo que me llevaba a obtener la aprobación sin importar el costo.

Esa tendencia me siguió en el ministerio. Aunque había una pureza en mi pasión, estaba teñida por la necesidad de hacer algo impresionante para Dios. Después de todo, eso es lo que los oradores del campamento juvenil nos dijeron que sucedería si entregábamos nuestras vidas completamente a Jesús. *«Dios tiene planes increíbles para tu vida. ¡Quiere usarte para cambiar el mundo!»*

Era algo inspirador para una chica como yo, con un corazón para Jesús. Pero resultaba mortal y peligroso para mi alma impulsada por la carne.

Cuando conocí a John y me casé con él, estaba segura de que juntos haríamos grandes cosas por Jesús, ¡cosas muy, muy grandes! Tendríamos mil chicos en el grupo de jóvenes de nuestra pequeña iglesia. No importa que la escuela secundaria de nuestra pequeña ciudad solo tuviera 250 adolescentes, ¡los transportaríamos en autobús!

Cada miércoles por la noche colocaba treinta o cuarenta sillas en preparación para la afluencia de almas. Pero cuando llegaba el momento de comenzar, no era inusual que veinticinco o treinta asientos estuvieran vacíos. Nunca olvidaré la noche en que hubo solo tres personas en nuestro servicio juvenil: John, el hijo del pastor y yo. Y por la expresión de su rostro, se notaba que el muchacho no quería estar allí.

Al mirar hacia atrás, me alegro de que Dios no le haya dado a mi Mujer de la Carne lo que tan desesperadamente anhelaba. Porque al frustrar mi necesidad de éxito y al negarse a recompensar mi impulsividad, Dios tomó el espejo defectuoso en el que había estado buscando mi identidad y las hojas de higuera que torpemente había elaborado para realzar mi valor. Con una mano amorosa pero firme, Él los quitó para que pudiera enfocar mi corazón solo en Él.

Ojalá pudiera decir que he vivido sin fachadas desde entonces, pero eso no sería cierto. Todavía hay ocasiones en las que me encuentro recurriendo a mecanismos de afrontamiento de hojas de higuera. Sin embargo, estoy aprendiendo a reconocerlos rápidamente. En lugar de tratar de cubrir mis insuficiencias, estoy aprendiendo a llevarlas a Jesús. Porque su amor «cubre multitud de pecados» (1 Pedro 4:8).

Revestidas de la fuerza del Señor

Durante más de un mes, el ejército de Israel había estado paralizado de terror por las burlas de un solo guerrero filisteo llamado Goliat. Con casi tres metros de altura, el enorme y masivo hombre había desparramado abuso durante cuarenta días (ver 1 Samuel 17:1-16).

«¿Por qué no escogen a alguien que se me enfrente?», gritó el gigante, provocando terror en los corazones de los poderosos hombres de Israel. «Si es capaz de hacerme frente y matarme, nosotros les serviremos a ustedes; pero si yo lo venzo y lo mato, ustedes serán nuestros esclavos y nos servirán» (vv. 8-9).

La oferta del rey Saúl de una gran riqueza y la mano de su hija en matrimonio no habían sido suficientes para persuadir a los mejores de Israel de que se presentaran y lucharan contra el gigante. Ni siquiera la promesa de una exención de impuestos de por vida pudo persuadirlos a ofrecerse como voluntarios (v. 25).

Así que cuando un joven pastor vino a ofrecerse para luchar contra Goliat, debe haber sido francamente vergonzoso. Tal vez por eso el hermano mayor de David arremetió con desprecio. «¿¿Qué has venido a hacer aquí?» Eliab preguntó con una sonrisa burlona. «¿Con quién has dejado esas pocas ovejas en el desierto?» Añadiendo acusación al insulto, le dijo a David: «Yo te conozco. Eres un atrevido y mal intencionado. ¡Seguro que has venido para ver la batalla! » (v. 28).

Ridiculización y cinismo. Otras hojas de higuera detrás de las cuales los humanos intentan esconderse cuando se sienten amenazados o inadecuados. Especialmente cuando la fe de otra persona es más grande que la suya.

Cuando Eliab y el ejército de Israel miraron a Goliat, vieron un gigante demasiado grande para derribar. David, por otro lado, vio un gigante demasiado grande para perder la oportunidad de derrotarlo.[34] Porque sabía que no lucharía solo, Dios estaría con él.

IDENTIFICAR LAS HOJAS DE HIGUERA

¿A qué recurres cuando te sientes destrozada e insegura, un poco desnuda y avergonzada? Las hojas de higuera pueden tomar muchas formas. Aquí hay algunas que he identificado en mi vida y he visto en la vida de otros:

- *Utilería.* Usamos ciertas muletas como nuestros talentos o posesiones (¡o un esposo realmente guapo como el mío!) para sentirnos realizadas, importantes y únicas.

- *Postura.* Adoptamos ciertos comportamientos, como mencionar nombres o buscar el favor de personas con más influencia que nosotras, con la esperanza de impresionar a los demás y aumentar nuestro valor.

- *Control.* Intentando moldear la realidad a nuestro gusto, creemos secretamente que si las personas hacen lo que queremos que hagan, todo estará bien.

- *Autoprotección.* Constantemente en guardia, construimos muros alrededor de nuestros corazones para evitar ser heridas y erigimos campos de fuerza invisibles para mantener a la gente fuera.

- *Proyección.* Buscando aprobación, proyectamos una cierta imagen, con la esperanza de atraer a la gente a nuestro resplandor. Pero en toda esa metamorfosis, olvidamos quiénes somos.

- *Invisibilidad.* Nuestra reserva natural se transforma en timidez y un profundo miedo a ser vistas, por lo que vivimos en las sombras en lugar de a plena luz del día.

- *Escapismo.* Para evitar la realidad, recurrimos al entretenimiento sin sentido, sustancias adormecedoras, incluso fantasías mentales. Pero los escondites habituales pueden convertirse en comportamientos que controlan nuestra vida.

- *Enojo.* Cuando sentimos que estamos a la defensiva, pasamos bruscamente a la ofensiva. Rápidas para justificarnos, señalamos las deficiencias de los demás con la esperanza de ocultar las nuestras.

- *Victimización.* Permitiendo que el dolor del pasado dicte nuestro presente, nos escondemos detrás de los errores que hemos cometido en lugar de hacer el trabajo requerido para vivir una vida diferente.

- *Construcción del ego.* Creyendo que la autoestima llenará el vacío en nuestras almas, nos enfocamos en el amor propio y el autocuidado, solo para encontrarnos aún más necesitadas.

¡Maldito aquel que confía en los hombres, que se apoya en *fuerzas* humanas!

Jeremías 17:5

Al enterarse de que David estaba dispuesto a luchar contra Goliat, el rey Saúl le puso al joven su armadura hecha a medida (v. 38). Pero la armadura no le quedaba. A David le parecía un elemento torpe y engorroso.

«No puedo andar con todo esto; no estoy entrenado para ello», le dijo al rey en 1 Samuel 17:39, pero David todavía estaba decidido a luchar. Había experimentado el poder sobrenatural de Dios para matar a un oso y un león que habían atacado a las ovejas de su padre (v. 37). Seguramente este «filisteo pagano» (v. 36) no sería un obstáculo. Con la confianza de Dios en su corazón y cinco piedras lisas en el bolsillo, David tomó su honda y se dirigió al campo de batalla (v. 40).

Cuando Goliat vio al joven venir hacia él para pelear, se enfureció y pronunció maldiciones (v. 43). Pero David no se sintió intimidado ni retrocedió. Debido a que confiaba en que Dios estaba con él, el muchacho corrió hacia el gigante con su propio rugido.

«La batalla es del Señor y él los entregará a ustedes en nuestras manos», gritó David mientras preparaba su honda (v. 47).

Imagina los próximos momentos conmigo.

Goliat se inclinaba hacia David, escupiendo, echando espuma y lanzando insultos.

David caminaba hacia Goliat, tranquilo, sereno y arrojando una piedra.

La conmoción y la incredulidad deben haber marcado los rostros de ambos hombres cuando la roca dio en la cabeza de Goliat y se comenzó a caer (v. 49).

Pero David rápidamente recuperó la compostura y corrió hacia el gigante inconsciente, y le cortó la cabeza con la propia espada de Goliat.

Al ver que «su héroe había muerto» (v. 51), los filisteos comenzaron una retirada frenética. Envalentonado por el valor de David, el ejército israelita lo persiguió (v. 52), y el enemigo de Dios fue completamente derrotado.

Satanás se echó a la fuga por un joven que se negó a usar una armadura de hojas de higuera y en lugar de ello confió en el poder de Dios.

El problema con las hojas de higuera

Las fuentes en línea dicen que hay más de setecientas variedades de higueras identificadas en el mundo.[35] En sentido figurado, debe haber muchos más tipos de hojas de higuera. Porque incluso las cosas buenas de la vida pueden usarse para cubrir nuestras insuficiencias o magnificar nuestro valor. Al no confiar en que hemos sidas aceptadas por Cristo, muchas de nosotras nos aferramos a cualquier cosa que pudiera proporcionarnos un camuflaje y evitar que seamos plenamente conocidas o vistas, incluso por nosotras mismas.

El problema con las hojas de higuera, como lo descubrieron Adán y Eva, es que ofrecen pésima cobertura. Investigando, descubrí datos interesantes sobre ciertas especies de higos:

- *Las hojas de higuera son incómodas.* En lugar de la superficie lisa que se encuentra en la mayoría de las hojas, una hoja de higuera es áspera y peluda.[36]
- *Las hojas de higuera pueden ser venenosas.* La savia del higo contiene sustancias químicas que pueden causar una erupción con ampollas en algunas personas.[37]
- *Las hojas de higuera no son confiables.* Como la mayoría de las hojas, dependen del árbol para la humedad, por lo que se marchitan y mueren cuando se separan de él.[38]

Ninguna de estas son grandes cualidades cuando necesitas algo para cubrir tu desnudez. Y lo mismo se aplica a las hojas de higuera espirituales que a menudo usamos para disfrazar nuestro pecado.

Pregúntale a nuestro gigante vencido. Aunque David comenzó bien, queriendo solo lo que Dios quería y dispuesto a esperar hasta que Dios se lo diera, una vez que se hizo mayor y más poderoso, David tomó el asunto en sus propias manos. Después de participar de lo prohibido y tener relaciones sexuales con la esposa de otro hombre, llegó a usar el asesinato para cubrir su indiscreción.

Veremos ese episodio en un capítulo posterior. Pero por ahora, digamos que fue un momento miserable cuando el veneno del pecado comenzó a carcomer el alma de David. Así es como lo describe en Salmos 32:3-4 (NTV):

> Mientras me negué a confesar mi pecado,
> mi cuerpo se consumió,
> y gemía todo el día.
> Día y noche tu mano de disciplina pesaba sobre mí.

No fue hasta que David abrió su corazón sinceramente a Dios que pudo experimentar alivio. En el versículo 5, escribe:

> Finalmente te confesé todos mis pecados
> y ya no intenté ocultar mi culpa.
> Me dije: «Le confesaré mis rebeliones al Señor»,
> ¡y tú me perdonaste! Toda mi culpa desapareció. (NTV)

Puesto al descubierto por el arrepentimiento, David fue lavado por el amor. Fue sanado por el bálsamo de la misericordia de Dios.

La misma libertad puede ser nuestra también. Cuando la «mano de disciplina» del Señor venga sobre ti, no te resistas. Cuando Dios señale el pecado en tu vida, no ignores tu iniquidad ni trates de desviar la culpa. En cambio, acepta el diagnóstico: confiesa y arrepiéntete. Luego confía en tu amoroso Salvador para que te restaure.

Porque Dios solo se manifiesta para poder sanar.

Ser real ante Dios

El mundo está tan lleno de ruido en este momento, hay tantas voces que nos dicen lo que debemos hacer, quiénes debemos ser y cómo debemos vivir. Si estás buscando hojas de higuera para sentirte importante, puedes encontrarlas en cualquier lugar.

Pero en lugar de hacernos sentir mejor con nosotras mismas, la abundancia de opciones solo parece intensificar nuestra carencia. Con un estimado de más de 87.000 combinaciones de bebidas disponibles en Starbucks y más de 2.2 millones de aplicaciones para iPhone para mantenernos entretenidas,[39] uno pensaría que los estadounidenses serían las personas más felices del mundo. Pero no lo somos.

Según el Informe Mundial de la Felicidad de 2019, Estados Unidos cayó en el ranking de felicidad de los países hasta el decimonoveno lugar. A medida que el uso de Internet se disparó, el estudio mostró que los marcadores de bienestar, como las relaciones personales, el sueño adecuado y la felicidad, se habían desplomado.[40] Como dice Barry Schwartz, «Obtenemos lo que decimos que queremos, solo para descubrir que lo que queremos no nos satisface en la medida en que esperamos».[41] Porque más no es necesariamente más. Especialmente cuando se trata de hojas de higuera.

¿Recuerdas la fábula de Hans Christian Andersen *El traje nuevo del emperador*? La historia ha existido por casi doscientos años, pero parece especialmente relevante en la cultura actual del exceso y las locuras que la gente hace en busca de propósito y valor:

> Hace muchos años había un emperador tan aficionado a la ropa nueva que gastaba todo su dinero en estar bien vestido.
>
> Todos los días venían muchos extraños a la ciudad, y entre ellos un día llegaron dos estafadores. Hicieron correr la voz de que eran tejedores, y dijeron que podían tejer las telas más magníficas imaginables. No solo sus colores y patrones eran particularmente finos, sino que la ropa hecha de esta tela tenía la capacidad maravillosa de volverse invisible para cualquiera que no fuera apto para su cargo, o que fuera inusualmente estúpido.

> «Esa ropa sería perfecta para mí», pensó el Emperador. «Al usarla, podría descubrir qué hombres de mi imperio no son aptos para sus puestos. Y podría distinguir a los sabios de los tontos. Sí, ciertamente debo conseguir algunas de esas prendas tejidas para mí de inmediato». Y así, pagó a los dos estafadores una gran suma de dinero para comenzar a trabajar sin demora.[42]

Durante varias semanas, los dos extraños fingieron tejer furiosamente. Pero en lugar de usar la seda fina y el hilo de oro que se les había suministrado, metieron los artículos caros en sus bolsas de viaje. Cuando el emperador envió a sus asesores para verificar cómo progresaba el trabajo, ninguno admitió que no podían ver nada en los telares. Temerosos de perder sus cargos, regresaron con un reporte magnífico sobre la belleza de la tela, repitiendo detalles que les habían dicho los estafadores.

Con el nuevo traje terminado a tiempo para una gran procesión por la ciudad, el emperador se desnudó ansiosamente para que los supuestos sastres pudieran ponerle las hermosas prendas. Por un momento se sintió inquieto cuando se dio cuenta de que no podía ver su ropa nueva, pero dejando a un lado su preocupación, salió con orgullo para encontrarse con la multitud que esperaba. Todos vitoreaban y aclamaban con admiración, porque nadie quería admitir que no podían ver la ropa fina de su líder y ser considerado un tonto.

El nuevo traje parecía un éxito abrumador. Pero luego, desde el fondo de la multitud, se oyó la voz de un niño: «Pero no tiene nada puesto». El padre del niño trató de silenciarlo, pero sus palabras se extendieron entre la multitud hasta que fueron expresadas por todos: «¡Pero no tiene nada puesto!»[43]

¿Qué tipo de hojas de higuera has estado usando? Si estás confiando en algo menos que la justicia provista por Jesús y la identidad profundamente arraigada que el amor de Dios proporciona, no solo estás siendo estafada, sino que estás quedando terriblemente expuesta.

Revestidas de Cristo

Laodicea era una metrópolis próspera en los tiempos del Nuevo Testamento. Conocida como un centro bancario,[44] era famosa por su industria de la confección y sus recursos médicos.[45] La ciudad era tan rica que cuando fue golpeada por un gran terremoto en el año 60 d. C., los líderes de la ciudad rechazaron la oferta de ayuda de Roma y reconstruyeron la ciudad ellos mismos.[46] Las inscripciones en muchas de las estructuras reconstruidas dicen: «De nuestros propios recursos».[47]

Los laodicenses eran un pueblo autosuficiente y estaban orgullosos de ello. Tanto es así, que Jesús tuvo que reprender a la iglesia local en Apocalipsis 3:17-18, exponiendo el pecado y el orgullo que se escondían debajo de su apariencia saludable:

> Dices: «Soy rico; me he enriquecido y no me hace falta nada»; pero no te das cuenta de cuán infeliz y miserable, pobre, ciego y desnudo eres tú. Por eso te aconsejo que de mí compres oro refinado por el fuego, para que te hagas rico; ropas blancas para que te vistas y cubras tu vergonzosa desnudez; y colirio para que te lo pongas en los ojos y recobres la vista.

La mayoría de nosotras hemos escuchado sermones sobre la iglesia de Laodicea y su condición «tibia» (vv. 15-16). Sin una fuente de agua propia, según el comentario de Warren Wiersbe, la ciudad pudo haber canalizado agua caliente de la cercana Hierápolis y agua fría de Sardis, creando el agua tibia que Jesús amenazó con escupir de su boca (v. 16).[48] Pero hay un simbolismo más fascinante en este pasaje de las Escrituras.

Aunque los laodicenses se gloriaban en su posición, diciendo: «Soy rico… y no me hace falta nada», Jesús diagnosticó su verdadera condición como «infeliz, miserable, pobre, ciego y desnudo» (v. 17).

A una ciudad de comerciantes conocida por su sistema bancario superior, Jesús le dijo: «Te aconsejo que de mí compres oro refinado por el fuego, para que te hagas rico» (v. 18).

Aunque vivían en una región conocida por producir prendas de la más fina lana negra,[49] Él les instruyó a comprar «ropas blancas» para que se vistan y cubran su «vergonzosa desnudez» (v. 18). A los innovadores que habían creado un ungüento para los ojos utilizado en todo el mundo conocido, les aconsejó que compren colirio para que se lo pongan en los ojos y recobren la vista (v. 18).

Todo en lo que los laodicenses habían puesto su confianza en realidad los estaba dañando, señaló Jesús. Peor aún, su orgullo los estaba haciendo espiritualmente ciegos.

Están desnudos, hijos Míos —les dijo. *Están confiando en las túnicas transparentes de su propia justicia. Cegados por sus bendiciones, están siendo arrastrados por el mundo.*

Pero había un propósito sanador detrás de la dureza de la reprensión de Cristo, tal como lo hay cuando Él señala el pecado en nuestras vidas. Porque confiar en las hojas de higuera de nuestra justicia no nos acercará más a Jesús. Por el contrario, se interpondrá en el camino.

Las palabras que siguen a la advertencia de Jesús a la iglesia de Laodicea tienen tanto amor y ansia, que creo que Él quiere decírselas a su pueblo hoy. «Miren que estoy a la puerta y llamo», dice Jesús en Apocalipsis 3:20. «Si alguno oye mi voz y abre la puerta, entraré, y cenaré con él, y él conmigo».

¿Oyes eso? Aunque tú y yo nos hayamos desviado de nuestro primer amor, atraídas por las cosas brillantes de este mundo, se nos invita a volver a la comunión íntima con nuestro Salvador y a una vida en la belleza de su presencia.

Si respondemos a la invitación de Jesús, entregando nuestras hojas de higuera y confiando en Él para todo lo que necesitamos, Él promete vestirnos con «ropas de salvación» y darnos un hermoso «manto de su justicia» para usar (Isaías 61:10).

Envueltas en el amor de Cristo y recubiertas en su semejanza, junto con Él caminaremos sin vergüenza en este mundo. Llenas del gozo y la paz que viene de vivir en su presencia.

Ya sin escondernos detrás de hojas de higuera.

Ya no más desnudas, miserables ni con frío.

Cinco

Expectativas no tan grandes

> Solo en Dios halla descanso mi alma; de él viene mi esperanza.
>
> Salmos 62:5

La noche de Oregón yacía espesa sobre mí, adornada con diamantes bailando entre los pinos oscuros. Aunque me mantuve a distancia, podía sentir el calor de la hoguera mientras las llamas de color rojo anaranjado soltaban chispas hacia arriba. Formas sombrías se movían a mi alrededor, derivando lentamente hacia el fuego, pero apenas lo notaba. Toda mi atención se centraba en una cosa, el pedazo de papel arrugado que sostenía en mi mano.

Círculo de la Victoria: así es como llamaron al evento durante los anuncios matutinos. Una forma única y memorable de terminar una semana de campamento para niños, dijeron. Una manera de reconocer lo que Dios había estado hablando a los corazones jóvenes. «Toma un pedazo de papel y escribe algo que necesites rendirle al Señor, luego tíralo al fuego en el Circulo de la Victoria después del servicio de esta noche», les habían dicho a los acampantes, invitando a aquellos de nosotros que servimos como consejeros a participar también.

Mis mejillas se sonrojaron con el calor del fuego, pero también con el recuerdo de la conversación unilateral (o monólogo) que había tenido con el Señor esa mañana mientras caminaba de regreso a la cabaña después de la adoración.

«Oh, Jesús, es tan maravilloso estar en una relación correcta contigo», le susurré. «No se me ocurre nada que deba rendirte esta noche. Pero si sabes de algo, por favor házmelo saber».

Fue una oración peligrosa pero gloriosa. Porque de esa invitación a examinar mi corazón surgiría un encuentro con Dios que transformaría mi vida, y mi matrimonio, para siempre.

Cuando abrí mi Biblia para un momento de silencio más avanzada la tarde, me sorprendió encontrar un pedazo de papel que enumeraba todas las formas en que mi esposo necesitaba cambiar. Todas las razones por las que nuestro ministerio no estaba prosperando. Todas las formas en que me había decepcionado. Aunque recordaba haber escrito la lista, estaba segura de que ya la había tirado.

Dámelo, Joanna. Las palabras llegaron suaves y profundas a mi espíritu mientras estaba junto al fuego esa noche. Pero las objeciones inundaron mi mente mientras mis ojos se llenaban de lágrimas. ¿Cómo podía dejar de lado lo que parecían preocupaciones legítimas? ¿Qué pasaría si John nunca cambiaba?

Tenía que tomar una decisión. ¿Me aferraría a mis expectativas? ¿O rendiría mi propia vida y la de mi esposo solo a Dios?

Expectativas peligrosas

De alguna manera, las expectativas son una parte necesaria de la vida. Como estudiantes necesitamos saber lo que el profesor requiere para obtener una buena calificación. Como conductores, necesitamos conocer las reglas de tráfico para mantenernos seguros a nosotros mismos y a los demás. Como empleados, necesitamos saber a qué hora presentarnos a nuestro trabajo y cómo hacer las tareas. Las expectativas saludables son el fundamento de la sociedad y conforman vidas útiles y felices.

Pero existen ciertas expectativas que no son tan saludables y que a menudo se encuentran debajo de la superficie de nuestros corazones, lo que nos hace actuar y reaccionar exageradamente cuando las personas no hacen las cosas a nuestra manera. Formadas por nuestras experiencias pasadas, temperamento, familia de origen y la cultura en la que vivimos, las expectativas suelen estar tan arraigadas que rara vez las reconocemos. Por el contrario, asumimos que todos ven la vida de la manera en que lo hacemos nosotras, que piensan como nosotras, que comparten nuestras prioridades y que navegan las dificultades de la vida como nosotras.

Es un brusco despertar cuando descubrimos que no es así.

«Todos tenemos expectativas sobre cómo debería funcionar el mundo, ya sea que nos demos cuenta o no», escribe la autora Melissa Camara Wilkins. «Cuando la realidad pone nuestras expectativas de cabeza, tenemos que lidiar no solo con la molesta realidad, sino también con nuestras expectativas insatisfechas».[50]

En cierto sentido, Wilkins concluye: «Las expectativas significan que sufrimos dos veces».[51]

Predica, hermana. Predica.

Cuando entré al matrimonio y al ministerio a los diecinueve años, llegué con un montón de expectativas. Debido a que John y yo compartíamos los mismos valores y teníamos mucho en común, estaba segura de que estábamos destinados a la felicidad conyugal. Debido a que ambos amábamos a Jesús y teníamos dones naturales, esperaba que nuestro ministerio fuera un éxito avasallante. Lleno de afirmación. Aprobación. Aplausos. Todo lo que mi Mujer de la Carne anhelaba tan desesperadamente.

Cuando esas expectativas no se cumplieron, naturalmente me propuse cambiar a mi esposo.

Si él hiciera esto…

Si dejara de hacer eso…

Si fuera más como esa persona, entonces podríamos tener ese éxito…

Pero en lugar de apreciar mi ayuda, Dios me dijo claramente: *Quita tus manos de Mi hombre, Joanna. Cambiar a John no es tu trabajo. Es el mío.*

Mirando hacia atrás, puedo ver que Dios frustró mis expectativas por la sencilla razón de que quería poner sus manos sobre mí.

Porque resulta que Dios está más interesado en construir su reino *en* nosotros que en construir su reino *a través* de nosotros.

Esa noche, junto al fuego, el Espíritu Santo le susurró a mi corazón: *Deja de orar: «Señor, cambia a mi esposo», y comienza a orar: «Señor, cámbiame a mí».*

Sigue siendo una de las instrucciones más importantes que he recibido. Tiemblo al pensar en el hermoso matrimonio, la hermosa vida, que casi me pierdo.

Si Dios no hubiera exigido mi lista de agravios y si no se la hubiera entregado, John y yo habríamos terminado como solteros casados. Aparentando estar unidos por fuera, pero, por dentro, viviendo tan alejados como dos personas pudieran estar.

Estoy tan agradecida de que Dios no nos haya dejado conformarnos con eso.

Cuando comencé a renunciar a mis expectativas, Dios comenzó a sanar mi matrimonio. Pero Él también hizo una obra profunda en mi corazón, dándome una revelación de su gracia y amor que derrumbó varias creencias falsas que siempre me habían mantenido atada.

La creencia de que debía tener éxito para ser valiosa.

La creencia de que Dios requería perfección, con el temor constante de echarlo todo a perder.

Y lo más nocivo de todo, la creencia inconsciente, pero siempre presente, de que tenía que ganarme el favor de Dios para experimentar su amor.

La vara de las expectativas

¿Recuerdas las varas de medir de madera que solían repartir en ferreterías y ferias estatales para promocionar los negocios? Ya no se usan demasiado, excepto tal vez para medir telas o para cortar una línea recta.

En los viejos tiempos, los maestros a menudo las usaban para mantener el orden en el aula. Era útiles para señalar hechos importantes en una pizarra, y también bastante convenientes cuando los estudiantes susurraban en clase. Un golpe agudo en el borde de un escritorio llamaría la atención de todos. Una infracción grave, como hacer trampa en un examen, podría implicar una visita a la oficina del director y ¡zas!, un recordatorio punzante que persistiría durante el resto del día.

En mi vida, la vara de medir ha sido un recordatorio constante de mi insuficiencia y de no estar a la altura. En lugar de esperar a que un maestro o director administre el castigo, soy bastante hábil para hacerlo yo misma.

«Niña mala, tremenda, terrible», lloro, golpeándome con mis propias expectativas. Sé lo que debería ser, y soy plenamente consciente de lo que no soy.

En el pasado, solía proyectar el autoodio resultante en Dios, asumiendo que Él estaba tan decepcionado de mí como yo. En lugar de verlo como un Padre amoroso, lo veía como un capataz distante, patrullando el aula de mi vida. Esperando a que rompa una regla o falle una prueba y ¡zas! El golpe de la vara de medir de su disgusto.

Vivía según una versión distorsionada de Filipenses 2:12, que dice «lleven a cabo su salvación con temor y temblor». Pero basar mi salvación en el desempeño en lugar de en la suficiencia de la obra de Cristo significaba que me estaba perdiendo la mejor parte del evangelio. Porque el llamado a «llevar a cabo la salvación» no estaba destinado a hacerse solo. En el siguiente versículo se nos dice: «Pues Dios es quien produce en ustedes tanto el querer como el hacer para que se cumpla su buena voluntad» (v. 13).

Dios lo *produce*, y nosotros lo *llevamos a cabo*. ¡A eso le llamo buenas noticias!

Pero casi me lo pierdo. Estaba tan ocupada calificando y denigrando mi desempeño que nunca confié en que Dios hiciera su obra transformadora en mí. Al igual que los necios gálatas, traté de terminar por mi «propio esfuerzo humano», lo que había comenzado por el Espíritu (Gálatas 3:3). Lo cual, por supuesto, fue un ejercicio de frustración.

Mi Mujer de la Carne no solo usó la vara para castigar mis infracciones. También la usaba para ver qué tan bien me comparaba con las demás: quién era la más inteligente, la más bonita, la más talentosa, la más piadosa, la más exitosa.

Pero esa comparación resultó ser un arma de doble filo. Al compararme con las demás, me sentía excesivamente orgullosa o paralizantemente inepta. De cualquier manera, siempre terminaba en el extremo equivocado de la vara de medir: castigándome por mis fracasos o, si sobresalía, castigándome por mi orgullo.

Tal vez fue este tipo de tormento interno lo que envió a un hombre que tenía buenas intenciones a correr hacia Jesús en Marcos 10:17-22. Es comúnmente conocido como el joven rico.

«Maestro bueno… ¿qué debo hacer para heredar la vida eterna?», dijo el hombre mientras caía a los pies de Jesús (v. 17). A diferencia de otras personas religiosas que fingían estar interesadas en Jesús, pero secretamente querían atraparlo en sus palabras, este hombre sinceramente quería estar bien con Dios. Aunque había vivido según la vara de medir toda su vida, tratando de guardar todos los mandamientos que se le habían inculcado desde la infancia (vv. 19-20), instintivamente sabía que sus buenas obras no eran suficientes.

Así que fue a Jesús. Y la Biblia nos dice que «Jesús lo miró con amor» (v. 21).

No sé a ti, pero eso me bendice. Es un consuelo saber que Jesús mira más allá de nuestros motivos confusos y ve la intención de nuestros corazones. Él entiende que somos un «manojo de paradojas», como dice Brennan Manning,[52] queriendo a Dios en un momento, pero ignorándolo al siguiente. Hebreos 4:15 nos recuerda que Jesús fue «tentado en todo de la misma manera que nosotros». Él entiende la lucha agotadora que soportamos en nuestra carne.

Pero debido a que Jesús nos ama, se niega a mimarnos. En lugar de aplaudir la devoción del joven, dándole un choque de cinco y un montón de estrellas de oro, Jesús señaló la única cosa que el joven amaba más de lo que amaba a Dios: su riqueza. «Una sola cosa te falta», le dijo Jesús en Marcos 10:21. «Vende todo lo que tienes y dáselo a los pobres […] Luego ven y sígueme».

«Al oír esto, el hombre se desanimó», dice el versículo 22. «Se fue triste, porque tenía muchas riquezas».

Y sorprendentemente, Jesús lo dejó ir. Él no lo llamó ni envió a sus discípulos a negociar un acuerdo. En cambio, permitió que esta persona muy influyente se alejara.

¿Por qué? Porque Jesús sabe que confiar en nuestra propia justicia nunca nos acercará más a Él. Creo que es por eso que la enseñanza de Jesús a menudo sube la apuesta inicial en cuanto a los requisitos bíblicos, aumentando sus demandas en nuestras vidas para llevarnos a rendirnos hasta el punto de confiar solo en Él (Mateo 5:27-48).

No solo para nuestra salvación, sino también para nuestra transformación.

La vida con la vara de medir

Comenzó temprano en nuestro ministerio. Me despertaba con una nube de fatalidad inminente reposando sobre mi cabeza. A veces la pesadez estaba claramente relacionada con un error que había cometido o una responsabilidad que había dejado pasar por alto. Pero la mayoría de las veces no podía identificar la fuente. Por el contrario, la nube emocional simplemente seguía allí, espesa con presentimientos, emitiendo una acusación general de fracaso en cada parte de mi vida. Incluso hoy lucho por recordar un momento de plena alegría durante ese tiempo.

Mirando hacia atrás, me doy cuenta de que la oscuridad provenía de la sombra de mi vara de medir. En lugar de vivir bajo la gracia, estaba tratando de vivir bajo «la ley» (Romanos 8:2). Pero aunque la ley de Dios tenía la intención de mostrar a la humanidad cómo vivir, era y sigue siendo incapaz de ayudarnos a lograrlo. Es por eso que Jesús tuvo que venir (v. 3).

Tratar y no poder cumplir con los requisitos de la ley me dejó sintiéndome como el «pobre miserable» que Pablo describe en Romanos 7:24. Aunque sabía lo que se suponía que debía hacer, me sentía incapaz de hacerlo (vv. 8–20).

No importa cuánto lo intentara, lo mejor de lo mejor nunca era lo suficientemente bueno.

Pero no fui la única que sufrió las consecuencias de mi vara. Solo puedes soportar determinada culpa autoinfligida antes de comenzar a infligírsela a quienes te rodean. Aunque trataba de ser amable con las personas fuera de mi casa, mi familia a menudo sentía los efectos de la vara de mis expectativas, especialmente durante esos primeros años.

John necesitaba tener éxito para que yo pudiera tener éxito. *¿Cómo lo haces todo, Joanna? ¡Qué maravilloso ministerio tienen!*

Mis hijos necesitaban ser buenos para que yo pudiera verme bien. *¡Qué madre tan increíble eres! Tus hijos se portan muy bien.*

No estoy segura de cómo lucen las expectativas en tu vida, pero te aseguro que están ahí. Puedes descubrirlas en la forma en que respondes a estas oraciones incompletas:

Mi esposo debería…
Mis hijos necesitan…
Mis amigos deberían…
Mi vida debe ser…
No puedo ser feliz hasta que…

Tus respuestas a estas oraciones pueden parecer lógicas y tus necesidades legítimas, pero si crees que tu felicidad radica en su cumplimiento, estás buscando en el lugar equivocado. Jeremías 17:5 nos da una advertencia solemne:

> «Malditos son los que ponen su confianza en simples seres humanos, que se apoyan en la fuerza humana y apartan el corazón del Señor». (NTV)

Porque es imposible poner tu esperanza en Dios si ya la has puesto en las personas.

Establecer expectativas

Como el más joven de su familia, David tenía razones para esperar que su padre lo incluyera en la alineación de hijos cuando Samuel viniera a ungir al próximo rey. Pero su padre aparentemente lo descartó como candidato y lo dejó en los campos (1 Samuel 16:1-13).

ABANDONAR LAS EXPECTATIVAS

¿Por dónde empezar a la hora de abandonar las expectativas? Melissa Camara Wilkins ofrece excelentes lugares para comenzar. Aquí está mi adaptación de su listado:

Expectativa #1: ***Otras personas pensarán cosas verdaderas sobre ti.*** Todos pueden elegir sus propios pensamientos, y a veces la gente va a pensar cosas sobre ti que simplemente no son ciertas.

Expectativa #2: ***Otros tomarán las mismas decisiones que tú.*** La gente tomará decisiones con las que no estás de acuerdo o que ni siquiera entiendes. Esperar que el mundo siempre funcione de cierta manera conduce a un ciclo de indignación y desesperación.

Expectativa #3: ***No puedes relacionarte con personas con las que no estás de acuerdo.*** Considera que todos quieren ser conocidos y amados. Y en ocasiones todos tienen miedo. Mira más allá de las diferencias y podrás encontrar un terreno común.

Expectativa #4: ***Las cosas siempre saldrán a tu manera.*** Algunas cosas pueden resultar geniales, pero otras no. Mientras menos pendiente estés de los resultados, más podrás estar presente para lo que está sucediendo en tu vida.

Expectativa #5: ***Las cosas nunca saldrán a tu manera.*** Es mejor esperar lo peor... ¿Verdad? La verdad es que no. Todavía estás desperdiciando energía en expectativas inútiles, y estás bloqueando la esperanza y la imaginación al mismo tiempo.

Expectativa # 6: ***Cambiar las cosas en el exterior solucionará los problemas en el interior.*** Cambiar tus circunstancias sin cambiar tu corazón es solo aplicar una curita. Esperar que las personas siempre satisfagan tus necesidades te dejará frustrada, no satisfecha.

Expectativa #7: ***Eventualmente llegarás.*** Tu vida no es un recorrido de *Google Maps*. En ningún momento «llegarás a tu destino». No permitas que las expectativas acerca de «llegar allí» te roben la alegría de estar aquí en este momento.[53]

Es mejor *refugiarse* en el Señor que confiar en el hombre. *Salmos 118:8*

Más tarde, cuando el favor inicial del rey Saúl se convirtió en odio, David tenía razones para esperar que su suegro actuara honorablemente. En cambio, Saúl trató de quitarle la vida (cap. 19).

E incluso más tarde, cuando David trajo el arca del pacto a Jerusalén (2 Samuel 6:12-22), tenía razones para esperar que su esposa, Mical, se regocijara a su lado. En cambio, ella ridiculizó y despreció la adoración «deshonrosa» de David (v. 20).

Pero en lugar de centrarse en estas y otras injusticias que marcaron su vida, David llevó su decepción a Dios, algo que lo vemos hacer una y otra vez en los Salmos. En lugar de buscar en la gente la afirmación y esperar que la vida lo tratara bien, David miró al Señor:

> Solo en Dios halla descanso mi alma; *de él viene mi esperanza.* (Salmos 62:5, énfasis añadido)

El rey David escribió estas palabras durante un período difícil de su reinado. Rodeado de conspiradores que querían socavar su gobierno, él tenía el poder de frenar la rebelión y destruir a los traidores. En cambio, David confió en que Dios se haría cargo.

¿Cómo podemos encontrar una paciencia tan humilde? Comienza por soltar el deseo de controlar. En lugar de exigir un cierto resultado, tenemos que confiar en la capacidad de Dios para hacer las cosas bien a su manera y en su tiempo. Tenemos que poner nuestra esperanza, nuestra «expectativa», solo en Dios. La palabra hebrea para «esperanza» en el Salmos 62:5 es *tiqvah.* Aunque también puede significar «expectativa», la traducción literal de la palabra es «cordón» (simbolizando apego).[54]

Es la misma palabra usada en Josué 2:21 para describir el «cordón rojo» que Rajab, la ramera, colgó de su ventana después de esconder a los espías judíos. «Apegando» su esperanza al Dios al que esos espías servían, ella dijo: «Yo sé que el Señor les ha dado esta tierra [...] Yo sé que el Señor su Dios es Dios arriba en el cielo y abajo en la tierra» (Josué 2:9-11).

Debido a que Rajab puso su esperanza y expectativa, su *tiqvah*, en Dios, ella y su familia se salvaron cuando cayeron los muros de Jericó. Según Mateo 1:5 ella se convirtió en parte del linaje de Jesús. Su fe y obediencia fueron tan notables que Rajab está incluida en el Salón de la Fe de la Biblia (Hebreos 11:31).

Lo que lleva a una pregunta que todas debemos responder: *¿Dónde he puesto mi esperanza y a quién he apegado mi expectativa?*

Quiero ser una mujer que espera solo en Dios.

Pero para ser honesta, la esperanza, como la fe, siempre han sido un poco difíciles de comprender para mí. En la lengua vernácula de hoy, la esperanza parece poco más que un deseo y un ruego. Sin embargo, recientemente escuché una gran definición: «La esperanza es una expectativa alegre de algo bueno».

Nótese el elemento de confianza en esa definición. Muy a menudo venimos a Dios con una lista de resultados deseados que hemos etiquetado como «buenos». Sin embargo, como hemos visto, nuestra comprensión es limitada y nuestra percepción a la hora de colocar etiquetas, a menudo es errónea. Solo Dios sabe lo que es mejor en una determinada situación. Si le presentamos nuestras peticiones a Él y luego le permitimos que haga su voluntad, podemos esperar con alegría que Dios produzca lo que es verdaderamente bueno.

Pero tenemos que hacer lo mismo con la gente. Porque cuando renunciamos a nuestras expectativas de los demás, amándolos como son, no como queremos que sean, hacemos espacio para que la gracia de Dios obre en sus corazones tal como Él está trabajando en los nuestros.

Liberar a otros de las expectativas

Ruth Bell Graham, esposa del famoso evangelista Billy Graham, a menudo ha dicho: «Es mi trabajo amar y respetar a Billy. Es el trabajo de Dios hacerlo bueno».[55]

Ese es un sabio consejo para todas nosotras. ¿Qué pasaría si nos acostumbráramos a *aceptar* a las personas en lugar de *esperar* que sean lo que queremos que sean? ¿Qué pasaría si los *honráramos* en lugar de *avergonzarlos*? ¿Qué pasaría si simplemente amáramos a las personas y dejáramos su transformación a Dios?

Mi madre me honró así de muchas maneras, pero una de ellas resultó especialmente poderosa. Durante una gran parte de mi edad adulta, fui una terrible ama de casa. Pero en lugar de menear la cabeza ante la condición de mi hogar, señalando que me había criado mejor que eso, mi madre constantemente se acercaba a mí y me preguntaba cómo me podía ayudar.

Ella nunca buscó hacerse cargo y ponerse al mando, ni me hizo sentir como si estuviera decepcionada (aunque probablemente lo haya estado). En cambio, ella me aceptó en la etapa en la que yo me encontraba. Me escuchaba mientras le compartía mi lucha para equilibrar el ministerio y dos niños pequeños. Oraba por mí cuando me desanimaba. Y me ofrecía consejo solo cuando se lo solicitaba.

Aunque me ha llevado años obtener la victoria sobre el área doméstica de mi vida, ni una sola vez mi madre me hizo sentir como un fracaso. Por el contrario, su amor y aceptación crearon un espacio de gracia donde había lugar para convertirme en la mujer que Dios quería que fuera.

Desafortunadamente, muchas mujeres no han tenido ese tipo de apoyo amoroso. Sus madres son profesionales en hacerles sentir una enorme culpa. Pero si bien la culpa puede ser un poderoso motivador a corto plazo, rara vez trae un cambio verdadero y duradero.

Me parece importante recordar esto cuando me siento tentada a organizar sesiones de culpa para mí o para los demás. Como nos recuerda Romanos 2:4, es «la bondad de Dios la que nos lleva al arrepentimiento». Cuando intentamos ocupar el lugar del Espíritu Santo, nuestra intromisión puede interrumpir lo que Dios está haciendo en la vida de las personas. En lugar de escuchar la corrección vivificante del Espíritu, solo escuchan condenación y rechazo de nuestra parte y, por ser sus embajadoras, interpretan que también de parte de Dios. Como resultado, pueden rebelarse y retirarse, construyendo muros en su corazón contra nosotras, pero también contra Dios.

Ahora bien, eso no significa que no habrá momentos en los que necesitemos decir algo sobre lo que observamos en la vida de otra persona. «Si alguien es sorprendido en pecado», dice Gálatas 6:1, «ustedes que son espirituales deben restaurarlo con una actitud humilde». Pero ten en cuenta que el espíritu con el que hablamos hace toda la diferencia. ¿Estamos abordando la situación con una actitud humilde? ¿O venimos con una agenda y una necesidad orgullosa de enderezar a la otra persona?

«El discernimiento es el llamado de Dios a la intercesión, nunca a encontrar faltas», escribe Oswald Chambers.[56] Creo que mi maternidad habría sido mucho más efectiva si hubiera pasado más tiempo de rodillas orando por mis hijos en lugar de dar constantemente corrección y consejos. Porque el Espíritu Santo quiere hablar directamente a nuestros hijos para que ellos también aprendan a hacer de Dios su «única expectativa».

Colguemos una *tiqvah* roja por la ventana de sus corazones mientras aprenden a confiar plenamente en Él.

Liberarnos de las expectativas

Como esposa de un pastor, a menudo me preguntan cómo manejo las expectativas de otras personas. Para ser honesta, son mis propias cxpcctativas las quc más mc prcocupan.

Sé qué tipo de esposa de pastor me siento llamada a ser. Sé la dedicación que implica. Pero todo mi *conocimiento* nunca ha facilitado mi *crecimiento*. De hecho, la mayoría de las veces solo lo ha obstaculizado.

Como joven adulta, tenía miedo de dejar de lado la vara de medir por temor a descuidar la santidad y dejar de procurar ser todo lo que Dios quería que fuera.

Pero cuando dejé de rechazar la gracia de Dios y aprendí a recibirla, en lugar de resultar en apatía, el Espíritu Santo despertó un profundo deseo en mi corazón de agradar a mi Padre celestial. A medida que aprendí a vivir de la seguridad del amor de Dios en lugar de tratar de ganarlo, Jesús rompió la vara de mis expectativas religiosas y comenzó a desmantelar mi ciclo de autoodio y vergüenza.

«Sublime gracia» siempre ha sido uno de mis himnos favoritos. Pero una estrofa en el segundo verso se ha vuelto especialmente preciosa para mí, porque resume la obra que Dios ha hecho en mi vida:

> Su gracia me ensenó a temer;
> mis dudas ahuyentó.[57]

Estoy agradecida de que la gracia primero me inculcara un temor santo de Dios y un deseo de complacerlo. Desafortunadamente, el espíritu de temor a menudo secuestraba ese temor saludable y lo convertía en «temor al castigo» (1 Juan 4:18, NTV). Sin embargo, mi vida cambió para siempre cuando llegué a comprender que la gracia es el poder y el deseo de hacer la voluntad de Dios (Tito 2:11-12). Porque «Dios es quien produce en ustedes tanto el querer como el *hacer* para que se cumpla su buena *voluntad*» (Filipenses 2:13, énfasis añadido).

En lugar de tratar de ser todo lo que Dios quiere que seamos por nuestra cuenta, intentando no solo cumplir con nuestras expectativas autoimpuestas sino también con las suyas, el Espíritu de gracia nos invita a asociarnos con Él.

Así como confiamos en la gracia de Dios para salvarnos, podemos confiar en su gracia para *cambiarnos*.

Liberar a Dios de nuestras expectativas

En la famosa novela de Charles Dickens *Grandes esperanzas*, conocemos a un personaje difícil de olvidar. La señorita Havisham deambula por su decrépita mansión como un fantasma gris, con un vestido de novia en descomposición y un solo zapato. Ella vive congelada en el tiempo, por así decirlo, porque una vez puso sus expectativas en un hombre poco confiable. La afligida mujer ha dejado su pastel de bodas sobre la mesa del comedor durante décadas. Esperando, tal vez con expectativas, que su amado algún día cambiara de opinión.[58]

Lamentablemente, muchas personas viven así. A diferencia de la señorita Havisham, parecen normales por fuera, pero por dentro se quedaron paralizadas en un momento pasado de profundo dolor. Su felicidad presente es rehén de las acciones pasadas o inacciones de otras personas. Pero algunos dirían que su dolor más profundo proviene de una expectativa incumplida que tenían en Dios.

¿Qué hacemos cuando Dios no contesta la oración de la manera en que se nos enseñó que lo haría o pensamos que debería hacerlo? Ese es el problema para tanta gente. Sintiéndose «de pie ante el altar», simplemente no pueden superar el hecho de que Dios no sanó a su hijo. No salvó su matrimonio. No detuvo el suicidio, la violación, el coche a toda velocidad. No puedo ni imaginar lo difícil que debe ser navegar por ese tipo de dolor y confusión.

A todos nos duele que lo sin sentido tenga sentido. Sin embargo, es en la encrucijada de la duda y la fe que la confianza se forma verdaderamente. Cuando hacemos las paces con el misterio, renunciando a nuestras expectativas y necesidad de entender, hacemos espacio para que Dios opere en nuestras vidas. Aunque es posible que nunca recibamos las respuestas que anhelamos de este lado del cielo, nuestros corazones aún pueden descansar en la bondad y el amor de Dios.

Escrito durante un momento difícil en la historia de Israel, Habacuc 3:17-18, es un himno de esperanza que Dios anhela escuchar de su pueblo.

> Aunque la higuera no florezca,
>   ni haya frutos en las vides;
> aunque falle la cosecha del olivo
>   y los campos no produzcan alimentos;
> aunque en el redil no haya ovejas
>   ni vaca alguna en los establos;
> aun así, yo me regocijaré en el Señor.
>   ¡Me alegraré en el Dios de mi salvación!

Incluso en condiciones horribles, sin ayuda en el horizonte, tú y yo podemos elegir el gozo si confiamos en el Señor y mantenemos nuestros ojos en Él. Observa cómo la Edición Clásica de la Biblia Amplificada traduce el versículo siguiente a los que acabamos de leer:

> El Señor Dios es mi Fuerza, mi valentía personal y mi ejército invencible; ¡Él... me hará caminar [no quedarme quieto aterrorizado, sino caminar] y hacer progreso [espiritual] en mis lugares altos [de problemas, sufrimiento o responsabilidad]! (Habacuc 3:19)

Tu círculo de victoria

¿Qué expectativa no tan grande necesitas soltar, amiga mía? ¿Qué decepción está agriando tus relaciones, tu paz, incluso tu amistad con Dios? Dejar ir las expectativas no es fácil, pero es una disciplina espiritual que el Espíritu Santo quiere ayudarnos a desarrollar.

De pie en las sombras de esa hoguera de hace mucho tiempo, observé cómo niños y adultos dieron un paso al frente y entregaron sus cargas a la llama. Pero mis expectativas se habían vuelto tan arraigadas, que sentí que arrojar mi lista al fuego sería como lanzarme a mí misma.

Finalmente, después de que todos se fueron, salí de la oscuridad.

Con lágrimas corriendo por mis mejillas, arrojé la lista a las llamas. Pero en lugar de incendiarse, la bola de papel rebotó en un tronco y rodó hacia un lado. Usé un palo para empujarla hacia las brasas ardientes, pero aún así no se encendió.

De repente me di cuenta de que estaba sucediendo algo más profundo. Mis expectativas se habían convertido en una fortaleza, un lugar donde Satanás se sentía cómodo y donde la Mujer de la Carne gobernaba y reinaba.

Esta nueva conciencia de la batalla espiritual me hizo decidir renunciar a la lista más que nunca. Empujándola profundamente en el fuego, oré: *Señor, ya no quiero estas expectativas. Te entrego a mi esposo, junto con mis esperanzas y mis sueños. Incluso aunque nada cambie, confío en Ti, Dios.*

Cuando el papel finalmente empezó a arder, Dios comenzó a recalibrar mi alma. Aunque no sucedió de la noche a la mañana, Él inició el proceso de restaurar mi matrimonio y renovar nuestro amor. Cuando entregué mi idea de cómo deberían ser las cosas, Dios pudo reemplazarla con algo mucho mejor. John y yo recientemente celebramos cuarenta años de casados, y puedo decirles que el matrimonio se vuelve más y más dulce cuando lo vivimos a la manera de Dios.

«Porque yo conozco los planes que tengo para ustedes», afirma el Señor en Jeremías 29:11, «planes de bienestar y no de calamidad, a fin de darles un futuro y una esperanza».

La palabra hebrea para «esperanza» en esa frase final es la palabra *tiqvah.*

Al poner nuestra confianza en Dios, se desata el futuro que Él ha diseñado para nosotras. Cuando nuestros corazones ya no están apegados a un resultado específico, podemos abrazar el proceso y esperar pacientemente a que su voluntad se desarrolle. Cuando ponemos nuestra esperanza en Dios en lugar de en las personas, recibimos la capacidad de experimentar una vida marcada por la paz en vez del pánico. Fe en lugar de temor. Confianza en lugar de tormento.

¿A qué te aferras que necesita ser arrojado al fuego? Ya sea el criterio de los requisitos autoimpuestos que ha tomado residencia en tu corazón por demasiado tiempo o una lista de expectativas que han erosionado tu capacidad de amar, puedes experimentar un círculo de victoria justo en este momento.

Si le entregas a Jesús tus decepciones y frustraciones, el Dios de la esperanza te llenará de toda alegría y paz porque confías en él, y podrás rebosar de esperanza por el poder del Espíritu Santo (Romanos 15:13).

Al fin podrás disfrutar de la vida que se te ha dado, y de la hermosa *tiqvah* que Dios diseñó especialmente para ti.

Seis

El reino del revés

> A ustedes se les ha concedido conocer el misterio del reino de Dios.
>
> Marcos 4:11

Si alguna vez has leído cuentos de hadas o visto una película de Disney, no te resultará difícil imaginar que vives en un reino oscuro arruinado por una maldición o gobernado por un rey cruel.

Lo que una vez fue pura belleza ahora está envuelto de grises penumbras. Donde una vez gobernaron la alegría y la paz, ahora reina el caos y lo desagradable. El mal y la corrupción contaminan incluso a las mejores personas a medida que el odio y el interés propio hierven a fuego lento bajo una delgada capa de civilidad.

La vida en el reino oscuro exige un trabajo duro mientras sus ciudadanos caminan con pocas esperanzas de algo mejor. Pero rara vez te das cuenta, porque esta vida es todo lo que has conocido. Para ti, el gris no parece tan gris. Si bien eres vagamente consciente de que las cosas no son como deberían ser, tus días parecen más o menos normales. Ni siquiera conoces lo suficiente como para soñar que podría haber algo más.

Pero de repente un día conoces a un extraño. La amabilidad en sus ojos derrite tu manera reservada de ser, por lo que entablas una conversación. Sus amables palabras no se comparan a nada que hayas escuchado antes, así que lo invitas a tu casa y, finalmente, a tu corazón. Su presencia trae una hermosa luz que ahuyenta las sombras y despierta una esperanza inesperada mientras te cuenta cómo solía ser el reino antes de la oscura rebelión.

«He venido a recuperarlo», te dice el extraño. «Pero mi reino no será establecido por la fuerza; será una lenta invasión de amor. Luz que vence a la oscuridad. Bondad que sobrepasa al odio. Pero necesito tu ayuda», dice. «¿Serás mi embajadora?»

«Por supuesto», respondes con entusiasmo. Quieres servir a este rey de incógnito. Porque en el breve tiempo que lo has conocido, has experimentado una transformación interior a medida que el dominio de la oscuridad da paso a su reino de luz (Colosenses 1:12–13).

Con tu acuerdo viene una promoción. Ya no vives para tu propio beneficio, ahora eres una embajadora del reino venidero. Tu vida se ha convertido en una embajada para la gloria del nuevo rey, un puesto de avanzada de su presencia y un dispensario de su amor.

Sin embargo, todavía hay un problema. Aunque eres representante de un nuevo reino, sigues siendo residente del antiguo. Como ciudadana dual, es probable que te sientas arrastrada entre dos lealtades, advierte el rey de incógnito. Pero el conflicto de intereses se puede resolver fácilmente respondiendo a esta simple pregunta:

¿Para qué reino viviré hoy?

La importancia del reino

Si te preguntaran de qué habló más Jesús en los Evangelios, ¿qué dirías? ¿Señalarías el amor, la gracia, el dinero o el perdón? Tal vez te sorprenderías tanto como yo al saber que la cosa número uno de la que Jesús habló durante su tiempo en la tierra fue del reino de Dios. Dependiendo de la traducción que se utilice, ese término, junto con «el reino de los cielos» y otras referencias misceláneas, aparecen más de cien veces solo en los Evangelios.[59]

Fue lo primero que salió de la boca de Jesús al comienzo de su ministerio. «Se ha cumplido el tiempo [...] El reino de Dios está cerca. ¡Arrepiéntanse y crean las buenas noticias!» (Marcos 1:15).

Fue un elemento clave en su Sermón del monte: «Busquen primeramente el reino de Dios» (Mateo 6:33).

A lo largo de su ministerio, cada milagro y sanidad que Jesús realizó tenía la intención de mostrarnos el poder de Dios y qué podemos esperar cuando su reino viene a la tierra.

Pero tal vez nada revela la importancia del reino de Dios como el hecho de que Jesús se enfocara en ello después de su resurrección. Hechos 1:3 nos dice que antes de ascender al cielo Jesús se apareció a los apóstoles «durante cuarenta días [...] y les habló acerca del *reino de Dios*» (énfasis añadido). Les descargó toda la información importante que los hombres necesitarían para revolucionar el mundo con el amor de Dios.

Sin embargo, el reino de Dios no es solo un concepto del Nuevo Testamento. Cuando lees la Biblia cuidadosamente, notas que desde el principio de los tiempos, la meta de Dios era crear un reino perfecto donde la humanidad pudiera florecer y prosperar bajo su gobierno amoroso.

Desde Génesis en adelante, está claro que Dios tenía la intención de que sus hijos desempeñaran un papel, que sirvieran como subgobernantes en la difusión de su reino y llevando su reinado a los rincones más lejanos del mundo. «Sean fructíferos y multiplíquense», les dijo Dios a Adán y Eva en Génesis 1:28. «Llenen la tierra y sométanla; *dominen* a los peces del mar y a las aves del cielo, y a todos los animales que se arrastran por el suelo» (énfasis añadido).

Aunque la primera pareja se rebeló, Dios no renunció a su plan. Por el contrario, la mayor parte del Antiguo Testamento es un registro de su obra tenaz. En Génesis 12:1-3, Él escogió a un hombre llamado Abraham para engendrar una nación por medio de la cual *todo* el mundo sería bendecido. Generaciones más tarde, Él condujo fielmente a los descendientes del hombre fuera de Egipto y a una tierra próspera «donde abundan la leche y la miel» (Éxodo 3:8).

La Tierra Prometida estaba destinada a ser un reino visible lleno de las bendiciones y la presencia de Dios, una muestra tangible de su bondad que atraería a un mundo quebrantado de regreso a su amor. Por supuesto, sabemos cómo resultó eso. Si el Antiguo Testamento fuera nuestro único registro, pensaríamos que el proyecto del reino de Dios habría fracasado.

Pero había un plan más grande y mejor gestándose. En lugar de construir un reino físico en la tierra, Dios envió a su Hijo a morar dentro del corazón humano.

Vino a establecer un reino al revés, el cual Dios usaría para poner un mundo quebrantado en la posición correcta.

El ya y el todavía no

Cuando Jesús vino, el reino de los cielos invadió la tierra. El poder de Dios irrumpió en el mundo, trayendo sanidad y salvación. Da acceso nuevamente al Jardín a todos los que lo reciben para que puedan disfrutar de la amistad con Dios.

Pero mientras que en ese sentido «el reino ya ha llegado», escribe Jeremy Treat en su excelente libro *Seek First*, «aún no ha llegado en plenitud».[60] Como resultado, vivimos entre el «ya» y el «todavía no».

«El reino ya ha llegado, pero aún no se ha establecido plenamente» Treat explica, haciéndose eco de 1 Juan 3:2, «Ahora somos hijos de Dios, pero todavía no se ha manifestado lo que habremos de ser». Como resultado, dice Treat, «no deberíamos sorprendernos por las pruebas, la lucha y la oposición».[61]

Desafortunadamente, vivir en el «todavía no» es difícil, especialmente cuando Dios parece lento para responder a nuestras oraciones. Como escribe Treat: «Podrías decir: "Señor, *ya* estoy lista para casarme", "Padre, necesito ese trabajo *ahora*", "Dios, necesito que trates con esta persona difícil *hoy*". Pero cuando Dios nos dice "todavía no", nos está invitando a confiar en su tiempo y en su soberanía».[62]

Comprender esta dinámica me ayuda a ver por qué no todas las oraciones son contestadas inmediatamente y por qué el mal parece triunfar más a menudo de lo que debería. Aunque el reino de la luz ha invadido el reino de las tinieblas, vivimos en la tensión del ya y del todavía no.

Pero aquí es donde entra nuestra parte como seguidoras de Jesús. Así como Adán y Eva y sus descendientes fueron designados para extender el reino de Dios a todos los rincones de la tierra, tú y yo hemos sido llamadas a hacer lo mismo. «Vayan por todo el mundo y anuncien las buenas nuevas a toda criatura», dijo Jesús a sus discípulos en Marcos 16:15.

En lugar de expandir su reino por la fuerza militar o un avivamiento masivo, Jesús tenía la intención de recuperar el mundo un alma a la vez. Y al igual que los discípulos, tú y yo jugamos un papel importante. A medida que entregamos nuestros pequeños reinos al poderoso gobierno de Dios, nuestras vidas se convierten en faros de esperanza estratégicamente ubicados en todo el mundo. Sirviendo como embajadoras de Dios, representamos sus intereses, llevando las Buenas Nuevas del evangelio a las personas perdidas en su trajín. Y cada vez que compartimos el amor de Dios, su reino avanza, haciendo retroceder la oscuridad con pequeños pero poderosos círculos de luz.

El pueblo de Dios trae de vuelta el gobierno de Dios al mundo que Él creó.

La vida contraintuitiva

Vivir como ciudadanos en el reino del revés de Dios no es fácil. Hacer las cosas a la manera de Dios no solo le provoca frustración a nuestra Mujer de la Carne, sino que se opone directamente a los caminos del mundo.

El mundo dice que tienes que encontrarte a ti misma. Pero Jesús dice: «El que se aferre a su vida la perderá; y el que pierda su vida por mi causa, la encontrará» (Mateo 10:39).

El mundo dice que tienes que defenderte. Pero Jesús dice: «Amen a sus enemigos y oren por quienes los persiguen» (Mateo 5:44).

El mundo dice que hagas lo que sea necesario para salir adelante. Pero la Biblia dice: «Con humildad consideren a los demás como superiores a ustedes mismos» (Filipenses 2:3).

Nada sobre el cristianismo es algo natural para nosotras. La capacidad de vivir como Jesús instruye debe ser formada sobrenaturalmente dentro nuestro por el poder del Espíritu Santo. Pero a medida que cooperamos con la gracia, eligiendo ir en contra de nuestros instintos naturales, humillándonos y obedeciendo al Padre completamente como lo hizo Jesús, el reino de Dios se establece en nuestras vidas.

He llegado a creer que, para ser como Jesús, a veces necesitamos hacer lo *contrario* a lo que parece natural. Porque vivir en el reino del revés de Dios requiere una forma diferente de pensar y actuar que la forma en que estamos cableadas en nuestra carne.

Si eres una procesadora verbal como yo, por ejemplo, Dios puede pedirte que hables menos, «no te apresures a hablar [...] mide, pues, tus palabras» (Eclesiastés 5:2). Si eres callada por naturaleza, Dios puede pedirte que hables, que seas su voz «por los que no tienen voz» (Proverbios 31:8). Si sientes la necesidad de ser constantemente productiva, Dios puede llamarte a una temporada de descanso (Salmos 23:2). Si eres más una observadora que una participante activa, Dios puede pedirte que des un paso adelante y actúes (Deuteronomio 1:21).

En su libro *The Opposite Life*, Alex Seeley comparte una importante lección que aprendió después de que un amigo atacó su fe y su deseo de servir a Dios. Aunque inicialmente ella contraatacó, su madre le dio algunos consejos importantes: «Si realmente quieres ser una embajadora del evangelio que practica lo que predica, entonces necesitas entender el principio de moverte en el espíritu opuesto. La bondad habría desarmado la situación, porque no es lo que él esperaba de ti». Hacer lo contrario de lo que es natural «cambiaría la atmósfera y te daría autoridad sobre la situación», le dijo esta madre a su frustrada hija.[63]

Moverse en el espíritu opuesto requiere ir en contra de nuestros instintos y dejar nuestra reputación en las manos de Dios. Pero cuando logramos hacerlo, «activamos a Dios para que actúe en nuestro nombre y pelee la batalla por nosotras en el reino espiritual», escribe Seeley. «Derrotamos al enemigo haciendo las cosas a la manera de Dios, y de eso se trata el reino de Dios».[64]

A la manera de Dios

Elige la humildad.

Esas fueron las palabras que siguieron llegando a nuestros corazones cuando se le pidió a John que renunciara a un puesto de asociado que amábamos profundamente. Un nuevo pastor principal había venido a nuestra iglesia en Oregón, y aunque era libre de rodearse de nuevo personal, nos había pedido que nos quedáramos. Estábamos emocionados de servir bajo su liderazgo porque lo conocíamos y lo admiramos durante años.

Al mirar hacia atrás, tal vez deberíamos haberlo visto venir. Cuando el resplandor inicial de aprobación se atenuó, hubo algunas señales sutiles de que no todo estaba bien. Pero John se abrochó el cinturón y trabajó más duro, haciendo todo lo posible por cumplir un doble papel en el ministerio de música y en el ministerio de niños.

Sin embargo, después de nuestra última producción navideña, recibimos noticias inesperadas. «Es difícil decir esto después de una semana tan buena», nos dijo el pastor, «pero necesito que anuncien su renuncia tan pronto regresen de las vacaciones de Navidad».

Nos quedamos atónitos. Ninguno de nosotros hubiera imaginado que la posición de John estuviera en peligro, y no sabíamos cómo responder. Más tarde, al conversar sobre la situación, ambos reconocimos que una palabra equivocada podría dañar a la iglesia. Tras esa comprensión vinieron las palabras de instrucción de Dios: *elijan la humildad.*

Confirmaron las palabras que el Espíritu Santo había hablado a mi corazón en el momento en que se nos pidió que renunciáramos. *Esta no es la mano del hombre, Joanna. Esto es de mi parte. No tengas miedo.*

El rechazo se había sentido particularmente personal porque el hombre bajo el cual servíamos había sido mi pastor de la infancia y había ayudado a oficiar nuestra boda. Pero Dios nos aseguró que Él estaba en control.

«Humíllense, pues, bajo la poderosa mano de Dios», aconseja 1 Pedro 5:6-7. «Depositen en él toda ansiedad, porque él cuida de ustedes». John y yo nos aferramos a estos versículos durante los siguientes meses a medida que Dios nos daba la gracia de someternos a la autoridad que Él había puesto sobre nosotros. Pero no fue fácil navegar por los sentimientos. Teníamos que poner nuestros corazones continuamente en línea con la Palabra de Dios y elegir creer que Él estaba en el asunto.

Tendemos a pensar que la vida cristiana victoriosa debe ser una escalada ascendente continua. Pero a los ojos de Dios, nunca estamos tan arriba como cuando nos inclinamos y elegimos confiar en Él. Aunque todos preferiríamos una vida llena de historias milagrosas, estoy convencida de que el milagro más grande de Dios es la gracia y la fuerza que Él nos da para ayudarnos a caminar a través de las pruebas.

Porque nada hace más daño al oscuro reino del infierno que un hombre o una mujer que ha confiado en Dios en medio del horno de fuego y ha salido brillando como oro (ver Job 23:10).

Una perspectiva diferente

Durante la Segunda Guerra Mundial, el gobierno británico diseñó varios carteles para alentar a una nación cansada de luchar contra los nazis. El más famoso presentaba seis palabras simples impresas audazmente debajo de una corona: «Mantén la calma y sigue adelante».

Si tuviera que crear un póster para el reino de Dios, usaría una variación de las palabras de David que se encuentran en Salmos 37:3, «Confía en el Señor y haz el bien».

Porque, en cierto sentido, nosotros también estamos bajo asedio. Entre las tentaciones del mundo, la carne y el diablo, las preocupaciones de la vida pueden ahogar nuestra esperanza hasta que dudemos de todo lo que Dios prometió en Su Palabra (Mateo 13:22). Pero las instrucciones de Dios permanecen firmes y confiables, como David aprendió de primera mano.

Desde sus primeros años como pastor, David se esforzó por confiar en Dios y hacer el bien. Como resultado, su amistad

UNA SANTA PARADOJA

Para vivir en el reino del revés de Dios, necesitamos entender la importancia de la humildad como se expresa en esta oración puritana:

¡Señor, santo y excelso, manso y humilde!
Tú me trajiste al valle de la visión,
en cuyas profundidades hábito, mas te veo a Ti en las alturas.
Cercado de montañas de pecado contemplo yo Tu gloria.

Déjame aprender por la paradoja
de que el camino hacia abajo es el camino a lo alto,
que ser rebajado es ser exaltado,
que el corazón roto es el corazón sanado,
que el espíritu contrito es el espíritu alegre,
que el alma arrepentida es el alma victoriosa,
que no tener nada es poseer todo,
que cargar la cruz es llevar la corona,
que dar es recibir,
que el valle es el lugar de la visión.
Señor, durante el día las estrellas se pueden ver en los pozos
más profundos,
y cuando más profundos los pozos, más brillantes Tus
estrellas resplandecen.[65]

Te daré los *tesoros* de las tinieblas y
las riquezas guardadas en lugares *secretos*,
para que *sepas* que yo soy el SEÑOR.

Isaías 45:3

íntima con Dios le dio una serie celestial de normas que eran radicalmente diferentes a las de las personas que lo rodeaban. El contraste nunca fue más evidente que en su inesperado encuentro con un rey loco y celoso.

En 1 Samuel 24:2, se nos dice que el rey Saúl tomó tres mil hombres para ayudarlo a buscar a David en En-gadi. Cuando el ejército se acercó, David y su grupo mucho más pequeño de hombres se apresuraron a refugiarse en la parte trasera de una cueva. Pero cuando Saúl entró solo en la cueva «para hacer sus necesidades» (v. 3), el temor de quienes estaban con David debe haberse convertido en alegría. Los hombres le susurraron a David: «En verdad, hoy se cumple la promesa que te hizo el Señor cuando te dijo: "Yo pondré a tu enemigo en tus manos, para que hagas con él lo que mejor te parezca"» (v. 4).

Dios no había dicho nada de eso, pero el pensamiento debe haber tentado a David. Con el rey Saúl fuera de escena, David no tendría que correr por su vida. No habría más exilio. No más dormir en tierra dura. Seguramente no fue una coincidencia que Saúl hubiera escogido la cueva que ocupaban. Tal vez este fue el momento que Dios había elegido para cumplir su plan.

David avanzó lentamente hacia el desprevenido rey y, «sin hacer ruido», cortó una esquina de la túnica de Saúl (v. 4). Pero inmediatamente, la Biblia nos dice que a David: «le remordió la conciencia por lo que había hecho» (v. 5). Este era el reino de Dios. No era de David, ni era de Saúl. Dios levantaría y derribaría al rey cuando Él lo considerara conveniente (Salmos 75:7).

Cuando David regresó a sus hombres, les dijo: «¡Que el Señor me libre de hacerle al rey lo que ustedes sugieren! No puedo alzar la mano contra él, porque es el ungido del Señor» (1 Samuel 24:6).

No importaba que Saúl estuviera tratando de matar a David o que David hubiera sido elegido para reemplazar a Saúl. Lo que importaba era el derecho soberano de Dios de gobernar la situación.

Mostrar moderación para honrar a Dios no es fácil. Tal vez estás atravesando un incidente de injusticia en este momento. Tal vez parece que aquellos en autoridad han abusado de su poder y necesitan ser removidos. Tal vez tengas la oportunidad de ser tú quien lo haga.

¿Puedo ofrecer una advertencia? Camina con cuidado, amiga mía. Revisa tus motivaciones. Pídele a Dios que revele el espíritu detrás de tu deseo de arreglar las cosas. Porque incluso cuando tenemos razón, podemos estar equivocadas.

Cuando nos exaltamos a nosotros mismos como jueces, jurados y verdugos, Dios puede tener que exaltarse a sí mismo contra nosotros. Porque, como Santiago 4:6 nos recuerda, «Dios se opone a los orgullosos, pero da gracia a los humildes». Cuando nos apresuramos a tomar el asunto en nuestras propias manos, lo quitamos de las manos de Dios. Nos colocamos en un camino peligroso de autosuficiencia y entorpecemos al Espíritu Santo para obrar en aquellos que necesitan ser convencidos de su error.

Cuando David le reveló a Saúl lo cerca que había estado de la muerte (1 Samuel 24:8-15), el rey quedó atónito por la misericordia que se le había mostrado. «Has actuado mejor que yo», admitió Saúl. «El Señor me entregó en tus manos y no me mataste. ¿Quién encuentra a su enemigo y le perdona la vida?» (vv. 17-19).

«¡Que el Señor te recompense por lo bien que me has tratado hoy!», le dijo Saúl a David en el versículo 19. Pero luego hizo una confesión extraordinaria: «Ahora caigo en cuenta de que tú serás el rey y de que consolidarás el reino de Israel» (v. 20).

Cuando confiamos en que Dios nos defenderá y vengará, viviendo en un reino diferente al de los reinos de este mundo, algo hermoso se libera. El cielo irrumpe y logra más de lo que podríamos hacer por nuestra cuenta.

Confía en Dios y haz el bien: estas son nuestras órdenes de marcha. Cuando las obedecemos, Dios hace el resto.

La bendición en las bienaventuranzas

«Imagínate cómo el mundo podría verse afectado si todos los seguidores de Jesús se movieran en el espíritu opuesto al que encontramos en nuestras culturas», escribe Alex Seeley. «Imagínate si los cristianos realmente practicaran lo que se nos instruye hacer en la Biblia».[66]

Más que nunca, estoy convencida de que este simple principio puede cambiar el mundo. Porque nada es tan revolucionario como el espíritu opuesto que Jesús describe en el Sermón del monte:

> Hagan bien a quienes los odian, bendigan a quienes los maldicen y oren por quienes los maltratan. Si alguien te pega en una mejilla, vuélvele también la otra. Si alguien te quita la capa, no le

> impidas que se lleve también la camisa. Dale a todo el que te pida, y si alguien se lleva lo que es tuyo, no se lo reclames. Traten a los demás tal y como quieren que ellos los traten a ustedes… amen a sus enemigos… háganles bien y denles prestado sin esperar nada a cambio. (Lucas 6:27–31, 35)

Vivir en contra del mundo es difícil, porque nada despierta más a nuestra Mujer de la Carne como la injusticia. Sin el poder de Dios obrando dentro nuestro, nos adaptaremos naturalmente a los patrones de nuestra naturaleza caída. Intercambiar bofetada por bofetada e insulto por insulto. Enfrentar el mal con el mal en lugar de vencerlo con el bien (Romanos 12:21).

Pero a medida que permitimos que el Espíritu Santo nos ayude a responder de manera diferente, se libera una poderosa bendición. Esto se afirma en Lucas 6:20-23 y Mateo 5:3-12 (porción que solemos denominar las bienaventuranzas). En estos pasajes, Jesús les dice a sus oyentes que aquellos que a menudo son compadecidos, como los pobres, los hambrientos, los desconsolados, los odiados y demás, en realidad son «bendecidos».

De acuerdo con las notas de estudio de la *Traducción la Pasión* adjuntas a Mateo 5:3, la palabra aramea para «bienaventurado», *toowayhon*, significa «enriquecido, feliz, afortunado, encantado, dichoso, contento, bendito». Pero hay más: también significa «tener la capacidad de disfrutar de la unión y la comunión con Dios».[67]

¡Asombroso! Lo mismo que Satanás usa para abrir una brecha entre nuestro corazón y Dios en realidad puede acercarnos más a Él. Es la hermosa gracia que John y yo experimentamos después de renunciar ese enero, hace mucho tiempo, en Oregon.

Con poco que hacer, excepto preparar nuestra casa para poder venderla y enviar currículums, John y yo teníamos mucho tiempo en nuestras manos. La presencia consoladora del Señor durante ese período fue dulce, pero todavía no teníamos idea de lo que nos esperaba.

«Hemos encontrado el nirvana», le dije a John después de que nuestra casa se vendió. Sin trabajo en el horizonte y poco dinero en el banco, parecía que habíamos alcanzado el estado de «vacío existencial» que tanto les interesa a los budistas. «Está muy sobrevalorado», le dije a John con una sonrisa.

Pero sin que lo supiéramos, Dios estaba trabajando detrás de escena de maneras que no podríamos habernos imaginado. Durante más de un año, Dios había estado despertando un deseo en el corazón de John de pastorear una iglesia propia. Aunque estábamos dispuestos a ir a cualquier parte, anhelábamos volver a casa en Montana. De hecho, había una iglesia específica que Dios había puesto en nuestros corazones, una pequeña iglesia en la ciudad turística de Whitefish. La posición no estaba abierta en el momento de nuestra renuncia, pero un mes después el pastor renunció inesperadamente.

John tenía un currículum listo, dirigido a la iglesia que había estado mucho tiempo en nuestros corazones. Y así comenzó una gran aventura. Ojalá tuviera tiempo para contarte los detalles, porque Dios hizo tantas cosas increíbles para llevarnos a donde quería que fuéramos. Aunque el viaje tuvo sus altibajos, el Espíritu Santo fue fiel para guiarnos, dándonos una hermosa congregación para crecer y amar durante los próximos quince años.

No más «nirvana»: nuestros corazones habían encontrado un hogar. Nuestro estado de perfecta bienaventuranza.

Mirando hacia atrás, puedo ver la sabiduría de Dios en cada giro y curva del camino. Si a John no se le hubiera pedido que renunciara a su puesto, habríamos estado demasiado ocupados preparándonos para una producción de Pascua para siquiera pensar en solicitar trabajo en la nueva iglesia. Dios había estado en control todo el tiempo. Era su mano y no la mano del hombre.

No sé por lo que estás pasando, amiga mía, pero déjame tranquilizarte: Dios sabe lo que está haciendo. Lo que parece el final bien puede ser un nuevo comienzo. Lo que parece terriblemente incorrecto podría ser gloriosamente correcto. Porque Dios a menudo usa vehículos de injusticia para reposicionar a su pueblo, sus embajadores, a nuevos lugares en su reino.

Así que no te dejes engañar. No importan las piezas rotas, Dios tiene un plan y un propósito para tu vida. Si te rehúsas a que la amargura te desvíe y si confías en el poder de Dios para redimir los planes más oscuros del diablo, las dificultades que has enfrentado te abrirán las puertas a tu futuro. Aunque sientas como si estuvieras caminando en la oscuridad, el Espíritu Santo iluminará tu alma con la gloria de Dios, para que llegues a ser como las personas descritas en Filipenses 2:15: «Intachables y puros, hijos de Dios sin culpa en medio de una generación torcida y depravada».

Brillando «como estrellas en el mundo, manteniendo en alto la palabra de vida» (vv. 15-16).

Nuestro juramento de lealtad

Hace varios años, tuve el privilegio de asistir a la ceremonia de ciudadanía de una amiga. Aunque no era fácil renunciar a todos los lazos con su tierra natal, entendía que tenía soltar un país para abrazar completamente al otro. Observé con lágrimas en los ojos cómo ella y docenas de personas de todo el mundo levantaron sus manos derechas y repitieron este voto solemne:

> Por la presente declaro, bajo juramento, que renuncio absoluta y completamente, y abjuro de toda lealtad y fidelidad a cualquier príncipe, potentado, estado o soberanía extranjeros, de los cuales hasta ahora he sido súbdito o ciudadano; que apoyaré y defenderé la constitución y las leyes de los Estados Unidos de América contra todos los enemigos, extranjeros y nacionales; que tendré verdadera fe y lealtad al mismo [...] y que asumo esta obligación libremente, sin ninguna reserva mental o propósito de evasión; lo juro ante Dios.[68]

Fue un momento poderoso, solemne y santo; lleno de significado a medida que hombres y mujeres de diferentes nacionalidades se convertían en parte de una nación bajo Dios, dejando atrás sus viejas identidades.

Recientemente, mientras meditaba en el Padrenuestro que se encuentra en Mateo 6:9-13, fue como si las primeras oraciones hubieran saltado de la página. *Este*, pensé, *es el juramento de lealtad del cristiano.* Antes de presentar nuestras necesidades o pedir perdón, Jesús nos enseña a declarar nuestra lealtad a Dios y a darle la bienvenida a su gobierno, tanto en nuestros corazones como en el mundo.

> Padre nuestro que estás en el cielo,
> santificado sea tu nombre.
> Venga tu reino.
> Hágase tu voluntad
> en la tierra como en el cielo. (vv. 9-10)

Para ayudar a descifrar el significado, examinemos estas líneas frase por frase.

«Padre nuestro que estás en el cielo».

No pases por alto estas palabras demasiado rápido, porque contienen una verdad revolucionaria. Gracias a Jesús, tú y yo estamos invitadas a llamar a Dios nuestro Padre. Es un término raramente usado para Yahveh en el Antiguo Testamento. Sin embargo, cuando Jesús vino, nos presentó a un Dios personal que quería estar cerca de su pueblo. No solo podemos llamarlo «Padre», sino que como nos dice Romanos 8:15, debido a la obra del Espíritu que une nuestros corazones a Dios, podemos usar el término íntimo que Jesús usó: Abba, que esencialmente significa «papá Dios».[69]

Cuando oramos las palabras «Padre nuestro que estás en el cielo», reclamamos el estatus privilegiado de ser parte de su círculo íntimo. Hijos e hijas profundamente amados por el Dios Altísimo.

«Santificado sea tu nombre».

«Santificar» el nombre de Dios es reverenciarlo como santo. Exaltarlo y considerarlo en nuestros corazones como «digno de completa devoción por ser perfecto en bondad y justicia».[70] Pero es difícil ser un buen embajador si no conoces al rey. Afortunadamente, Dios nos ha dado su Palabra que incluye sus muchos nombres para mostrarnos quién es Él, entre ellos:

- *Jehová-jireh*, «El SEÑOR provee» (Génesis 22:13-14).
- *Jehová-rapha*, «El SEÑOR que les devuelve la salud» (Éx 15:26).
- *Jehová-shalom*, «El SEÑOR es la paz» (Jueces 6:24).
- *Jehová-shammah*, «El SEÑOR está allí» (Ezequiel 48:35).
- *Jehová-rohi*, «El SEÑOR es mi pastor» (Salmos 23:1).[71]

Encontrarás otros nombres para estudiar en el Apéndice B. Porque los nombres de Dios revelan su carácter. A medida que conozcamos al Dios en el que podemos confiar, le reflejaremos con mayor precisión a un mundo que espera y observa.

«Venga tu reino».

Aunque vivimos en un planeta hermoso, está muy quebrantado. No tenemos que mirar muy lejos para ver los efectos malignos de la caída. Pero cada vez que oramos: «Venga tu reino», invitamos a Dios a invadir el quebrantamiento con su presencia. Sí, estamos orando por la segunda venida de Cristo, pero también le estamos pidiendo a Dios que irrumpa en el mundo aquí mismo. Ahora mismo. Justo donde vivimos.

En cierto sentido estamos diciendo: «Tu manera es mejor, Dios. Ven a establecer el reino de los cielos en mi corazón y expulsa la oscuridad con tu gloriosa luz. Lléname con tu semejanza para que pueda representar tu reino con precisión y eficacia».

A medida que el reino de Dios se establezca en nosotras, Él invadirá el mundo a través de nosotras. Porque llevaremos su presencia a cada lugar al que vayamos.

«Hágase tu voluntad».

Con esta frase alineamos nuestros corazones con el corazón de nuestro Padre. En lugar de expresar nuestras opiniones y deseos, oramos para que su perfecta voluntad se haga en nosotras y luego a través de nosotras. Sirviendo a placer de nuestro Maestro, nos hacemos eco de las palabras de Jesús en Getsemaní cuando nos ponemos a disposición de Dios: «No se cumpla mi voluntad, sino la tuya» (Lucas 22:42).

Aunque Jesús luchó con su humanidad la noche antes de morir, preguntando: «Si es posible, no me hagas beber este trago amargo»

(Mateo 26:39), añadió a esas palabras una declaración de lealtad al plan más perfecto de Dios. Hacemos lo mismo cada vez que oramos: «Venga tu reino. Hágase tu voluntad».

«En la tierra como en el cielo».

Aunque no lo entiendo completamente, Dios ha vinculado su obra en la tierra contigo y conmigo. Como alguien dijo una vez: «Eres el único Jesús que algunos verán. Eres la única Palabra de vida que algunos leerán».

Cuando entregamos completamente nuestras vidas y nos ponemos a disposición de Él, el cielo irrumpe y libera el poder de Dios. Aunque no lo presenciemos con nuestros propios ojos, nos convertimos en parte del «ya», aunque vivamos en el «todavía no». Nuestra participación puede ser tan pequeña como una sonrisa amable o una palabra de aliento, pero cuando la compartimos, las personas tienen una vislumbre de la bondad y la gloria de Dios. Como resultado, el reino de Dios avanza y el cielo viene a la tierra.

Estas frases familiares que Jesús enseñó se han convertido en mi oración diaria y una promesa de lealtad al gobierno y los propósitos de Dios en mi vida:

Venga tu reino… en mí.

Hágase tu voluntad… a través de mí.

Así es como Jesús trajo el reino de Dios a la tierra hace dos mil años. Al humillarnos ante Dios y obedecer lo que Él nos pide que hagamos, hacemos visible a nuestro Rey de incógnito, mostrando la luz y la vida de Jesús mientras buscamos primero el reino de Dios.

Todo porque hemos elegido vivir según el mandato del cielo de confiar en Dios y hacer el bien.

Siete

Derribar ídolos

No tengas otros dioses además de mí.
Éxodo 20:3

Fue toda una victoria para los filisteos. No solo habían triunfado sobre los israelitas; también habían capturado a su Dios. Al menos eso es lo que pensaban.

Cuando se les dijo por primera vez que Israel había traído el arca del pacto al campo de batalla, los filisteos estaban aterrorizados. «¡Los dioses han llegado a su campamento! —exclamaron—. ¡Esto es un desastre! ¡Nunca antes nos hemos enfrentado a algo así!» (1 Samuel 4:7, NTV).

Tenían razones para tener miedo, porque el Dios de los israelitas tenía una reputación feroz. Había sacado a su pueblo de Egipto dividiendo el mar Rojo y había destruido al ejército de Faraón. Había derrumbado los muros de Jericó y había ayudado a los israelitas a derrotar a otras ciudades con apenas una batalla. Si este poderoso Dios ahora formaba parte de la disputa, ¿qué clase de destrucción había planeado para los filisteos?

Sorprendentemente, sin embargo, fueron capaces de derrotar fácilmente al ejército de Israel y capturar la «caja de oro» que supuestamente contenía su deidad. Los politeístas filisteos deben haberse felicitado a sí mismos cuando colocaron el arca en el templo de su dios Dagón en Asdod. Si un dios era bueno, de seguro dos eran mejores. Con la presencia de Yahveh bajo su control, ahora Sus bendiciones pertenecerían a la nación filistea.

Pero cuando la gente de Asdod visitó el templo a la mañana siguiente, 1 Samuel 5:3 nos dice: «La estatua de Dagón estaba tirada en el suelo, boca abajo, frente al arca del Señor». El ídolo parecía estar postrado en adoración.

Solo una extraña coincidencia, pensó la gente mientras levantaban su ídolo sin vida y lo ponían en su lugar. Pero a la mañana siguiente sucedió lo mismo. Su dios con minúsculas yacía «boca abajo», inclinándose una vez más ante el Dios con mayúsculas de Israel, solo que esta vez «sobre el umbral estaban su cabeza y sus dos manos, separadas del tronco» (v. 4).

Los filisteos habían subestimado al Dios que habían capturado, y Dagón no sería el único que sufrió. El primer libro de Samuel 5:6-12 describe el severo juicio que Dios trajo sobre los filisteos, afligiendo a las personas con tumores y a sus ciudades con infestaciones de ratas, causando muerte y pánico en todas partes donde se envió el arca.

Finalmente, los filisteos se vieron obligados a admitir que el Dios con mayúsculas de Israel estaba fuera de su control. Así que devolvieron el arca a Israel junto con una ofrenda de «cinco tumores de oro y cinco ratas de oro» (6:4, NTV), símbolos costosos de las plagas que habían sufrido. Tal vez con la esperanza de que estas ofrendas apaciguaran al Dios de Israel y lo convencieran de eliminar el castigo que la pésima idea de los filisteos había acarreado.

Un Dios que no puede ser controlado

Creo que a todos nos gustaría tener un Dios al que pudiéramos manejar. Un alegre Papá Noel en el cielo que le guiñe un ojo al pecado y que reparta bendiciones de dulces navideños. Un Dios de máquina expendedora que siempre responda a la cantidad correcta de oración mezclada con la cantidad correcta de fe. Un Dios de fórmulas que trabaje según nuestros cálculos espirituales: si hacemos A y hacemos B, entonces Dios tiene que hacer C.

En cambio, el Dios que adoramos es desenfrenado e indomable. En lugar de inclinarse ante nosotros, Él insiste en que nos inclinemos en sumisión a Él. Aunque fiel y siempre amoroso, nuestro Dios con mayúsculas está más allá de nuestro entendimiento y siempre está fuera de nuestro control. Él lo afirma en Isaías 55:8-9:

> «Porque mis pensamientos no son los de ustedes
> ni sus caminos son los míos», afirma el Señor.
> «Mis caminos y mis pensamientos
> son más altos que los de ustedes;
> ¡más altos que los cielos sobre la tierra!».

A mi esposo pastor le gusta decir: «El cristianismo no es una democracia. No podemos votar lo que Dios debe o no debe hacer». Aunque se nos invita a presentar nuestras peticiones en oración, cuando nuestro Padre celestial dice que no, es tanto una respuesta como cuando elige decir que sí. Lo que significa que tenemos que confiar en el carácter de Dios y abrazar el misterio cuando no entendemos sus caminos. Nos toca atravesar la confusión y el miedo cuando nos pide que hagamos algo que no tiene sentido, e inclinar nuestra voluntad a su voluntad en cada circunstancia.

Esa no es una píldora fácil de tragar para nosotros, los humanos. Tal vez es por eso que el atractivo satánico de «ser como Dios» resultó irresistible para Adán y Eva (Génesis 3:5). Y por qué, desde el principio, la mayor tentación que enfrentan los seguidores de Dios es la atracción gravitacional de la idolatría.

Hace muchos años vi un pequeño aviso en nuestro periódico local anunciando un taller llamado: «Construye tu propia teología». Los organizadores invitaban a que las personas llevaran sus ideas de Dios y prometían proporcionar una visión general de las otras religiones del mundo. Con un buffet de opciones de dioses repartidas ante ellos, la gente podría crear su propia noción de deidad.

Obviamente, el taller no tenía nada que ver con la teología, el estudio del único Dios verdadero. Por el contrario, era una oportunidad para «construir tu propia Ego…logía». Una invitación a forjar un dios a tu propia imagen.

Un dios que cumplirá tu voluntad sin que tengas que escuchar la suya.

Corazones que hacen ídolos

Dios no toma la idolatría a la ligera. De hecho, Él la odia con pasión. Porque Él conoce el mal que se desata cuando los humanos ponen su confianza en dioses menores. En Éxodo 20:3-5, en la primera parte de los Diez Mandamientos, Dios deja en claro sus sentimientos al respecto:

> No tengas otros dioses además de mí.
>
> No te hagas ninguna imagen, ni nada que guarde semejanza con lo que hay arriba en el cielo, ni con lo que hay abajo en la tierra, ni con lo que hay en las aguas debajo de la tierra. No te postres delante de ellos ni los adores. Yo, el Señor tu Dios, soy un Dios celoso.

Es un tema que Dios repite una y otra vez en el Antiguo Testamento debido a la naturaleza idólatra de la humanidad. Vemos el triste patrón incluso entre las personas que Dios había elegido para ser suyas. Israel confiaría en Yahveh por una temporada y experimentaría grandes bendiciones, pero luego sus corazones se apartarían y adorarían a otros dioses (Deuteronomio 11:16). A pesar de las repetidas advertencias, su continuo rechazo obligó a Dios a castigarlos. En dos casos notables, Él realmente los entregó al cautiverio (2 Reyes 17 y 25).

Eventualmente se arrepentirían y Dios los libraría. Pero el ciclo desgarrador se repitió innumerables veces.

El tema de la idolatría también se aborda fuertemente en el Nuevo Testamento (el énfasis en los versículos es mío).

> En el pasado, han tenido más que suficiente de las cosas perversas que les gusta hacer a los que no tienen a Dios: inmoralidad y pasiones sexuales, parrandas, borracheras, fiestas desenfrenadas y abominable adoración a *ídolos*. (1 Pedro 4:3, NTV)

> Las obras de la carne se conocen bien: inmoralidad sexual, impureza y libertinaje; *idolatría* y hechicería [...] los que practican tales cosas no heredarán el reino de Dios. (Gálatas 5:19-21)

> Por tanto, mis queridos hermanos, huyan de la *idolatría*. (1 Corintios 10:14)

Si tomamos en serio las Escrituras y creemos que se aplican a nuestras vidas hoy, no podemos escapar del hecho de que la idolatría está prohibida para aquellos que siguen a Jesús. Pero ¿cómo nos protegemos contra ella? Después de todo, ¿quién adora todavía a los ídolos, al menos en el mundo occidental?

En los tiempos bíblicos, la idolatría estaba a la vista. Lugares altos y altares, piedras sagradas y postes de Asera[72] salpicaban el paisaje del Antiguo Testamento (véase, por ejemplo, Éxodo 34:13). Más tarde, cuando la persecución extendió el evangelio más allá de Israel a las regiones vecinas, los cristianos a menudo se encontraron rodeados de imágenes talladas y templos masivos dedicados a dioses paganos.

Desafortunadamente, la idolatría de hoy es menos visible y más difícil de identificar, porque rara vez toma una forma física flagrante. En cambio, la idolatría tiende a alojarse en nuestros corazones y ser adorada en nuestras mentes.

En su libro *Dioses falsos*, Timothy Keller define a un ídolo como: «Cualquier cosa más importante para ti que Dios, cualquier cosa que absorba tu corazón e imaginación más que Dios, cualquier cosa que busque darte lo que solo Dios puede dar [...]. Cualquier cosa tan central y esencial para tu vida que, si la pierdes, tu vida se sentiría difícilmente digna de ser vivida».[73]

Es una definición aleccionadora. Porque incluso las cosas buenas pueden transformarse en pequeños «dioses con minúscula» si permitimos que se conviertan en el foco central de nuestros corazones.

El adulterio de la idolatría

En un sentido muy real, la idolatría es adulterio. Cuando buscamos satisfacción y significado en las personas, posesiones, posiciones o poder, rompemos nuestros votos matrimoniales con el Señor.

«Dios está celoso de tu corazón, no porque sea mezquino o inseguro, sino porque te ama», escribe Kyle Idleman. «La razón por la que Dios tiene un problema tan grande con la idolatría es que su amor por ti lo consume todo. Él te ama demasiado como para compartirte».[74]

Pero evitar el adulterio espiritual puede ser difícil porque, como Juan Calvino escribió una vez, el corazón humano es una «fábrica perpetua de ídolos».[75] Aunque pueda ser inconsciente, cada vez que miramos a cosas menores, le estamos diciendo a Dios: «No eres suficiente para mí».

En Colosenses 3:5, Pablo escribe: «Hagan morir todo lo que es propio de la naturaleza terrenal: inmoralidad sexual, impureza, bajas pasiones, malos deseos y avaricia, la cual es idolatría». A primera vista, podríamos pensar que no tenemos un problema con los asuntos enumerados. Sin embargo, la lujuria, el deseo codicioso de «debo tenerlo ahora» por personas y cosas, a menudo alimenta nuestro deseo de un dios que podamos controlar.

La palabra «avaricia», que Pablo identifica específicamente como idolatría en Colosenses 3:5, proviene de la palabra griega *pleonéktēs*. Significa «ser codicioso… un defraudador con fines de lucro».[76] La palabra denota la voluntad de hacer todo lo posible para obtener lo que queremos, sin importar a quién lastimemos en el camino. Incluso si Dios es a quien más lastimamos.

La lujuria codiciosa siempre socava la confianza. Roba nuestros afectos y nos dice que la verdadera felicidad solo se puede encontrar en otros amantes, en dioses pequeños. Pero en lugar de satisfacer nuestros apetitos codiciosos, la idolatría solo nos hace tener hambre de más.

El ídolo de *más*

Hace varios años tuve el privilegio de visitar Singapur. Es un lugar hermoso con gente buena y comida increíble. Celebrada como la «capital mundial de las compras», cada una de las muchas paradas de metro de la ciudad-Estado cuenta con un centro comercial gigante, muchas de ellas llenas de joyas brillantes, ropa de diseñadores y todo lo que una mujer podría desear o imaginar. Incluso una compradora experimentada como yo, me sentí un poco abrumada.

En una de esas tiendas vi una camiseta que resumía la experiencia. Decía: «Todo lo que quiero es más de lo que quiero».

¿Y no es ese el problema? Resulta que el corazón humano es un agujero enorme y voraz. Ya es suficiente. Pero el «más» de la idolatría nunca logra llenar nuestro vacío. Solo pregúntale al hombre «más sabio» que ha vivido alguna vez.

Dios escogió a Salomón para que sucediera a David como el próximo rey de Israel, el joven parecía encajar perfectamente. Invitado por Dios a pedir cualquier cosa que deseara en 1 Reyes 3:5-9, pidió «discernimiento para gobernar a tu pueblo y para distinguir entre el bien y el mal» (v. 9).

Dios honró la humilde y desinteresada petición de Salomón dándole la gran sabiduría que deseaba y una asombrosa riqueza también. «Todo el mundo procuraba visitarlo para oír la sabiduría que Dios le había dado», nos dice 1 Reyes 10:24. «Año tras año le llevaban regalos: artículos de plata y de oro, vestidos, armas y perfumes, caballos y mulas». (v. 25).

Aunque Israel floreció durante el reinado de Salomón, desafortunadamente, su famosa sabiduría no lo hizo. Aunque el rey vivió según «los decretos de su padre David», 1 Reyes 3:3 agrega un descargo de responsabilidad. «*Sin embargo*, también iba a los santuarios locales para ofrecer sacrificios y quemar incienso» (énfasis añadido).

Sin embargo. Es una frase tan pequeña, pero llena de tanto impacto. Puedes ser un buen cristiano y asistir a la iglesia todos los domingos, *sin embargo...*

Puedes ser una buena esposa y una madre amorosa, *sin embargo...*

Puedes ser un buen empleado y un gran trabajador, *sin embargo...*

Transigir puede contaminar incluso las intenciones más piadosas. Aun si se comienza con algo pequeño y aparentemente sin importancia, una concesión lleva a la otra, lo que nos lleva a hacer cosas que Dios ha marcado claramente fuera de los límites.

Los *«sin embargos»* de Salomón finalmente provocaron su caída. Encontramos la peor de sus concesiones en 1 Reyes 11:1-6:

> Ahora bien, además de casarse con la hija del faraón, el rey Salomón amó a muchas mujeres moabitas, amonitas, edomitas, sidonias e hititas, todas ellas mujeres extranjeras que procedían de naciones de las cuales el Señor había dicho a los israelitas: «No se unan a ellas ni ellas a ustedes, porque de seguro les desviarán el corazón para que sigan a otros dioses». Con tales mujeres se unió Salomón y decidió amarlas. Tuvo setecientas esposas que eran princesas y trescientas concubinas; todas estas mujeres hicieron que se desviara su corazón. En efecto, cuando Salomón llegó a viejo, sus mujeres le pervirtieron el corazón de modo que él siguió a otros dioses y no siempre fue fiel al Señor su Dios como lo había sido su padre David. Por el contrario, Salomón siguió a Astarté, diosa de los sidonios, y a Moloc, el detestable dios de los amonitas. Así que Salomón actuó mal ante el Señor y no permaneció fiel a él como su padre David.

Qué triste final para una vida prometedora. En Salomón, veo tres características descendentes de la idolatría que pueden infectar y contaminar el más puro de los corazones:

- Atención dividida
- Devoción diluida
- Idolatría detestable

Si secretamente crees que la clave de la felicidad es «más»; que, si tuvieras más dinero, más poder, más amor o más fama, entonces estarías satisfecho, espero que recuerdes la historia de Salomón y las sombrías palabras que escribió al final de su vida:

> No negué a mis ojos ningún deseo
> ni privé a mi corazón de placer alguno.
> Mi corazón disfrutó de todos mis trabajos.
> ¡Solo eso saqué de tanto afanarme!
> Luego observé todas mis obras
> y el trabajo que me había costado realizarlas.
> Vi que todo era vanidad, un correr tras el viento,
> y que no había provecho bajo el sol.
> (Eclesiastés 2:10-11)

La atención dividida diluye nuestra devoción hacia Dios, haciéndonos propensos a la idolatría. Pero Jesús vino a mostrarnos un camino mejor: el camino de la confianza.

«No se preocupen por su vida, qué comerán; ni por su cuerpo, cómo se vestirán», nos dice en Lucas 12:22. Jesús retoma el asunto en los versículos 30-31: «El mundo pagano anda tras todas estas cosas, pero su Padre sabe que ustedes las necesitan. Por el contrario, busquen el reino de Dios y estas cosas les serán añadidas».

Un hogar propio

Todos tenemos anhelos legítimos. Para algunos se trata de una carrera exitosa, tal vez una oficina en una esquina con nuestro nombre en la puerta. Para otros es una vida de servicio y la sensación de que estamos haciendo una diferencia en el mundo. Para otros es el matrimonio y una casa llena de niños.

No importa cuál sea el anhelo, no ha escapado a la atención del Padre. De hecho, el deseo que sientes probablemente haya sido plantado en tu corazón por Dios mismo.

Desafortunadamente, los anhelos legítimos pueden ser distorsionados en deseos anormales o «deformados»,[77] especialmente si no han sido entregados al Señor. Porque solo Jesús puede purificar nuestros anhelos para que nos acerquen a su corazón en lugar de alejarnos de Él.

Raquel sabía que era profundamente amada por su esposo, Jacob, pero el hecho de no tener hijos pesaba mucho en su corazón. Durante años había visto a su hermana (y esposa rival), Lea, dar a luz a Jacob un hijo tras otro. La frustración de su incapacidad para concebir debe haber sido insoportable. Pero su anhelo legítimo se convirtió en un deseo obsesivo.

«¡Dame hijos! Si no me los das, ¡me muero!» (Génesis 30:1)

El pobre Jacob no sabía qué decir. «¿Acaso crees que soy Dios?», le preguntó (v. 2).

Es una pregunta importante para todos nosotros y una clave para descubrir nuestra propia idolatría: *¿He puesto este sueño, este trabajo, esta relación, esta posesión en el lugar de Dios?*

Durante varios años vivimos en la casa parroquial conectada a nuestra iglesia en Whitefish, pero finalmente el crecimiento de la iglesia hizo que fuera necesario encontrar un hogar propio. Desafortunadamente, todo en nuestra comunidad de viviendas estaba fuera de nuestro rango de precios.

Decidida a encontrar algo, exploré anuncios semanales de bienes raíces y conduje por calles laterales en busca de un lote vacío para construir. Soñé despierta sobre cómo decoraríamos y con qué frecuencia invitaríamos a familia y amigos. De hecho, pude haberme vuelto un tantito obsesiva. Según lo que yo creía, necesitábamos una casa, y yo iba a hacer que lográramos tenerla.

Pero una mañana, mientras leía las palabras de Raquel en Génesis 30:1, escuché el eco de una oración reciente: «¡Señor, dame una casa! Por favor, dame una casa». Aunque no había agregado las palabras «o me muero», estaban implícitamente en mi subconsciente.

Sin darme cuenta, mi sueño se había convertido en un ídolo. Una obsesión en la que pensaba constantemente y creía que era imprescindible para mi alegría.

Dame ese deseo, Joanna, sentí que el Señor susurraba a mi corazón. *Confía en que sé lo que necesitas.*

La batalla para renunciar y soltar fue feroz, pero sabía que tenía que tomar una decisión.

«Señor, quiero quererte más de lo que quiero una casa», finalmente oré. «Hágase tu voluntad, en tu tiempo y a tu manera».

Cuando entregué mi sueño a Jesús, sentí que un peso se levantaba de mis hombros. No me había dado cuenta de cuán fuertemente me había aferrado a mi «casa (ídolo)» (Génesis 31:19).

Aunque tuve que reafirmar mi decisión al día siguiente y varios días después de eso, eventualmente incluso hasta la Mujer de la Carne renunció al sueño de ser propietaria de una casa. Así que fue sorprendente cuando, antes de un mes después, Dios milagrosamente abrió la puerta para que construyéramos un nuevo hogar.

Me pregunto cuántas veces tú y yo caemos en la idolatría porque no entendemos cuánto anhela Dios bendecirnos. Según Filipenses 4:19, Él realmente quiere proveernos todo lo que necesitemos, conforme a sus gloriosas riquezas. Pero hasta que vaciemos nuestras manos, Dios no puede llenarlas. Porque Él no permitirá que nada ni nadie usurpe su lugar legítimo en nuestros corazones.

Reconocer la idolatría

Si te preguntas si has estado coqueteando con ídolos, considera estas cuatro preguntas propuestas por Jeffery Curtis Poor:

- *¿Dónde paso mi tiempo?*
- *¿Dónde gasto mi dinero?*
- *¿De dónde saco mi alegría?*
- *¿Qué es lo que siempre tengo en mente?*[78]

Estas son grandes preguntas, pero me gustaría sugerir dos más:

- *¿Dónde corro para refugiarme?*
- *¿Quién tiene más influencia en mi vida?*

6 ESTRATEGIAS PARA DERRIBAR ÍDOLOS

En lugar de sentirte abrumada por darte cuenta de que podrías estar sirviendo a los ídolos sin haberlo notado, rinde tu corazón a Jesús. Así como Él sacó a los cambistas del templo (Marcos 11:15), Él sabe cómo limpiar el templo de tu corazón donde Él mora dentro de ti.

1. ***Pídele al Espíritu Santo que revele cualquier conexión idólatra.*** No trates de desenterrarlos por tu cuenta, pero tampoco los justifiques. Si Dios señala un área y sientes que retrocedes, tienes una clara indicación de que su diagnóstico es correcto.

2. ***Confiesa que has confiado en este ídolo más de lo que has confiado en Dios.*** Permite que tu corazón se entristezca por el dolor que el rechazo de tu adulterio ha causado al Padre. Pídele a Dios que te ayude a odiar tu idolatría, porque nunca abandonamos lo que amamos en secreto.

3. ***Renuncia a cualquier poder que le hayas otorgado a cosas menores.*** Llama a la idolatría por su nombre y declara su poder quebrantado por el nombre y la sangre de Jesús. Pídele a Dios que le dé un hedor santo para que reconozcas la idolatría cuando intente regresar.

4. ***Derrumba las mentiras y entroniza a Jesús.*** Pregúntate: «¿Qué mentira he creído acerca de Dios que me ha llevado a esta idolatría?» Toma un tiempo para reflexionar y luego rechaza conscientemente la mentira. Coloca a Jesús en el trono donde una vez habitó tu ídolo y permite que su verdad disuelva la mentira.

5. ***Deshazte de todo lo relacionado con la idolatría.*** Para destruir ídolos, debemos dejar de alimentarlos. Así que, de ser necesario según tu caso, elimina aplicaciones, haz un ayuno de compras, incluso desconéctate de Internet: haz lo que sea necesario para que tu ídolo se muera de hambre mientras nutres tu alma con alimentos saludables.

6. ***Agrega una declaración de confianza a tu adoración.*** No son las canciones que cantamos; es la confianza que demostramos lo que toca el corazón del Padre. Declarar nuestra fe en voz alta no solo destrona a los ídolos, sino que sacude las puertas del infierno, porque la confianza es el lenguaje de amor de Dios y libera su poder para obrar.

> Nunca más se contaminarán con ídolos [...] porque los *salvaré* de su apostasía pecaminosa y los limpiaré. Entonces serán *verdaderamente* mi pueblo y yo seré su *Dios*.
>
> *Ezequiel 37:23,* NTV

Si buscamos sabiduría en Google más de lo que acudimos a la Palabra de Dios… si buscamos la aprobación en las redes sociales en lugar de buscar la aprobación de Dios… si permitimos que los «*influencers*» moldeen nuestras vidas más que la influencia de las Escrituras… entonces tenemos un problema, amiga mía.

Internet (y otras formas de cultura popular) pueden convertirse fácilmente en nuestro árbol personal del conocimiento del bien y del mal. Si nos atrae con demasiada frecuencia, nos encontraremos ignorando el árbol de la vida. Para navegar por las trampas del enemigo, debemos ser sabios y perspicaces, porque acechando debajo de la sabiduría del mundo hay una oscura hueste de ídolos. Entre ellas la idolatría a uno mismo, la raíz misma del pecado original de Adán y Eva.

Antes solíamos idolatrar a celebridades, estrellas de rock y destacados del deporte. Pero ahora, con el auge de las redes sociales, parece que muchos de nosotros estamos persiguiendo la fama para nosotros mismos. En una encuesta realizada en 2017, casi tres de cada cuatro niños, de 6 a 17 años, dijeron que querían ser estrellas de YouTube, *vloggers* o *bloggers*, músicos o actores.[79] Tal vez es por eso que una reciente campaña de belleza en línea dirigida a adolescentes eligió este eslogan alarmante: «Adórate a ti misma. El mundo te seguirá».[80]

Si no tenemos cuidado, incluso como cristianos, podemos encontrarnos inclinándonos ante los ídolos fabricados por el mundo.

El dios del ajetreo.

El ídolo de la belleza y la influencia.

El becerro de oro del dinero y el éxito.

Una filosofía no tan nueva dice que todo lo que necesitas se puede encontrar dentro de ti misma. Simplemente díselo «al universo», afirman, y tu destino se «manifestará».

Tristemente, estoy escuchando a los cristianos usar esta jerga. A veces, parece que tienen más fe en el universo que en Aquel que lo creó. Por supuesto, Dios quiere que florezcamos, pero nunca tuvo la intención de que lo hiciéramos separados de Él.

Pero hay otro tipo de idolatría que es aún más peligrosa: es nuestra idolatría de Dios. En lugar de permitir que Dios se defina a sí mismo y establezca los límites de nuestras vidas, podemos tratar inconscientemente de remodelarlo a nuestra imagen.

Manteniendo a Dios confinado a una caja hecha de nuestras preferencias, asumimos que Él piensa como nosotros y quiere las mismas cosas que nosotros. Como resultado, construimos una teología incompleta en torno a nuestras doctrinas favoritas, experiencias espirituales o la última moda cristiana. Sin darnos cuenta, ya no estamos adorando al Dios vivo y verdadero, sino solo a una pálida imitación que hemos hecho con nuestras propias manos.

Tristemente, la idolatría de Dios puede engañarnos para que pensemos que espiritualmente estamos en un buen lugar. Pero en realidad, es solo otro intento de camuflar la auto adoración con la religión, relegando a Dios al papel de siervo y convirtiéndonos en la deidad.

No puedo evitar pensar en la advertencia de Pablo:

> Pero me temo que, así como la serpiente con su astucia engañó a Eva, los pensamientos de ustedes sean desviados de un compromiso puro y sincero con Cristo. Si alguien llega a ustedes predicando a un Jesús diferente del que hemos predicado nosotros o si reciben un espíritu o un evangelio diferente de los que ya recibieron, a ese lo aguantan con facilidad. (2 Corintios 11:3-4)

Querida amiga, no te dejes deslumbrar por las ofertas del mundo ni cegar por los falsos dioses que acechan tu alma, incluso aunque lleguen vestidos con atuendos religiosos. Cualquier cosa que divida tu atención y diluya tu devoción, eventualmente conducirá a la destrucción. Cuando mezclas lo santo con lo impío, corres el riesgo de ser engañada por la astucia de la serpiente como lo fue Eva. A solo un bocado idólatra de rechazar a Dios.

Fue el pecado lo que derrocó el Edén. También puede derrocarnos a nosotras.

Idolatría desenmascarada

No puedo imaginar lo que el pueblo de Israel estaba pensando cuando abandonaron a su Dios con mayúsculas para servir a los dioses con minúscula de las naciones a su alrededor. Porque muchos de estos dioses extranjeros parecen provenir del infierno mismo. Impredecibles y egoístas, malvados y francamente crueles, exigieron actos indescriptibles de aquellos que se inclinaban para adorarlos.

«En tiempos de crisis, los seguidores de Baal sacrificaban a sus hijos (primogénitos)... para obtener prosperidad personal», escribe Ray Vander Laan,[81] al igual que los adoradores de Moloc y Quemos, los dioses amonitas y moabitas. Pero ese no fue el único pecado «detestable» requerido por la adoración pagana. «Creyendo que la unión sexual de Baal y la diosa cananea Asera producía fertilidad», agrega Vander Laan, «sus adoradores se dedicaban al sexo inmoral para hacer que los dioses se unieran, asegurando buenas cosechas».[82]

¿No es interesante que estas antiguas formas de idolatría apuntaran a dos cosas que son de las más preciosas para Dios: la santidad de la vida y la santidad del matrimonio? Lamentablemente, con demasiada frecuencia, ambas todavía están siendo sacrificados en altares idólatras en la actualidad.

Pero el pueblo de Dios puede caer presa de la idolatría en otras áreas. ¿Recuerdas cómo los filisteos pensaron que podían agregar a Yahveh a su adoración de Dagón? Bueno, más tarde los israelitas comenzaron a hacer lo mismo, pero a la inversa. Absorbiendo las costumbres de las naciones que los rodeaban, trataron de mezclar a sus muchos dioses con el único Dios verdadero, yendo tan lejos como para erigir postes de Asera junto a los altares santos (2 Reyes 23:15). En algún momento el politeísmo llegó a ser tan desenfrenado que algunas sectas judías consideraban a Asera como la esposa de Dios.[83]

Lamentablemente, esta confusión puede haber comenzado con el mismo hombre que construyó el templo de Dios. ¿Recuerdas cómo el rey Salomón cedió a las súplicas de sus esposas extranjeras para construir templos y lugares altos para su adoración pagana? En sus últimos años, el no tan sabio rey, en realidad adoraba a los dioses falsos, preparando así el escenario para que la adoración idólatra se apoderara de Israel.

Esta fue la situación que el rey Josías heredó cuando llegó al poder trescientos años después. Para entonces, los caminos de Dios parecían casi olvidados, pero no fue el caso de Josías. Desde temprana edad, el joven rey «comenzó a buscar al Dios de... David» (2 Crónicas 34:3).

Cuando se descubrió una copia de la ley durante las reparaciones del templo, Josías se horrorizó al ver hasta qué punto su nación se había desviado de los mandamientos de Dios. Arrepintiéndose en nombre de su pueblo, el rey los llamó a adorar solo a Dios (véase 2 Reyes 22–23).

También se dispuso a purificar sistemáticamente la tierra de toda idolatría, destruyendo altares a Baal, quemando postes de Asera y profanando los lugares altos donde se habían ofrecido sacrificios a dioses paganos.

Tristemente, la purificación de Josías tuvo que incluir el templo de Dios porque estaba lleno de artículos hechos para la adoración pagana, incluyendo un poste de Asera. Todo tuvo que ser removido, junto con las habitaciones que se habían construido dentro del templo para albergar a «las prostitutas y prostitutos de los santuarios paganos» (2 Reyes 23:4-7, NTV).

¿Cómo pudo el pueblo de Dios haber caído a tales profundidades de depravación? Todo comenzó con una transigencia. Una concesión en una generación que llevó a la aceptación total del mal en la siguiente. Una oscura «receta familiar» que Satanás todavía usa hoy.

Rechazar la idolatría

Aunque no estamos obligados a repetirlo, la idolatría a menudo se transmite de generación en generación. Nuestro padre adoraba el dinero, por lo tanto, nosotros adoramos el dinero. Nuestra madre construyó su vida alrededor de sus hijos, así que hacemos lo mismo. Los patrones de adicción, inmoralidad sexual y comportamiento impío pueden influir en nuestros hijos y sus hijos también. Porque como descubrió el rey Josías, la idolatría que no se trata solo empeora.

Si no escudriñamos nuestros corazones y nos arrepentimos de cualquier maldad, corremos el riesgo de transmitir una religión que hace concesiones. El tipo de cristianismo diluido y contaminado que Pablo describe en Romanos 1:21-22 y 25:

> A pesar de haber conocido a Dios, no lo glorificaron como a Dios ni le dieron gracias, sino que se extraviaron en sus inútiles razonamientos y se les oscureció su insensato corazón. Aunque afirmaban ser sabios, se volvieron necios y cambiaron la gloria del Dios inmortal por imágenes que eran réplicas del hombre mortal, de las aves, de los cuadrúpedos y de los reptiles. Cambiaron la verdad de Dios por la mentira, adorando y sirviendo a cosas creadas antes que al Creador, quien es bendito por siempre. Amén.

Se ha dicho que lo que hacemos con moderación, nuestros hijos pueden hacerlo en exceso. No puedo pensar en una mejor razón para comenzar a limpiar el templo de mi vida. Para eliminar cualquier religión falsa o filosofía mundana, que pueda haber tratado de mezclar con mi cristianismo. Para dejar atrás cualquier forma de «prostitución» espiritual con la que pueda haber incursionado en la búsqueda del éxito. Para destronarme y derribar cualquier imagen falsa de Dios que pueda haber creado, para que el único Dios verdadero gobierne sobre mi corazón y mi mente.

Porque quiero que mis hijos hereden una fe pura y «sincera» como la transmitida a Timoteo por su madre y su abuela (2 Timoteo 1:5, NTV).

Sobre todo, quiero que Jesús sea mi Rey de reyes y Señor de señores.

Sin rivales en absoluto. Sin dioses menores.

Ocho

Un corazón que no se ofende

El buen juicio hace al hombre paciente;
su gloria es pasar por alto la ofensa.
Proverbios 19:11

Durante la mayor parte de su vida, mi amigo ha llevado su corazón herido como un escudo.

Le sucedió algo en su infancia que no puede superar. No puede perdonar. Un resentimiento oscuro y latente hierve justo debajo de su superficie, lo que hace difícil estar cerca de él. Es irritable y un poco difícil de complacer.

Lo que le sucedió a este hombre estuvo mal, terriblemente mal. Pero en su negativa a perdonar, el abuso lamentablemente continúa. Aunque nunca habla de ello, vive como si hubiera sucedido ayer. Está constantemente a la defensiva y preparado para el próximo golpe.

En el exterior, parece tenerlo todo: una hermosa casa y un negocio exitoso. Pero por dentro, está enojado. Realmente, muy enojado. Y justo cuando piensa que podría superarlo, aparece un nuevo desaire o traición, ya sean reales o imaginarios. Una nueva razón para atacar. Un nuevo ladrillo agregado a la pared que ha construido alrededor de su corazón mientras las heridas frescas se combinan con las viejas, confirmando y reforzando la creencia de que no se puede confiar en nadie.

Ni siquiera en Dios.

¿Qué te está haciendo tropezar?

¿Has notado que es fácil hablar sobre la importancia del perdón cuando no eres la persona que necesita perdonar?

El Señor me recordó esto mientras trabajaba en este capítulo. No me había dado cuenta de que estaba abordando el tema un poco frívolamente con una actitud más santa que tú. Como diciendo: «Vamos, amigos, saben que necesitan perdonar. ¡Solo háganlo!»

Pero después, Dios me permitió tener dos sueños perturbadores, uno tras otro. Me desperté furiosa por las situaciones individuales y lo que la gente había hecho. Los sueños se sentían tan reales que me encontraba alimentando mi ira y ensayando lo que diría si tuviera la oportunidad de confrontar a los perpetradores, ¡sin importar el hecho de que nada de eso había sucedido! Me avergüenza decir que tardé al menos quince minutos en calmarme.

¿No estás agradecida de que Jesús entienda nuestra humanidad?

En lugar de juzgarnos desde el punto de vista de su divinidad perfecta, Jesús estuvo dispuesto a pasar treinta y tres años luchando contra el mismo tipo de cosas con las que nosotros lidiamos. Como resultado, «Nuestro Sumo Sacerdote comprende nuestras debilidades, porque enfrentó todas y cada una de las pruebas que enfrentamos nosotros» (Hebreos 4:15, NTV). Jesús sabe lo que es ser traicionado y rechazado, herido y ofendido, incluso aunque solo se trate de un mal sueño.

Al crecer en un pueblo pequeño, Jesús probablemente escuchó susurros sobre su cuestionable parentesco. A lo largo de su ministerio, Jesús fue insultado y atacado por personas religiosas que continuamente cuestionaban su autoridad (Marcos 2:6-12). Incluso su propia familia expresó dudas sobre la forma en que desarrollaba su ministerio, y trataban de intervenir afirmando: «¡Está fuera de sí!» (Marcos 3:21).

Según nuestra humanidad, es natural volvernos rígidos y actuar a la defensiva cuando la gente nos maltrata. Si no tenemos cuidado, puede convertirse en una forma de vida habitual. Al retirarnos de las relaciones para autoprotegernos, construimos muros altos, cavamos fosos profundos y tomamos medidas defensivas irritables con la esperanza de no volver a ser heridos nunca más.

Pero esa estrategia nunca funciona. Porque como Jesús señaló en Lucas 17:1: «Es imposible que no lleguen las ofensas»; (traducción libre de *New King James Version*).

Si no hemos aprendido a confiar en que Dios puede usar todo lo que nos sucede, nos sentiremos obligados a aferrarnos a la amargura, creyendo que las acciones de las personas han arruinado nuestras vidas. Olvidaremos que «nuestra lucha no es contra seres humanos» (Efesios 6:12), y terminaremos viviendo en un estado de guerra perpetua, luchando contra la gente en lugar de «hacer frente a las artimañas del diablo» (v. 11).

En Lucas 17:1, la palabra para «ofensa» proviene de la palabra raíz *skandalon* y se puede traducir como «piedra de tropiezo» o «trampa».[84] Se refiere a «la parte de una trampa donde se colocó el señuelo», razón por la cual John Bevere llama a la ofensa «el señuelo de Satanás».[85]

Vive lo suficiente y serás lastimado, no una o dos veces, sino varias veces, incluso en el mismo día y por las mismas personas. Inevitablemente, diremos y haremos cosas que también lastiman a los demás. Si no tenemos cuidado, todos podemos caer en el señuelo de la ofensa de Satanás, y tragarnos el anzuelo, la línea y hasta el plomo.

Pero con la ayuda del Señor, podemos escapar de las trampas del enemigo al elegir perdonar. «El buen juicio hace al hombre paciente; su gloria es pasar por alto la ofensa» nos recuerda Proverbios 19:11.

Aunque otorgar perdón no es fácil, es increíblemente importante. Porque un corazón ofendido no solo excluye a las personas, sino que también excluye a Dios.

La propensión a la ofensa

Es uno de los trucos más antiguos del Libro.

Después de arruinar la relación de Adán y Eva con Dios, Satanás comenzó a trabajar en sus hijos. Puedes leer toda la historia en Génesis 4, pero los versículos 4 y 5 resumen el problema: «Y el SEÑOR miró con agrado a Abel y a su ofrenda, pero no miró así a Caín ni a su ofrenda».

En lugar de expresar su dolor a Dios por la ofrenda rechazada, Caín enfocó su resentimiento en la otra persona, algo que todos somos propensos a hacer cuando nos sentimos ignorados o poco apreciados.

Misericordiosamente, Dios llamó la atención de Caín sobre el asunto, tal como lo hace cuando la amargura amenaza con apoderarse de nuestros corazones. «¿Por qué estás tan enojado? ¿Por qué andas cabizbajo? Si hicieras lo bueno, podrías andar con la frente en alto», le dice el Señor a Caín en los versículos 6 y 7. «Pero si haces lo malo, el pecado está a la puerta para dominarte. No obstante, tú puedes dominarlo».

Tristemente, Caín ignoró la advertencia de Dios y permitió que el pecado se saliera con la suya, alimentando su ira y autocompasión hasta que asesinar a su hermano parecía una opción lógica (v. 8). Una reacción bastante exagerada, si me preguntas. Pero esa es la naturaleza de la ofensa. Cuando se permite que el dolor se convierta en odio, no se sabe qué podremos hacer o dónde terminaremos.

En realidad, Caín estaba enojado con Dios, pero fue su hermano quien sintió su ira. ¿Por qué una respuesta tan extrema? ¿Quién sabe? Tal vez una larga historia de animosidad entre los dos hermanos proporcionó un terreno fértil para el complot de Satanás. Es solo uno de varios factores que pueden alimentar nuestra propia propensión a la ofensa:

- *Personalidad.* Si somos muy sensibles por naturaleza, una experiencia dolorosa puede ser percibida como un ataque personal. Pero Dios quiere darnos una piel dura para recubrir el tierno corazón que estamos llamados a nutrir (Efesios 4:32).

- *Familia de origen.* Si las personas que nos criaron eran propensas a guardar rencor, también podemos ser rápidos para juzgar y lentos para extender misericordia. Pero Dios puede reconectar nuestras almas para que las acciones de otras personas no determinen nuestra respuesta.
- *Trauma pasado.* Si hemos sido abusados o utilizados por personas que deberían haber hecho las cosas bien, las acciones de todos se vuelven sospechosas. Pero Dios quiere sanar nuestros corazones y protegernos en la seguridad de su amor, liberándonos de la necesidad de estar a la defensiva.
- *Daño mal administrado.* Si barremos el dolor debajo de la alfombra o nos negamos a perdonar, a menudo sale a la luz, afectando nuestra salud mental y física, haciéndonos propensos a la ira y los comportamientos destructivos. Pero Dios puede ayudarnos a superar el dolor si se lo entregamos a Él.

De todas las cosas que nos hacen susceptibles a la ofensa, creo que la última es la que más nos hace tropezar porque no siempre la reconocemos. A Don Daño Mal Administrado le gusta camuflarse detrás de una miríada de excusas, racionalizaciones, evasión e incluso paranoia:

- «He perdonado, pero nunca olvidaré».
- «Después de todo lo que he vivido, tengo derecho a estar enojada».
- «¡Eso ya pasó! No quiero volver a hablar de ello nunca más».
- «Tienes que lastimarlos antes de que te lastimen».

Si no lidiamos con el dolor subyacente, el daño mal administrado afectará todas nuestras relaciones, lo que nos hará ver a las personas a través de una lente sospechosa. Aunque muchas de nosotras tratamos de lidiar con el dolor por nuestra cuenta, hasta que seamos honestas con Dios (con la ayuda de un consejero piadoso si es necesario), el dolor eventualmente saldrá a la superficie.

Entonces, en lugar de minimizar tu dolor, diciéndote a ti misma que te pongas tus pantalones de niña grande y sigas adelante, lleva tu corazón herido a nuestro Sanador Herido. Jesús sabe cómo ayudarte a procesar tu dolor para que el dolor de tu pasado ya no afecte tu presente ni tu futuro.

El problema del daño mal administrado

Admiro al rey David de muchas maneras. Su honestidad ante Dios me invita a ser transparente. Su pasión por Dios me inspira a adorar sin restricciones. Su negativa a vengarse de sus enemigos es algo que quiero imitar. Porque la Biblia es clara en que, como pueblo de Dios, debemos dejar espacio para que Dios actúe. «Mía es la venganza; yo pagaré», dice el Señor en Deuteronomio 32:35.

Sin embargo, cuando se trataba de dispensar venganza, David no podía resistir el darle a Dios algunas sugerencias. Consideremos su petición de oración concerniente a un enemigo en Salmos 109:9-10:

> Que se queden huérfanos sus hijos
>   y se quede viuda su esposa.
> Que anden sus hijos vagando y mendigando;
>   que anden rebuscando entre las ruinas.

¡Vaya! He enfrentado traiciones significativas en mi vida, pero creo que nunca he orado por la destrucción de la familia de mi enemigo.

Pero esa es la diferencia entre vivir bajo el antiguo pacto y el nuevo pacto. En el Antiguo Testamento, rara vez leemos que una persona perdone a otra. En cambio, el perdón parece ser el estándar de Dios, mientras que los rencores de vara de medir son la respuesta humana más común.

Cuando David clamó por venganza en Salmos 109, siguió el patrón de otras oraciones del Antiguo Testamento, como la vez en que Jeremías oró contra sus enemigos (Jeremías 18:23). Pero las palabras de David parecen particularmente impregnadas de dolor, y tal vez sea comprensible.

Fue criado por un padre distraído (1 Samuel 16:11). Fue rechazado por sus hermanos (17:28). Fue perseguido por un rey cruel (caps. 19–30). Fue criticado por su esposa (2 Samuel 6:20). Fue traicionado por un amigo (Salmos 55:12-14). Fue temporalmente derrocado por su hijo (2 Samuel 15). La lista sigue y sigue. Un dolor no resuelto tras otro.

Todo lo cual llevó a algunas acciones increíbles cuando el daño mal administrado de David saltó a la superficie. No puedo evitar preguntarme si el rechazo desde su infancia no fue parte de la razón por la que David buscó consuelo en los brazos de la esposa de otro hombre (2 Samuel 11). Más tarde, cuando uno de sus hijos violó a su hija (cap. 13), tal vez haya sido la culpa por su propio pasado pecaminoso lo que causó su respuesta pasiva.

Gracias a lo que Jesús hizo en la cruz, ya no estamos condenadas a un ciclo de falta de perdón y venganza, incluso venganza contra nosotras mismas. Porque su sangre cubre todo tipo de pecado: los pecados que hemos cometido y los pecados cometidos contra nosotras. Pero Él nos habilita para algo mucho mayor. Por su gracia, somos perdonadas. Y por su gracia, tenemos la fuerza para perdonar a otros.

Perdón radical

Cuando Jesús declaró en Mateo 5:44: «Amad a vuestros enemigos, bendecid a los que os maldicen, haced bien a los que os odian y orad por los que os ultrajan y os persiguen» (RVR1995), Él nos estaba llamando a una profundidad de amor y perdón diferente a todo lo que el mundo había conocido. Una vez más, Jesús subió las apuestas al llamarnos a vivir desde un estándar diferente conforme a su reino. Un perdón sincero y total que es imposible sin su gracia habilitadora.

En lugar de esperar a que las personas recuperen el sentido y se arrepientan de sus acciones, Jesús nos llama a bendecirlas, a hacerles el bien y a orar por ellos. Fue la misma misericordia radical que mostró en la cruz cuando oró: «Padre…, perdónalos, porque no saben lo que hacen» (Lucas 23:34).

Desafortunadamente, en lugar de recibir la ayuda de Dios para perdonar, a menudo recurrimos a la lógica del mundo y nos adherimos a uno de los siguientes mitos:

- *Mito #1*: No puedo perdonar hasta que tenga ganas de perdonar.
- *Mito #2*: No puedo perdonar hasta que la persona se disculpe.
- *Mito #3*: No puedo perdonar porque eso es decir que lo que hizo la otra persona no importa.
- *Mito #4*: No puedo perdonar porque alguien necesita hacer que esa persona pague.

Estos pensamientos a menudo inconscientes pueden parecer razonables y ciertamente son albergados por muchas personas. Pero cuando elegimos vivir por nuestro entendimiento en lugar de por la verdad de la Palabra de Dios, caminamos por la vida encadenados a nuestros ofensores. Arrastramos nuestro dolor dondequiera que vamos, y sin darnos cuenta, nos hemos convertido en el verdadero prisionero.

Pero, alabado sea Dios, tú y yo podemos elegir una respuesta diferente. Gracias a Jesús, no tenemos que esperar a que alguien se disculpe, ni tenemos que desarrollar el deseo de perdonar. En cambio, podemos ofrecer la misericordia que nos dio Jesús (Efesios 2:4-5). Porque Él quiere darnos poder para mirar más allá de la ofensa como lo hizo cuando fue acusado falsamente y sentenciado a muerte. Así es como 1 Pedro 2:22-23 describe Su respuesta:

- «Él no cometió ningún pecado ni hubo engaño en su boca».

- «Cuando proferían insultos contra él, no replicaba con insultos».
- «Cuando padecía, no amenazaba».
- «Sino que *confiaba* en aquel que juzga con justicia» (énfasis añadido).

Ese es el secreto: Jesús se entregó al único Juez justo. En lugar de arremeter contra aquellos que nos maltratan y tratar de vengar cada mal, o vivir detrás de un escudo espinoso a la defensiva, podemos confiar en que Dios está obrando incluso en nuestro dolor.

Aunque puede tomar tiempo, a medida que elegimos dejar de ofender, y hacerlo una y otra vez, el Espíritu desarrolla dentro de nosotras lo que Francis Frangipane llama el «corazón *inofendible* de Jesús».[86] Un corazón que no espera el arrepentimiento de otra persona para otorgar misericordia, sino que sigue las instrucciones que se encuentran en Colosenses 3:13 (NTV): «Sean comprensivos con las faltas de los demás y perdonen a todo el que los ofenda. Recuerden que el Señor los perdonó a ustedes, así que ustedes deben perdonar a otros».

Forjando el perdón

Hace muchos años, una amiga de la iglesia y yo tuvimos una pelea. No recuerdo los detalles, pero sí recuerdo el dolor. Su rechazo se sentía tan inmerecido. Me acostaba en la cama por la noche tratando de encontrar formas de remediar la situación. Pero mi amiga no estaba interesada en continuar nuestra amistad. Ella había terminado conmigo, dijo, y ese fue el golpe más cruel de todos.

Traté de perdonarla, pero para ser honesta, me ofendió su ofensa. El hecho de que asistíamos a la misma iglesia donde mi esposo pastoreaba hizo que la situación fuera especialmente incómoda. Pero de alguna manera logramos evitarnos sin revelar nuestra disputa tácita. O al menos eso pensábamos. Mirando hacia atrás, estoy bastante segura de que nuestros compañeros miembros de la iglesia percibían la tensión. Deben haber notado la distancia entre nosotras y haber escuchado el cambio de tono al mencionar el nombre de la otra persona.

Porque «Si uno de los miembros sufre», nos dice 1 Corintios 12:26 «los demás comparten su sufrimiento». No podemos guardar rencor contra otro cristiano sin que afecte, y eventualmente infecte, al cuerpo de Cristo. Lo cual es otra razón por la que el Nuevo Testamento pone tanto énfasis en el perdón.

«Asegúrense de que nadie quede fuera de la gracia de Dios; de que ninguna raíz amarga brote y cause dificultades y corrompa a *muchos*», advierte Hebreos 12:15 (énfasis añadido). Al igual que esas plantas venenosas que cubren el suelo, el espíritu oscuro de la ofensa envía semillas que buscan validación, y esas semillas pueden echar raíces fácilmente. Ya sea en forma de una petición de oración, un no tan inocente «busco un consejo» o la simple «necesidad de desahogarnos» difundimos amargura cuando le pedimos a la gente que elija bandos.

Lo peor de todo es que cuando guardamos rencor, se extiende a nuestras otras relaciones. Porque no puedes ofender a una persona sin sospechar y ser cínico de todos los demás.

Aunque Dios fue paciente conmigo mientras navegaba por la relación rota, me dejó en claro que no podía permanecer enojada con mi amiga y aun así cumplir Sus propósitos. No porque yo fuera la esposa del pastor, sino porque yo era Su hija.

Juntos, Dios y yo comenzamos el arduo trabajo de abandonar la amargura. Pero no fue fácil. El perdón rara vez es una decisión de una sola vez. Más bien, es un proceso, y siempre lleva más tiempo de lo que pensamos. Al menos esa fue mi experiencia. Justo cuando pensaba que había superado el dolor y olvidado la ofensa, algo nuevo sucedía, y me volvía a aferrar a ella.

«El perdón vacila así», nos recuerda Max Lucado en su libro *Saldrás de esta*. «Tiene altibajos, días buenos y malos. La ira se entremezcla con el amor. Misericordia irregular. Progresamos solo para hacer un giro equivocado. Da un paso adelante y retrocede. Pero eso está bien. Cuando se trata del perdón, todos somos principiantes. Nadie posee una fórmula secreta. Mientras estés tratando de perdonar, estás perdonando. Es cuando ya no lo intentas que la amargura se instala».[87]

A pesar de lo difícil que fue trabajar hasta el perdón, estaba decidida a seguir intentándolo. Y mientras continuaba pidiéndole al Señor que cambiara mi corazón, Él comenzó a darme una perspectiva de nuestra situación. En lugar de centrarme en mi dolor y enojo, comencé a considerar que mi amiga también podría estar sufriendo. Mis oraciones tomaron un nuevo tono cuando Dios comenzó a darme un nuevo amor por ella que no requería reciprocidad. Agradecida, ella también permitió que Dios obrara en su corazón, y con el tiempo nuestra relación sanó.

Salí de esa experiencia con una nueva determinación de no ser tan vulnerable a las trampas *skandalon* del enemigo. Porque quiero ese amor que no se ofende descrito en 1 Corintios 13:5: «No se comporta con rudeza, no es egoísta, no se enoja fácilmente, no guarda rencor».

Solo piensa cuán diferentes serían nuestras amistades, nuestros matrimonios, nuestras relaciones con nuestros hijos y compañeros de trabajo si nos enfocáramos en estas tres cosas:

- No ser irritables ni sensibles.
- No guardar rencor.
- Apenas notar cuando otros nos hacen mal.

No solo seríamos más como Jesús, sino que también seríamos libres para amar y dejar vivir. En lugar de arbitrar la vida de las personas, constantemente apuntando a sus errores y faltas en sus acciones, podríamos dejar el juicio a Dios. Confiar en que Él obraría en los corazones de otras personas porque le hemos permitido obrar en los nuestros. Y en el proceso, abrir nuestros corazones a un amor que «todo lo disculpa, todo lo cree, todo lo espera, todo lo soporta» (v. 7).

Reflejemos ese amor de Jesús que no se ofende y que ha sido tan ricamente prodigado en nosotros.

9 MANERAS DE CULTIVAR UN CORAZÓN QUE NO SE OFENDE

Como dijo Jesús en Lucas 17:1: «Es imposible que no lleguen las ofensas»; (traducción libre de *New King James Version*). Entonces, ¿cómo cultivamos el corazón de Jesús que no se ofende? Aquí hay algunas cosas que me han ayudado a evitar las trampas *skandalon* del enemigo:

1. ***Pídele a Dios que vuelva a programar tu alma.*** Todos tenemos desencadenantes emocionales y puntos débiles que nos vuelven irritables y sensibles. Pídele al Señor que te ayude a identificarlos y encontrar maneras de responder en lugar de reaccionar. Él quiere darte un amor paciente y genuino que no se altere fácilmente, reprogramando tu alma para que apenas notes cuando alguien dice o hace algo malo (1 Corintios 13:5).

2. ***Pídele al Espíritu Santo que te revele asuntos no resueltos.*** A veces las reacciones exageradas en el presente tienen sus raíces en el pasado. (Por ejemplo, los problemas de autoridad con tu padre podrían transferirse a tu jefe). Cuando algo despierte una reacción exacerbada en ti, pídele al Señor que te muestre lo que realmente está sucediendo (Salmos 139:23-24). Si es necesario, habla con un consejero espiritual para que te ayude a trabajar en tu pasado a fin de avanzar hacia tu futuro.

3. ***Trata de lidiar con el dolor a medida que sucede.*** No dejes que las ofensas se acumulen. Aunque lleva tiempo procesar las emociones, no trates de hacerlo sola. Lleva tu dolor a Jesús. Juntos, determinen si el dolor es legítimo (a veces no lo es), y si requiere confrontación bíblica (Mateo 18:15). De cualquier manera, permite que Dios te ayude a caminar hacia el perdón rápidamente para que la ofensa no crezca ni se propague.

4. ***Elige no recordar los pecados cometidos contra ti.*** «Perdonar y olvidar» no es humanamente posible, pero con la ayuda del Espíritu Santo, podemos elegir no «recordar» tal como Dios lo hace con nuestro pecado (Hebreos 8:12). En lugar de traer a la memoria un suceso que ha sido perdonado, cuando resurja un recuerdo doloroso, llévalo a Jesús y colócalo intencionalmente bajo su sangre. Cada vez que soltamos el dolor, su poder y aguijón irán disminuyendo.

5. ***Rehúsa estar a la defensiva.*** Mantente abierta a la corrección y a la crítica, incluso aunque duela (Proverbios 27:6). Trata de entender el punto de vista de las personas. Escucha mientras comparten su

versión de la situación y, si corresponde, comparte con calma tu propia perspectiva. Cuando alguien ofrezca una opinión, no la rechaces inmediatamente. Pide un tiempo para considerar en oración lo que te haya dicho, porque Dios mismo puede estar tratando de hablarte.

6. ***Trata de pensar lo mejor de las personas.*** Si no tenemos cuidado, el daño mal administrado puede volvernos cínicos con respecto a todos. Pero el sesgo de negatividad hace que perdamos beneficios potenciales. Decídete a dar gracia en cada situación. Porque nuestro amor debe estar siempre dispuesto a creer lo mejor de cada persona, nunca darse por vencido, jamás perder la fe y siempre tener esperanzas en toda circunstancia (1 Corintios 13:7).

7. ***Rehúsa albergar los rencores de otras personas.*** Cuando nos ofendemos en nombre de otra persona, corremos el riesgo de empeorar las cosas para todos, especialmente para nosotras mismas. Si bien debemos orar por la situación y, si es posible, promover la reconciliación, nuestro papel principal es claro: «En cuanto dependa de ustedes, vivan en paz con todos» (Romanos 12:18).

8. ***Memoriza las Escrituras relacionadas.*** Parte de reprogramar mis respuestas ha incluido repetir Santiago 1:19 a menudo: «Deben estar listos para escuchar, pero no apresurarse para hablar ni para enojarse». Nuestra naturaleza caída es reaccionaria, y hace que las personas y las situaciones determinen nuestras respuestas en lugar de la Palabra de Dios. Busca versículos para fortalecer cualquier área débil de modo que llegues a ser más como Cristo.

9. ***Bendice a tus «enemigos».*** Es completamente contrario a nuestra carne, pero hemos sido llamados a bendecir, no a maldecir (1 Pedro 3:9). Aprender a bendecir y orar por aquellos que me han lastimado en lugar de quejarme de ellos ante Dios, ha revolucionado mi vida y mi corazón. En lugar de esperar a que las personas y las situaciones cambien, ¡Dios ha usado el ejercicio de «pagar el mal con bendición» para cambiarme!

Más bien, sean *bondadosos* y *compasivos* unos con otros y *perdónense* mutuamente, así como Dios los *perdonó* a ustedes en Cristo.

Efesios 4:32

Ser un buen perdonador

«Ojalá estuvieras muerto». Eso es básicamente lo que el hijo pródigo le dijo a su padre en la historia familiar que se encuentra en Lucas 15:11-32.

Me imagino que las palabras deben haber golpeado fuerte, casi derribando al padre. La lógica adolescente asumió: «Algún día recibiré una herencia; ¿Por qué no ahora?» Pero tengo la sensación de que la tensión y la falta de respeto se habían estado acumulando durante meses, o tal vez años.

El hijo no podía esperar para escapar, muy, muy lejos.

Tragándose su dolor, el padre hizo lo que su corazón le dijo que hiciera. Vació sus ahorros, liquidó sus acciones y dio una parte de las ganancias al joven impetuoso que estaba frente a él. El mismo hijo que había acunado en su regazo. El niño que le había cantado canciones graciosas y que había prometido amarlo para siempre.

La transacción se realizó casi antes de que comenzara. Con sus maletas ya empacadas, tan pronto como recibió el dinero, el joven partió hacia un país lejano y distante sin planes de regresar.

Pasaron los meses, luego un año. El tiempo atenuó el dolor, pero no disminuyó el amor del padre, que lo mantenía observando y esperando el regreso de su hijo. Hasta ese día cuando vio una silueta familiar acercándose hacia él en el horizonte.

El padre salió del porche y se dirigió por el camino. ¿Era él? ¿Podría ser? Lenta pero constantemente, la figura se acercaba a él. Cabeza abatida. Pies descalzos, arrastrándose por el polvo. Ropa harapienta y sucia, colgando de un marco increíblemente delgado. Aunque el joven había cambiado su apariencia y todavía estaba lejos, de alguna manera el padre sabía que era su hijo.

Y entonces el padre corrió. Con el corazón a punto de estallar y sus pies pisando fuerte, corrió. Lanzó sus brazos alrededor del extraño polvoriento mientras lo besaba y lloraba.

Al principio, el hijo se derritió en los brazos del padre. Pero entonces, como si recordara algo que había venido a hacer, se arrodilló ante su padre y trató de hablar entre lágrimas. Mencionó algo sobre pecar contra el cielo y ya no ser digno de su apellido familiar.

Pero el padre no oyó nada. Su corazón bailaba demasiado fuerte.

«¡Rápido! ¡Traigan algo de ropa!», gritó a sus sirvientes mientras ponía al niño de pie. «¡No olviden los zapatos y recuerden el anillo!»

«Pero padre, quiero decir señor...», dijo el hijo avergonzado, tropezando con las palabras. «Lo siento mucho...»

El padre tomó en sus manos el rostro de su hijo lleno de lágrimas. «Oh, hijo mío... tendremos mucho tiempo para todo eso», dijo con una sonrisa. «Ahora es el momento de celebrar».

«Estás en casa, hijo mío. Estás en casa».

El perdón está disponible para todos

Esta historia me conmueve profundamente porque representa la reunión familiar disponible para cada uno de nosotros. Es una imagen del amor de Dios, disponible constantemente, que es nuestro cuando «volvemos a nuestros sentidos» y finalmente regresamos a casa.

Pero también es un ejemplo de la gracia que Dios da a los ofendidos y a los ofensores por igual cuando elegimos vivir a su manera. Gracia para perdonar y gracia para arrepentirse. A medida que accedemos a su poder para mirar más allá de nuestro dolor y amar a la persona, ya no buscamos la vindicación, sino que trabajamos por la reconciliación.

El perdón del padre no sucedió el día que su hijo volvió a la casa. Comenzó en el momento en que el muchacho se alejó. Siguió al joven hasta ese país lejano. Lo observó con ojos tristes mientras despilfarraba su riqueza. Aunque el hijo estaba ausente y era rebelde, el perdón ya estaba planeando una reconciliación; observando y esperando que el hijo pródigo vuelva a casa.

Cuando el joven finalmente se arrepiente en Lucas 15:21 y sugiere que se lo considere como un siervo en lugar de hijo, el padre interrumpe con estas palabras:

> «¡Pronto! Traigan la mejor ropa para vestirlo. Pónganle también un anillo en el dedo y sandalias en los pies. Traigan el ternero más

> gordo y mátenlo para celebrar un banquete. Porque este hijo mío estaba muerto, pero ahora ha vuelto a la vida; se había perdido, pero ha sido hallado. Así que empezaron a hacer fiesta». (vv. 22-24)

Cada artículo que el padre otorga indica el corazón de perdón radical de Dios, porque los regalos restauraron todo lo que el joven había perdido.

La túnica restableció su *dignidad.*

El anillo restauró su *autoridad.*

Las sandalias le devolvieron su *identidad.*

El ternero engordado declaró su *valor.*

Lamentablemente, tal misericordia no siempre es apreciada. Especialmente cuando se concede a otra persona. En Lucas 15:25-32 leemos la respuesta del hermano mayor, el hijo que se había quedado en casa para cuidar los campos. Profundamente ofendido por el exuberante amor del padre derramado sobre su hermano indigno, el hijo mayor vomitó su propio dolor mal administrado.

> «¡Fíjate cuántos años te he servido sin desobedecer jamás tus órdenes y ni un cabrito me has dado para celebrar una fiesta con mis amigos! ¡Pero ahora llega ese hijo tuyo, que ha despilfarrado tu fortuna con prostitutas, y tú mandas matar en su honor el ternero más gordo!» (vv. 29-30)

La respuesta del padre fue de infinita paciencia y comprensión. «Hijo mío», dice el versículo 31, «tú siempre estás conmigo, y todo lo que tengo es tuyo».

Con esas palabras, escucho al Padre celestial apaciguar nuestros corazones en cuanto a que su amor por los demás de ninguna manera disminuye su amor por nosotros. En lugar de vivir a distancia, «esclavizados» en los campos para ganarnos el favor del Padre, los hermanos mayores también están invitados a volver a casa.

No hay necesidad de competir. No hay necesidad de comparar. No hay necesidad de ofenderse. Porque hay más que suficientes túnicas, anillos, sandalias y terneros engordados para todos. Suficiente amor, perdón y gracia para restaurar a todos.

La Biblia no nos dice cómo terminó la historia. No sabemos si el hijo mayor se unió a la celebración o si agregó otro ladrillo de ofensa a la pared en su corazón. Creo que tal vez Dios dejó el final abierto para que tú y yo podamos determinar nuestra propia respuesta.

Cuando la ofensa golpee, cuando aparezca el cebo de Satanás, ¿cómo responderemos? ¿Nos tropezaremos con las acciones de otras personas, permitiéndoles crear amargura y distancia en nuestras almas? ¿O permitiremos que la gracia de Dios desarrolle el corazón de Jesús dentro de nosotros?

Una elección trae tormento y frustración. La otra trae transformación y alegría.

Porque nunca somos más como Jesús que cuando elegimos tener un corazón que no se ofende.

Nueve

Vivir más allá de tus sueños

Hasta que llegó el momento de cumplir sus sueños,
el SEÑOR puso a prueba el carácter de José.
Salmos 105:19 (NTV)

Comencé a sentirlo a los veinte años: un ardiente deseo de hablarle a las mujeres.

Aunque me encantaba estar en el ministerio de tiempo completo con mi esposo, a menudo sentía que Dios podría tener algo más para mí. A veces, durante los servicios de la iglesia, especialmente en las conferencias de mujeres, una pasión por predicar brotaba dentro de mí como «un fuego ardiente que penetraba hasta los huesos» (Jeremías 20:9).

Con el deseo, sin embargo, vino una dirección clara de que no debía hacer nada al respecto. Si dar conferencias para mujeres fuera parte de la voluntad de Dios para mi vida, sería Dios quien lo haría posible.

Al final de una reunión de mujeres en Oregón, me armé de valor para preguntarle al director qué debía hacer con esta pasión que sentía. Me dio unas palmaditas en la mano y me dijo que orara.

Pero había estado orando durante meses, pidiéndole a Dios que purificara mis motivos y aclarara que mi sueño era más que un capricho pasajero o una fantasía orgullosa. El Señor había confirmado tanto el llamado como el hecho de que tenía que esperar. Pero ¿qué hacer mientras tanto? ¿Había algo que debería estar haciendo para preparar mi corazón y mi mente?

Ni me imaginaba que pasarían casi dos décadas hasta que Dios abriera la puerta para que yo lo realizara. Ni que cuando Él lo hiciera, fuera de una manera completamente inesperada.

Gestionar los sueños

Los sueños pueden ser cosas maravillosas y gloriosas. Pueden dar forma a nuestras vidas y darnos dirección. Pueden energizarnos e impulsarnos fuera de nuestras zonas de confort y hacia la voluntad de Dios. Pero también pueden ser peligrosos si asumimos que depende de nosotras hacer realidad nuestros sueños.

«No hagan nada por egoísmo o vanidad», nos dice Filipenses 2:3. «Más bien, con humildad consideren a los demás como superiores a ustedes mismos». Este versículo ha sido un equilibrio siempre presente en mi vida, porque, como he dicho antes, el llamado de Dios puede ser alimento elegante para la carne. Los sueños de Dios pueden convertirse en esquemas humanos si no tenemos cuidado. Especialmente en el mundo #sueñagrandessueños, #cumpletudestino en el que vivimos.

Encuéntrate a ti mismo. Esfuérzate más. Exáltate sobre los demás. Ha sido el canto de sirena de Satanás desde el principio. *Te mereces más de lo que tienes actualmente.* Incluso los discípulos cayeron en las mentiras del diablo, y en la Cena del Señor, nada menos.

Jesús acababa de servir la cena de la Pascua, diciendo: «Esto es mi cuerpo, entregado por ustedes; [...] Esta copa es el nuevo pacto en mi sangre, que es derramada por ustedes» (Lucas 22:19-20). Después de la entrega simbólica de su vida en la cena, Jesús tomó la posición de un siervo humilde y lavó los pies de los discípulos (véase Juan 13). Pero en lugar de ser inspirados por la humildad de Cristo, los discípulos comenzaron a discutir entre ellos «sobre cuál de ellos sería el más importante» (Lucas 22:24).

Habiendo crecido con el sueño judío de un Mesías venidero, los hombres estaban ansiosos por asegurarse una posición de poder en el nuevo reino de Jesús. Esperaban que derrocara a Roma y tomara el lugar que le correspondía en el trono. Era el momento con el que habían soñado desde la infancia. No podían imaginar que Dios lo hiciera de otra manera.

Claramente, no entendieron lo que Jesús les había estado diciendo sobre el reino del revés de Dios, y nosotras también podemos encontrarlo confuso. Porque el reino de los cielos no opera como los sistemas de este mundo. Para ser parte del sueño de Dios para la humanidad, debemos entender que el camino hacia arriba es el camino hacia abajo.

«Hombres de autoridad en este mundo... están obsesionados con cómo los ven los demás», dijo Jesús a sus discípulos competitivos en Lucas 22:25-26. «Pero esta no es tu vocación. Liderarás por un modelo diferente. El más grande entre ustedes vivirá como uno llamado a servir a los demás *sin honor*»; (traducción libre de *The Passion Translation*, énfasis añadido).

Tal anonimato desinteresado rechina contra nuestra necesidad humana de importancia, que es probablemente la razón por la que Dios lo ha establecido de esta manera. Porque algunas de las obras más importantes de Dios se realizan en las sombras, con el cielo como único testigo.

Mi amiga Kim Milstead está sirviendo a su esposo de esta manera. Sufre de múltiples formas de demencia, y su declive ha sido rápido, por un lado, pero terriblemente lento por el otro. Kim es una de las personas más talentosas que conozco, con un don de administración y organización que bendijo a nuestra iglesia durante años. Pero ahora ella sirve a Jesús ministrando a su esposo 24/7 dentro de su propio hogar.

Servir en las sombras no es fácil. Ser fiel cuando nadie se da cuenta es duro para nuestra carne. Porque todos necesitamos ser apreciados de vez en cuando. Pero si nuestra meta es la aprobación de los demás, podemos perder la aprobación de Dios. Tal vez es por eso que la Biblia nos dice que ayudemos en lo privado (Mateo 6:4), que oremos en secreto (Mateo 6:6) y que resistamos la autopromoción (Lucas 14:11).

Cada vez que siento que mi Mujer de la Carne se levanta y exige ser reconocida, recuerdo una cita que leí una vez de un pastor anónimo: «Nunca fui de ninguna utilidad para Dios hasta que hice las paces con ser normal».

¡Qué contraste con la sabiduría actual del mundo! Incluso nuestra cultura cristiana ha exaltado la excelencia y la vida extraordinaria hasta el punto de que a menudo devaluamos la belleza de una vida cotidiana pero fiel. Sin embargo, por cada persona nombrada en la Biblia, hay muchas más personas anónimas que sirvieron a Dios de manera significativa.

Por cada Elías, hay una viuda sin nombre que le preparó la cena y le ofreció su último pedazo de pan (1 Reyes 17:9-16).

Por cada Pedro, hay un hombre sin nombre que hizo que su aposento alto estuviera disponible para la última comida de Jesús en la tierra (Lucas 22:7-13).

Por cada Pablo, había decenas de seguidores anónimos que arriesgaron sus vidas para difundir el evangelio (Hechos 8:4).

Dios usó a cada uno de ellos, tanto a los nombrados como a los no nombrados, a las personas ordinarias pero extraordinarias que simplemente le dieron a Dios lo que tenían. Y Él todavía usa ese tipo de voluntad hoy.

«Dios parece interesado en las cosas pequeñas», escribe John Duckworth. «La moneda de una viuda. El lavar los pies. La entrega de los panes y peces de un niño pequeño... Él puede llamarnos para mover montañas de vez en cuando, pero el resto del tiempo Él tiene muchos granos de arena para ser reubicados. Probablemente quiere que se envíen más notas alentadoras que libros escritos, más sándwiches compartidos que sermones predicados, más curitas aplicadas que edificios construidos».[88]

Duckworth concluye: «Esa es una buena noticia para aquellos de nosotros que solo tenemos pequeñas cosas con las que trabajar.

Como un vaso de agua. O un pollo. O una palabra o un hecho tan pequeño que ni siquiera puede ser recordado, excepto por el destinatario, que nunca, nunca podrá olvidarlo».[89]

Nuestro Dios que da sueños

Aunque nosotras, al igual que los discípulos, debemos protegernos contra las tendencias que tienen nuestros sueños de pretender alimentar la carne, Dios sí quiere usarnos. ¡Y eso te incluye a ti, amiga mía! Fuiste creada con un propósito. Tu vida no es un error, ni es intrascendente. Lo que haces con los días, meses y años que se te han asignado le importa a Dios, porque Él te ha colocado estratégicamente para ser usada en su reino.

En su clásico devocional *Manantiales en el Valle*, la Sra. Charles E. Cowman escribe: «Tú eres la oportunidad de Dios en tu época. Él ha esperado durante años a una persona como tú. Si lo rechazas, entonces Dios perderá esa oportunidad que tenía a través de ti, y nunca tendrá otra, porque nunca habrá otra persona en la tierra como tú».[90]

Es humillante pero gratificante darse cuenta de que hemos sido invitados a ser parte de la obra de Dios en la tierra, y que lo que Él tiene en mente no depende de nuestras habilidades ni se ve obstaculizado por nuestras limitaciones. Nuestra única responsabilidad es ponernos a disposición y confiar en que Dios nos guiará.

Pero ¿cómo se ve eso en la práctica? ¿Cómo nos convertimos en «la oportunidad de Dios» en nuestro pequeño rincón del mundo? ¿Y qué hacemos con la sensación de que Dios podría tener algo más para nosotras de lo que estamos experimentando actualmente?

El Señor me dio una respuesta directa a esas preguntas en otra conferencia varios años después de la que les hablé al principio de este capítulo. El orador principal hizo una declaración que cambiaría mi vida para siempre.

«Profundiza el mensaje. Que Dios amplíe el ministerio».[91]

De repente lo descubrí. Esa. Esa era la voluntad de Dios para mi vida: profundizar mi relación con Jesús cuidando mi conexión con la Vid (Juan 15:1-8). Pasar tiempo en su Palabra y permitir que el Espíritu Santo transforme mi corazón y mi mente. Así es como la vida de Jesús fluiría dentro y a través de mí, de modo que cualquier fruto que viniera de nuestra relación fuera obra suya y no mía. (Para trabajar en profundizar tu caminar con Dios, te invito a que veas los recursos disponibles en JoannaWeaverBooks.com/grow).

Muy a menudo, nos enredamos tratando de discernir la voluntad de Dios para nuestras vidas. Pero si estamos caminando cerca de Jesús, no tendremos que encontrar nuestro propósito; nuestro propósito nos encontrará.

Porque Dios quiere obrar a través de ti, amiga mía. Ahora mismo, en tu esfera de influencia, mientras esperas a ver qué sucederá con tu sueño del tamaño de Dios. Acuna a un bebé que llora para que una mamá cansada pueda asistir a un servicio de la iglesia. Comparte el almuerzo con una compañera de trabajo para conocerla mejor. Visita a alguien privado de su libertad; ayuna y ora por un amigo que está pasando por un momento difícil. Todo es ministerio. Todo afecta la eternidad. Y todo esto toca el corazón de Dios.

Pero no te sorprendas si tu sueño termina siendo más grande de lo que eres. Ni te decepciones si requiere varias generaciones para cumplirse. Porque Dios está escribiendo su historia a través de la eternidad, una hermosa historia de redención que requiere la participación de todos.

«Presta atención para ver dónde está obrando Dios y únete a Él», aconseja Henry Blackaby en su poderoso libro *Mi experiencia con Dios*.[93]

En tanto que hacemos nuestra parte, Dios será fiel para hacer la suya.

El camino largo y sinuoso

«¿Alguna vez has oído hablar de alguien muy usado por Cristo que no haya tenido un tiempo de espera especial, o algún trastorno

SOÑANDO SUEÑOS DEL TAMAÑO DE DIOS

Si sientes que Dios mueve tu corazón para hacer algo por Él, pero no estás segura de qué es, Holley Gerth nos invita a hacer esta oración:

> Dios, tus pensamientos no son mis pensamientos (Isaías 55:8).
>
> Lo que has planeado para mí está más allá de todo lo que puedo pedir o imaginar (Efesios 3:19-20).
>
> Sin embargo, también has prometido revelármelo a través de tu Espíritu (1 Corintios 2:8-10).
>
> Así que abro mi corazón, mente y vida a más de lo que sea que tengas para mí. Donde haya temor continuo en mi vida, por favor reemplázalo con fe. Donde haya un deseo de detenerme, dame la fuerza para seguir adelante. Donde haya un desierto, llévame a la Tierra Prometida que has preparado para mí.
>
> Acepto que mi parte es orar, planificar y, sobre todo, buscarte. Y la tuya es llevarme a donde quieres que vaya (Proverbios 16:9 y 19:21). Dondequiera que estés, ahí es donde quiero estar también. Porque no hay mejor lugar en este mundo o en el próximo que contigo (Salmos 84:10).
>
> Venga tu reino, hágase tu voluntad, en la tierra (especialmente en mi pequeño rincón) como en el cielo (Mateo 6:10).
>
> En el nombre de Jesús, amén.[92]

Porque somos *hechura* de Dios,
creados en Cristo Jesús para buenas obras,
las cuales Dios dispuso de antemano a fin
de que las pongamos en *práctica*.

Efesios 2:10

completo de todos sus planes?» Frances Ridley Havergal escribió mientras miraba hacia atrás en el viaje de su vida.[94]

Frances, una prolífica autora de poesías e himnos, entre ellos uno de mis favoritos, *«Take my life and let it be»*, pasó la mayor parte de su corta vida (1836-1879) luchando contra enfermedades recurrentes y debilidad constante, hasta el punto de que un médico le dijo que tendría que elegir entre escribir y vivir. Su salud no le permitía hacer ambas cosas.

Pero Frances perseveró a pesar de muchas pruebas y contratiempos. «Su editor estadounidense se fue a la quiebra», escribe Warren Wiersbe en su excelente libro *50 People every christian should know*, y dos años más tarde «las oficinas de su editor británico se quemaron». El fuego destruyó el manuscrito, así como las placas de un himnario que había completado recientemente. Sin una copia de ninguno de los dos materiales, tuvo que comenzar de nuevo, reescribiendo las palabras del libro, así como la música del himnario.[95]

Molesta por lo que acababa de suceder, Frances escribió a un amigo: «Hace dos meses, esto habría sido una verdadera prueba para mí, porque había construido un buen negocio sobre mis perspectivas estadounidenses; ahora, "Hágase tu voluntad" no es un suspiro sino solo una canción… No tengo miedo, ni duda, ni preocupación, ni sombra sobre la luz del sol de mi corazón».[96]

Algo había cambiado dentro de Frances, y ella lo atribuyó a una experiencia que había tenido después de leer un pequeño folleto llamado *Todo para Jesús*. Impulsada a una consagración más profunda, Frances rindió su vida y sus sueños. «Debe haber una entrega total antes de que pueda haber una bendición plena», escribió sobre la experiencia.[97]

Oh, cómo anhelo la bendición de la consagración total. Porque mis planes han sufrido muchos trastornos, y mi horario rara vez ha coincidido con el de Dios. Pero para recibir retrasos y desvíos con la amable paciencia que Frances mostró, voy a tener que aprender a cooperar con el Espíritu Santo y elegir perseverar. Porque nuestro Padre celestial parece aficionado al camino largo y sinuoso.

Tal vez sea porque a las personas en la Biblia que disfrutaban de los atajos rara vez les iba bien. Tomemos al rey Saúl y Sansón, por ejemplo. Ambos hombres experimentaron un éxito inmediato en sus carreras, pero su caminar con Dios era casi inexistente. Tal vez es por eso que Dios a menudo frustra nuestros planes.

Debido a su amor, Dios está dispuesto a parecer cruel con el fin de ser bondadoso. Él sabe cómo domar nuestra ambición, moderar nuestros motivos y despojar la carne de nuestro llamado. Y a menudo Él usa un período de espera para hacerlo; considera a las siguientes personas:

- *Abraham* esperó veinticinco años antes de que Isaac naciera.
- *Moisés* pasó cuarenta años en el exilio antes de sacar al pueblo de Dios de Egipto.
- *Pablo* no comenzó sus viajes misioneros hasta doce años después de su conversión.
- *David* soportó al menos diez años de injusticia mientras Dios lo moldeaba en un rey en el que pudiera confiar.

En caso de que pienses que el Señor estaba castigando a estos hombres, piensa en la larga espera que Jesús soportó. Criado en lo secreto, el Hijo de Dios ni siquiera comenzó su ministerio terrenal hasta que tenía treinta años. Lo que demuestra que Dios nunca tiene prisa, y tenemos que hacer las paces con eso. Lo que vemos como obstáculos bien pueden ser parte de nuestra preparación. Porque nadie, aparte de Jesús, nace completamente preparado para hacer la obra de Dios. De hecho, puede tomar toda una vida para que nos convirtamos en personas que Dios puede usar plenamente.

Desafortunadamente, la mayoría de nosotros nos impacientamos por la paciencia de Dios. Preferimos la vía rápida y una línea recta hacia el plan de Dios. Pero Dios en su sabiduría a menudo nos lleva por el camino más largo. Él sabe que necesitamos la batalla, el desierto y los largos períodos de dificultad para convertirnos en las personas que Él quiere que seamos. Los atajos en realidad pueden estropear la obra de Dios en nuestras vidas, por lo que a menudo usa retrasos para prepararnos para sus propósitos.

Creo que David entendió eso, por lo que nos animó a «esperar» en Dios quince veces diferentes en los Salmos, incluyendo «espera con paciencia al Señor» (27:14, NTV). Pero ¿cómo lo hacemos? ¿Cómo esperamos pacientemente cuando parece que la espera nunca terminará? Creo que la respuesta se puede encontrar en uno de los versículos más conocidos de la Biblia: «Quédense quietos, reconozcan que yo soy Dios» (Salmos 46:10).

Me encanta lo que Lloyd John Ogilvie aporta sobre este versículo. «En hebreo la palabra "quieto" no es pasiva, sino activa. Conlleva las implicaciones de "soltar, entregar, dejar ir"».[98]

Estar quieto no es fácil. Tampoco lo es esperar en el Señor. Porque ambos requieren que «dejemos de esforzarnos» (Salmos 46:10; traducción libre de *New American Standard Bible 1995*) y renunciemos al control. Pero incluso allí, Dios está dispuesto a ayudarnos. Como escribe Ogilvie: «La razón por la que podemos estar quietos es por Yahveh. Su nombre significa "hacer que suceda". Nuestro Dios hace que las cosas sucedan».[99]

¿Entiendes eso, amiga mía? Cuando calmamos nuestros corazones y dejamos de esforzarnos, ¡permitimos que *el Dios que hace que las cosas sucedan* trabaje en nuestro nombre! No solo en las situaciones que nos rodean, sino también en el lugar donde más lo necesitamos. En lo profundo de nuestras almas.

Una muerte necesaria

Cuando Dios despertó por primera vez un deseo en mi corazón de hablar a las mujeres, la Mujer de la Carne se apresuró a ofrecer sus consejos. Tal vez podría imprimir folletos y enviarlos a las iglesias. O llamar a los ministerios nacionales y hacerles saber de mi disponibilidad para hablar.

«Tienes que salir», aconsejó. «¿Cómo sabrán que existes si no te promocionas?»

Pero el Espíritu Santo no estuvo de acuerdo. En cambio, Él eligió mantenerme con una correa corta. Mientras que otras personas podrían ser libres de autopromocionarse, sentí que ese no iba a ser mi método.

De vez en cuando, muy ocasionalmente, se presentaba una oportunidad para hablar. Y cuando lo hacía, la Mujer de la Carne convertía un devocional de quince minutos en el catalizador de toda una carrera como oradora. Tal vez un representante de *Women of Faith* estuviera en la audiencia. Quizás Billy Graham escuchara acerca de mi mensaje y me invitara a compartir su escenario.

Por supuesto, ninguno de mis «inútiles razonamientos» (Romanos 1:21) sucedió. En cambio, año tras año, Dios parecía frustrar mis sueños en lugar de cumplirlos. Y no fue solo en cuanto a mi deseo de hablar. Sucedió en casi todas las áreas de mi vida.

Todo me parecía muy confuso, hasta que asistí a un seminario que hablaba sobre la secuencia de experiencias necesarias que Dios usa para preparar a las personas para su llamado. Usando la vida de Abraham, el orador nos guio a través del nacimiento, la muerte y el cumplimiento de una visión experimentada por el patriarca y otros grandes héroes de la Biblia.

Para mí, la vida de José ilustra este concepto tan poderosamente. No solo vemos el nacimiento, la muerte y el cumplimiento de una visión en su vida, sino que también aprendemos a navegar el proceso, a menudo confuso, en nuestras propias vidas. Así es como se desarrolló el patrón para José:

- *Nacimiento de una visión.* Dios le dio a José no uno, sino dos sueños que muestran un futuro de poder y autoridad (Génesis 37:5-11).
- *Muerte de una visión.* Traicionado por sus hermanos y vendido como esclavo, José fue acusado falsamente y arrojado a la cárcel (37:12-36; 39:1-20).
- *Cumplimiento de una visión.* José fue elevado a una posición de liderazgo en Egipto que salvó al mundo conocido, incluida su familia, del hambre (caps. 41–43).

Tal vez te encuentres encerrada en una secuencia de sueños, sintiéndote atrapada en algún lugar entre el nacimiento, la muerte y el cumplimiento de una visión que pensabas que era de Dios. Sé lo difícil que puede ser, porque lo he experimentado muchas veces en mi propia vida. Tal vez por eso encuentro la historia de José tan convincente. Aunque está llena de giros y vueltas, injusticia y traición, pruebas y triunfos, en última instancia, es la historia de la fidelidad de Dios hacia un hombre que eligió rendirse completamente y confiar en el Señor con todo su corazón.

Porque a veces lo más importante que podemos hacer con un sueño es devolvérselo a Dios.

El cuidado y la alimentación de un sueño (lecciones de José)

Me sorprende la gracia y la paciencia que José mostró durante el período de veinte años entre sus sueños y su cumplimiento (Génesis 37, 39–50).[100] Su vida ofrece muchas lecciones, pero aquí hay siete que me han ayudado.

Lección #1: No exhibas tu sueño ante la gente; medita en ello delante de Dios.

Es fácil emocionarse cuando el Señor nos da una idea de lo que Él podría hacer a través de nuestras vidas. José no podía esperar para compartir sus sueños con su familia (Génesis 37:5–11). Desafortunadamente, sus hermanos ya estaban celosos por el flagrante favoritismo de su padre (ejemplificado por el regalo de una «túnica muy elegante» en el versículo 3). Pero incluso su padre se ofendió cuando el segundo sueño de José involucraba a toda su familia inclinándose ante él (vv. 9-11).

Así que cuando Dios te da un sueño, no seas rápida para compartirlo con los demás. En cambio, sigue el ejemplo de María, quien, después de que su bebé recién nacido fuera adorado por pastores y proclamado Mesías por los ángeles, no sintió la necesidad de compartir su versión de la historia. En cambio, ella simplemente «guardaba todas estas cosas en su corazón y meditaba acerca de ellas» (Lc 2:19).

Si el sueño es de Dios, puedes confiar en que Él lo cumplirá. No necesitas la aprobación ni la ayuda de la gente para que esto suceda. Solo mantén tus ojos en Jesús y permanece dispuesta a hacer lo que Él te pida. El Espíritu Santo irá delante de ti y abrirá las puertas necesarias.

Pero no te desanimes si la vida de repente cambia de rumbo y tus sueños adquieren un tono de pesadilla. Porque incluso entonces, como José aprendió, Dios está en control.

Lección #2: Dios nunca desperdicia nuestro dolor. Él lo usa para sus propósitos.

Solo puedo imaginar las emociones que atravesaron por la mente de José mientras estaba parado entre el grupo de esclavos en Egipto. Se acabó el elegante abrigo del favor de su padre. Atrás quedaron los sueños que había pensado que eran de Dios. En cambio, José estaba a punto de ser subastado al mejor postor, un hombre llamado Potifar que era un funcionario en la corte de Faraón (Génesis 39:1).

Estoy bastante segura de que el adolescente quebrantado no tenía idea de que Dios lo estaba moldeando para un propósito específico. Como un niño rico mimado, definitivamente no estaba preparado para la vida de un esclavo. Según un comentario, la «túnica de diversos colores» de José (37:3, RVR1960) puede haber indicado un estatus favorecido que no requería que el niño trabajara.[101] Pero en lugar de darse por vencido en la desesperación o el resentimiento, el chico de diecisiete años sacó lo mejor de una situación difícil: elegir servir a su nuevo amo con todas sus fuerzas.

Lección #3: Puedes prosperar en tiempos difíciles si estás dispuesta a trabajar duro y servir con dedicación.

Me maravillo de la transformación de José, ya que tenía tantas cosas en su contra. En algún lugar a lo largo del polvoriento camino a Egipto, estoy convencida de que se conectó con Dios. Recibió la gracia de perdonar a sus hermanos cuando entregó sus sueños y eligió confiar en Dios. No hay otra manera de explicar la actitud voluntaria de José ni las bendiciones tangibles que vinieron como resultado.

«El Señor estaba con José y las cosas le salían muy bien», nos dice Génesis 39:2. El joven esclavo sirvió con tal habilidad y determinación que Potifar «lo nombró mayordomo de toda su casa y le confió la administración de todos sus bienes» (v. 4).

Pero los problemas de José no habían terminado. Después de rechazar los avances de la esposa de Potifar, ella acusó falsamente a José de violación. De repente, el mayordomo fiel se encontraba en la prisión. Encadenado una vez más por la traición (vv. 19-20), tenía una razón más para amargarse y renunciar a toda esperanza.

Pero José rechazó la pendiente resbaladiza de la autocompasión. En cambio, dobló sus rodillas y eligió confiar en Dios, y una vez más, se levantó para servir.

Lección #4: No dejes que el mal comportamiento de otras personas determine tus propias acciones.

A pesar de la injusticia de la situación, una vez más el joven esclavo ascendió de rango, esta vez en prisión. El guardia de la cárcel puso a José a cargo de todos los prisioneros y de todo lo que allí se hacía, nos dice Génesis 39:22-23. «El guardia de la cárcel no se preocupaba de nada de lo que dejaba en sus manos» porque el Señor estaba con José y le daba éxito en todo lo que hacía.

¿Ves el denominador común en las situaciones de José?

«*El Señor estaba con José* y las cosas le salían muy bien» aun en la esclavitud (39:2, énfasis añadido).

«*El Señor estaba con José* y hacía prosperar todo lo que él hacía» en la cárcel (v. 23, énfasis añadido).

El Señor está contigo en medio de tu cautiverio, amiga mía. Aunque estés conmocionada por la angustia mientras lloras tus sueños destrozados, si confías en Él, Él quiere darte la gracia de soportar e incluso prosperar. Porque al elegir una respuesta diferente a la que se espera, Dios te ayudará a tener éxito y las personas que te rodean serán bendecidas.

Lección #5: Dios usa las pruebas para prepararnos y posicionarnos.

A veces estamos tan abrumadas por los problemas, que no podemos ver a Dios obrando en el panorama general. No nos damos cuenta de que Él nos está posicionando estratégicamente para estar en el lugar correcto en el momento indicado para hacer el trabajo adecuado.

Si José no hubiera estado en prisión, no habría estado disponible para interpretar los sueños del panadero y del copero de Faraón (Génesis 40:1-19).

Si el copero hubiera recordado la petición de José de hablarle de él al Faraón (v. 14), José podría haber estado fuera de prisión y no estar disponible para interpretar los sueños de Faraón (41:1-14).

Si José no hubiera cultivado una relación cercana con Dios, no habría tenido la habilidad de interpretar los sueños ni de señalar a Dios como la fuente de los sueños (v. 16).

Y si José no hubiera esbozado desinteresadamente soluciones claras para la hambruna venidera (vv. 28-36), Faraón podría no haberlo designado para supervisar los preparativos.

«¿Podremos encontrar una persona así en quien repose el Espíritu de Dios?», preguntó Faraón en el versículo 38. Sus oficiales estuvieron de acuerdo, y José fue nombrado segundo al mando de Faraón. Vestido con finas túnicas, también se le dio todo lo que necesitaba para salvar a la nación egipcia (vv. 42-49).

Lección #6: Está dispuesta a servir el sueño de otra persona.

A veces, como señala David Santistevan: «La mejor manera de prepararse para el cumplimiento de su propia visión es servir a la de otra persona, incluso durante una temporada».[102]

La disposición de José para ayudar a los que lo rodean es tan asombrosa. En lugar de perseguir sus sueños, interpretó los sueños de los demás. En lugar de hacer solo lo que se requería como esclavo y luego como prisionero, José sirvió a sus amos voluntariamente y con gran habilidad (Génesis 39:4, 23). El joven no tenía idea de que Dios lo estaba usando todo para prepararlo para su destino.

Porque fue el tiempo que pasó en la casa de Potifar y la prisión lo que preparó a José para el palacio. Ambas situaciones le dieron a José las habilidades necesarias para administrar los preparativos para la larga hambruna (41:47-49). Su sabia gestión de siete años de abundante cosecha almacenó tantos granos que eran más que suficientes para alimentar a Egipto y al mundo hambriento que los rodeaba (vv. 56-57).

Así que mientras esperas tu sueño, sé fiel para servir a Dios donde Él te ha colocado y asegúrate de apoyar los sueños de los demás. Asiste al estudio bíblico y alienta al maestro. Ofrécete para limpiar después del próximo retiro de mujeres. Participa y toma notas durante el sermón de tu pastor en lugar de revisar Facebook. Sé la «primera en aplaudir a los demás», como dice mi amiga Jodi Detrick,[103] y anima a otras personas.

Si estás dispuesta a servir a los sueños del tamaño de Dios de los demás tan fielmente como servirías a los tuyos, Dios lo notará.

Más importante aún, Él será glorificado. Lo que nos lleva a la lección final.

Lección #7: Puedes confiar en los métodos de Dios, en su tiempo y en sus planes.

El sueño de José se hizo realidad veinte años después de ser vendido como esclavo. Obligados a viajar a Egipto para comprar grano a fin de salvar a su familia, sus hermanos se inclinaron ante el magistrado egipcio sin saber que el poderoso gobernante era el hermano que habían traicionado (42:1-6). Aunque los siguientes capítulos implican que José tuvo que trabajar a través de algunas emociones intensas, Génesis 45:1-3 registra una hermosa reunión cuando José se reveló a sus hermanos.

Por supuesto, los hombres quedaron «pasmados» ante su presencia (v. 3). Pero José respondió gentilmente y los invitó a acercarse (vv. 4-5), porque tenía algunos descubrimientos importantes que quería compartir: una perspectiva de su proceso centrado en Dios que también necesitamos. Escucha la tierna misericordia demostrada en sus palabras:

> «Soy José, su hermano, a quien ustedes vendieron como esclavo en Egipto. Pero no se inquieten ni se enojen con ustedes mismos por haberme vendido. Fue Dios quien me envió a este lugar antes que ustedes, a fin de preservarles la vida. Dios me hizo llegar antes que ustedes para salvarles la vida a ustedes y a sus familias, y preservar la vida de muchos más. Por lo tanto, fue Dios quien me envió a este lugar, ¡y no ustedes!» (45:4-5, 7-8, NTV).

Esta fue idea de Dios… no de ustedes. Aunque puede ser difícil de recibir, permite que esta verdad se interne profundamente en tu corazón. Tal vez sientas que tu vida se haya interrumpido o descarrilado para siempre por las acciones de otros, pero considera la historia de José. Nada frustra los propósitos de Dios: Él usa todo para llevar a cabo su voluntad. Puedes estar segura de eso, amiga mía.

Confiar en el Dador de Sueños

«Hasta que la historia no haya seguido su curso no entenderemos cómo "todas las cosas cooperan para el bien de quienes aman a Dios"», escribe Philip Yancey. «La fe significa creer de antemano lo que solo tendrá sentido a la inversa».[104]

Cuando miro hacia atrás en mi propia vida, puedo ver la increíble sabiduría de Dios en cada esperanza postergada y cada sueño retrasado. Lo que percibía como tardanza por parte de Dios era en realidad su misericordia, porque solo Él sabía lo que era mejor para mi vida.

Cuando solté mi sueño de dar conferencias, no tenía idea de que Dios lo reemplazaría con un llamado a escribir. Pero incluso en ese momento su ritmo era diferente que el mío.

Pasaron seis largos años entre mi primer libro y el lanzamiento de mi segundo libro. Pero cuando finalmente salió a la luz, *Cómo tener un corazón de María en un mundo de Marta* se colocó en el tope de la lista de *bestsellers* cristianos, en gran parte gracias a promoción de boca en boca. Durante ese tiempo, Dios usó mi primer libro para abrir oportunidades de hablar y dar conferencias, haciendo realidad el sueño que había entregado años atrás.

He tenido el privilegio de compartir el corazón de Dios con mujeres de todo el país, así como del mundo. Pero incluso después de eso, el Señor ha mantenido mi sueño con una correa corta. Para estar completamente disponible para mi familia y para la iglesia, Él ha limitado la cantidad de invitaciones que puedo aceptar.

¿Sabes?, tenemos un Pastor bueno y tierno. Un Padre sabio y amoroso que nos prepara para sus propósitos y nunca nos tiende una emboscada para fracasar. Debido a que Él sabe lo que es mejor para nosotras, nos lleva a un ritmo que podemos seguir. Me encanta la forma en que el teólogo Kosuke Koyama lo explica:

> Dios camina «lentamente» porque es amor. Si no fuera amor, habría ido mucho más rápido. El amor tiene su velocidad. Es una velocidad interior. Es una velocidad espiritual. Es una velocidad diferente de la velocidad tecnológica a la que estamos

> acostumbrados. Continúa en la profundidad de nuestra vida, ya sea que nos demos cuenta o no, ya sea que actualmente seamos golpeados por la tormenta o no, a unos cinco kilómetros por hora. Es la velocidad a la que caminamos y, por lo tanto, es la velocidad a la que camina el amor de Dios.[105]

Así que no te desanimes por el lento desarrollo de tu sueño, amiga mía. Porque el Dador de Sueños es también tu Cumplidor de Sueños.

En lugar de correr hacia adelante y tratar de hacer que suceda por tu cuenta, ríndete al ritmo del Buen Pastor. Permite que el Espíritu Santo escriba el mensaje de Dios en lo profundo de tu corazón y confía en Él para abrir las puertas para un ministerio más amplio. No te dejes atrapar por la necesidad de hacer algo grande para Dios. Solo estate disponible. Prospera donde estás plantada. Vive plenamente, aquí y ahora.

De esa manera, cuando llegue el momento de llamarte, estarás preparada y lista.

Totalmente equipada por Dios y disponible para hacer realidad sus sueños.

TERCERA PARTE

Resistir

Señor... Finalmente entiendo que no tengo que comprender completamente cada cosa que sucede para confiar en Ti. No tengo que tratar de resolverlas, controlarlas, ni si quiera que me agraden. En medio de las incertidumbres, me pondré de pie y diré: «Confío en Ti, Señor».

Eres la combinación perfecta para todas mis necesidades.

Soy débil. Tú eres la fuerza.

No puedo. Tú todo lo puedes.

Tengo dudas. Tú eres certeza.

Estoy desesperada. Tú eres plenitud.

Estoy confundida. Tú eres confianza.

Estoy cansada. Tú eres rejuvenecimiento.

Aunque el largo camino es incierto, Tú eres tan fiel como para arrojar la luz suficiente para que yo vea el siguiente paso... Por lo tanto, voy a buscar destellos de luz en tu verdad solo para el día de hoy, y llenar los vacíos de lo desconocido con confianza.

Lysa TerKeurst[106]

Diez

Creer en Dios

¿No te dije que si crees verás la gloria de Dios?
Juan 11:40

¿Recuerdas cuando eras pequeña y aprendías a nadar? Mi papá se paraba en el agua a varios metros del borde de la piscina con los brazos extendidos. «¡Vamos, cariño! ¡Salta!», decía. «Te atraparé».

Pero me quedaba allí sacudiendo la cabeza, con los dientes castañeteando y las rodillas golpeando entre sí mientras mi traje de baño a lunares goteaba charcos en el borde de concreto.

¿Saltar?, pensaba. *¿Está loco?* ¿No era suficiente permitirle que me llevara hasta donde el agua me llegaba a las axilas? Si saltaba, mi cabeza podría sumergirse bajo el agua, y si eso sucedía, una niña pequeña podría ahogarse. Escupir agua por su boca como una ballena y sonreír como un maníaco no hacía nada para inspirarme confianza.

Pero finalmente, con algunas garantías y promesas más de helado, di el salto. Con los brazos extendidos, me lancé desde la seguridad del hormigón a la inmensidad acuática desconocida. Ahora era todo o nada, sin reservas, sin vuelta atrás.

Parecía una eternidad, pero fue solo un momento antes de que me encontrara a salvo en los brazos de papá. Oh, había agua en mis ojos, y estaba escupiendo como una ballena. Mi cabeza se sentía sospechosamente húmeda, como si me hubiera hundido. Pero toda mi vacilación fue absorbida por una gloriosa revelación: ¡Eso fue muy divertido! ¡Realmente divertido!

¿Por qué demonios me había rehusado? Mi padre me había atrapado tal como lo había prometido.

«¡Hazlo de nuevo, papá!», grité. «Hagámoslo otra vez».

Nuestro Padre confiable

Me pregunto cuántas aventuras nos perdemos simplemente por no confiar en Dios. Cuánta alegría y asombro nos perdemos porque no creemos que Él pueda «hacer muchísimo más que todo lo que podamos imaginarnos o pedir, por el poder que obra eficazmente en nosotros» (Efesios 3:20).

Con la evidencia del poder de Dios a nuestro alrededor, desde la complejidad del universo hasta la naturaleza intrincada de la célula humana, uno pensaría que pasaríamos la mayor parte de nuestro tiempo alardeando de Dios como lo hace el niño de la cuadra: «¿Crees que tu papá es genial? Bueno, ¡deberías ver al mío! ¡Él puede hacer absolutamente *cualquier cosa*!»

En cambio, he pasado gran parte de mi vida apostando a lo seguro, aventurándome solo hasta donde parecía plausible en mi propia fuerza. Solo creyendo en las cosas a mi alcance. Confiando en Dios solo mientras pudiera verlo, sentirlo y entenderlo, pero sin atreverme a saltar más allá de mi zona de confort porque en algún nivel no estaba segura de que Él me atrapara. Además, tenía miedo de hacerlo mal.

Creo que, en algún momento del camino hacia la edad adulta, la mayoría de nosotras hemos perdido nuestra inocencia y fe infantiles. Tal vez algo sucedió, y consideramos que Dios no era confiable. Tal vez la gente ridiculizó nuestro fervor religioso, y dejamos de jactarnos de nuestro Padre y su poder para salvar. O tal vez nunca logramos renunciar al control el tiempo suficiente como para saltar a sus brazos.

Cualquiera que sea la causa, creo que todas estaríamos de acuerdo en que no creemos en Dios como deberíamos hacerlo.

Oh, podemos creer en Dios, en el sentido de reconocer su existencia. Pero según Santiago 2:19, eso no es suficiente. Porque «También los demonios creen, y tiemblan»

Como cristianos, hemos creído en Jesús y confiado en Él para nuestra salvación. Pero si esa es la suma total de nuestra fe, podemos perder la «alegría y paz» al creer (Romanos 15:13) que promete la Biblia.

Necesitamos determinar lo que creemos acerca de Dios para que nuestras mentes se alineen con las Escrituras, algo que discutiremos más adelante en este capítulo. Pero no necesitamos entender la teología en profundidad para probar nuestra fe. Porque no es el pensamiento correcto lo que nos da estrellas de oro en el cielo, tal como Abraham lo descubrió en Génesis.

«Abram creyó al Señor, y el Señor se lo reconoció como justicia». Esta declaración aparece primero en Génesis 15:6, pero el mismo pensamiento se repite tres veces en el Nuevo Testamento: Romanos 4:3; Gálatas 3:6; y Santiago 2:23, como para enfatizar su importancia.

Abraham *creyó* al Señor, eso es lo que más contaba en el libro de Dios. Y si queremos agradar al Señor, tenemos que hacer lo mismo.

En la primera mitad de este libro, me centré en la importancia de soltar en señal de rendición. Pero ahora, amiga mía, es hora de aprender a aferrarse a la fe. Debemos creer en Dios con todo lo que somos: corazón, mente y alma. Y confiar plenamente en que Él es todo lo que dice que es y que hará todo lo que ha prometido en Su Palabra.

Desafortunadamente, ese tipo de fe no surge naturalmente. Necesitamos la ayuda del Señor para creer de la manera correcta.

Aprender a creer

Nuestros dos hijos mayores y sus cónyuges lucharon contra la infertilidad: John Michael y Kami durante ocho años, Jessica y Loren durante cinco. La mayor parte de ese tiempo el tema era tan doloroso que rara vez hablábamos de él. Pero oh, cómo oramos. Ambas parejas habían entregado sus vidas a Jesús cuando eran niños. Ambos amaban al Señor y le servían en el ministerio. Sin embargo, por difícil que sea comprenderlo, la obediencia no necesariamente nos garantiza la bendición, al menos la bendición tangible y externa que a menudo deseamos.

«Sé que Dios puede darnos un bebé», me dijo Jessica hace varios años mientras hablábamos durante el almuerzo. «Pero ¿qué pasa si Él no quiere?» Se mordió el labio para contener las lágrimas. «¿Puedo estar en paz con eso? Lo estoy intentando».

Las lágrimas corrían por nuestros rostros mientras nos tomábamos de las manos sobre la mesa. Hay promesas en las Escrituras concernientes a la bendición de los niños (Salmos 128:3) y los dones de un linaje justo (127:3-5), pero ambas éramos conscientes de que eso no siempre sucede para todos. Jessica y Loren estaban abiertos a la idea de la adopción y habían servido como padres adoptivos durante varios años. Pero su deseo de tener hijos biológicos simplemente permanecía.

Así que juntos llevamos ese deseo al Señor y lo pusimos ante Él. Pedíamos por un milagro, pero también pedíamos por fortaleza para creer en su bondad sin importar cómo Él eligiera responder.

Porque honestamente, esa es la conclusión cuando se trata de creer, especialmente considerando las palabras de David en el Salmo 27:13.

> Hubiera yo desmayado,
> si no creyera que he de ver la bondad de Jehová
> en la tierra de los vivientes. (RVR1995)

Estoy agradecida por esta hermosa promesa, pero debemos tener cuidado dónde ponemos el énfasis. Si estamos buscando cosas buenas en lugar de la «bondad de Jehová», cuando la vida vaya mal y continúe mal, terminaremos en desesperación.

Pero cuando buscamos a Dios en nuestra situación, confiando en que su amor y sabiduría perfecta siempre están obrando, no

QUÉ HACER CON LA DUDA

La duda honesta no cancela la fe honesta. El péndulo de la esperanza a menudo oscila desenfrenadamente entre la creencia y la incredulidad. Sin embargo, aunque Dios no se siente amenazado por nuestras preguntas, sí creo que hay un límite importante que no debemos cruzar si queremos permanecer cerca del Señor.

El pastor y autor Barnabas Piper identifica dos tipos de dudas: la «duda incrédula» (que nos aleja de la fe) y la «duda creyente» (que nos lleva a una fe más profunda). Mientras lees los siguientes pares de declaraciones de Piper, revisa la que consideras que es más cierta para ti en este momento.

___ La duda incrédula hace preguntas para desafiar.
___ La duda creyente hace preguntas para aprender.

___ La duda incrédula hace preguntas a cualquiera que no sea Jesús.
___ La duda creyente lleva las preguntas directamente a Jesús.

___ La duda incrédula cuestiona el carácter de Dios porque Él está más allá de nuestro entendimiento.
___ La duda creyente confía en el carácter de Dios porque Él está más allá de nuestro entendimiento.

___ La duda incrédula dice: «No se haga tu voluntad, sino la mía».
___ La duda creyente dice: «No se haga mi voluntad, sino la tuya».[107]

La diferencia puede ser sutil. Pero considera cómo un tipo de duda te acerca al corazón del Padre, mientras que el otro te aparta. Invita al Espíritu Santo a revelar cualquier otra duda incrédula que pueda estar afectando tu fe. Arrepiéntete de cualquier incredulidad y pídele a Dios que traiga su verdad a esa situación. Porque así como lo hizo con Tomás, Jesús quiere ayudarte a dejar de dudar y a creer (Juan 20:27).

Yo he orado por ti,
para que no falle tu *fe*.
Lucas 22:32

nos sumiremos en las arenas movedizas de la incredulidad ni la desesperación. Porque sea que Él responda o no a nuestras peticiones específicas, todavía seremos capaces de ver la bondad de Dios.

Y si le pedimos, Él incluso suplirá la fe que nos falta.

«Si puedes creer, al que cree todo le es posible», le dijo Jesús al padre de un niño poseído por demonios (Marcos 9:23, RVR1995). Pero en lugar de irse abatido, creyendo que el milagro dependía de él, el padre buscó en Jesús la sanidad para su hijo y eso le ayudó a aumentar su fe. «Creo», dijo; «ayuda mi incredulidad» (v. 24).

Como el padre confió en el Señor y en su capacidad para sanar, Jesús reprendió a los demonios y el niño fue liberado (vv. 25-27). Porque no fue la *fuerza* de la fe del hombre, sino el *objeto* de su fe lo que marcó la diferencia.[108]

Es algo importante a considerar cuando estamos luchando por creer. *¿Estoy poniendo mi fe en un resultado específico, o estoy poniendo mi fe solo en Dios?*

Un sistema de creencias

«Puedes ser cristiano», dijo el evangelista Randy Ruis a la multitud reunida en nuestra conferencia del ministerio estatal, «pero ¿eres creyente? ¿Un verdadero creyente?»[109]

Su pregunta me golpeó en lo profundo y su efecto persiste todavía hoy.

En el capítulo 3 hablamos de la palabra griega *pistis*. Significa fe o confianza, pero también se puede traducir como «creencia», lo que agrega otra faceta a nuestra discusión sobre confiar en Dios. Así como he llegado a pensar en la fe como una *posesión*, algo que tengo, y en la confianza como una *acción*, algo que hago, este enfoque me ayuda a considerar la creencia como el *sistema de pensamiento* por el cual vivo.

Las creencias profundamente arraigadas forman el núcleo de lo que somos, lo que puede ser bueno o malo, dependiendo de lo que hayamos abrazado como verdad. Porque nuestro sistema de creencias moldea nuestras actitudes y comportamientos, nuestros valores y convicciones. Filtra nuestros pensamientos, así como nuestras palabras. Proverbios 23:7 nos dice: «Porque cual es su pensamiento en su corazón, tal es él» (RVR1960). Lo que significa que, como cristianos, tenemos que aprender a *pensar* bíblicamente para *vivir* bíblicamente.

Aquí es donde se vuelve un poco complicado, porque la mente humana es un campo de batalla. Debido a que nuestros pensamientos afectan nuestra voluntad, así como nuestras emociones, es aquí donde Satanás trabaja para socavar nuestra fe.

Considera el poder de nuestros pensamientos. Las cosas que nos suceden no son tan influyentes como la importancia que le asignemos a tales sucesos en nuestras mentes. Las historias que nos contamos a nosotras mismas pueden convertirse en profecías autocumplidas. Por ejemplo, el abuso infantil puede ser llevado a la edad adulta, haciendo que repitamos patrones autodestructivos porque estamos convencidos de que somos bienes dañados. Incluso podemos dejar que las historias que hemos creado afecten nuestra relación con Dios, creyendo que Él nunca podría amarnos o liberarnos de la culpa y la vergüenza.

Es por eso que nosotras, como cristianas, necesitamos invertir en nuestra infraestructura mental y espiritual impregnándonos de las Escrituras y conociendo a Jesús de una manera profunda y personal. El árbol del Conocimiento continuamente se enfrenta al conocimiento de Dios en nuestras vidas. Pero no estamos indefensas en esta batalla, como explica 2 Corintios 10:4-5:

> «Las armas con que luchamos no son del mundo, sino que tienen el poder divino para derribar fortalezas. Destruimos *argumentos* y toda *altivez* que se levanta contra el conocimiento de Dios, y llevamos cautivo todo pensamiento para que obedezca a Cristo» (énfasis añadido).

A menudo pensamos en este versículo en el contexto de la guerra espiritual. Pero es invaluable cuando se trata de la batalla que Satanás libra por nuestras mentes. Cuando construimos nuestro sistema de creencias alrededor de todo el consejo de la Palabra de Dios, somos capaces de reconocer los pensamientos rebeldes y las verdades falsas cuando aparecen. Aprendemos a llevar cautivo cada pensamiento en lugar de permitir que esos pensamientos nos cautiven. A medida que los identificamos con la ayuda del Espíritu Santo, los argumentos del enemigo y las opiniones altivas de nuestra carne pierden su poder cuando hacemos que se sometan ante la autoridad de Cristo.

Así es en mi caso. Cuando la incredulidad comienza a surgir en mi corazón, estoy aprendiendo a hacer una pausa y preguntar: *¿Qué argumento se exalta a sí mismo «contra el conocimiento de Dios» en esta situación?*

Cuando me siento tentada a dudar, pregunto: *¿Qué opinión altiva he creído más que la opinión de Dios?*

Cuando un pensamiento parece tener poder o influencia adicional, lo evalúo preguntando: *¿De dónde vino este pensamiento y hacia dónde va?*

Este es el asunto: no todos los pensamientos que albergamos provienen de nosotras mismas. A Satanás le encanta usar pronombres personales cuando planta ideas en nuestras mentes. «*Soy* una perdedora… *Mi* vida es un desastre… No hay esperanza para *mí*». Porque él sabe que, si estamos convencidas de que los pensamientos provienen de nosotras, no tendrá que condenarnos, lo haremos nosotras mismas.

Pero también necesitamos reconocer cuando los pensamientos rebeldes tratan de llevarnos por mal camino. Desvíos de resentimiento. Callejones sin salida de autocompasión.

Surcos de incredulidad destinados a mantenernos dando vueltas por el desierto para que nunca entremos en la tierra prometida.

Si bien no todos los pensamientos requieren un interrogatorio tan intenso, monitorear lo que pensamos requiere un trabajo diligente. Pero si nuestra estructura de creencias es bíblicamente sólida, podemos probar nuestros pensamientos a la luz de lo que sabemos acerca de Dios y descartar lo que no encaja. Al prestar atención a lo que estamos pensando, y al invitar al Espíritu Santo a que renueve nuestras mentes, tú y yo recibimos entendimiento sobrenatural.

Porque se nos ha dado «la mente de Cristo» (1 Corintios 2:16).

Como resultado, somos capaces de reconocer y destruir los argumentos mentales, los plantados en nuestras cabezas por Satanás y los que se nos ocurren por nosotras mismas, entre ellos las opiniones altivas de la Mujer de la Carne. Porque tenemos una política de tolerancia cero cuando se trata de pensamientos que se exaltan contra el gobierno de Dios en nuestras vidas.

Creer o no creer

¿No te alegra que Dios no haya «arreglado» la Biblia para incluir solo historias de personas que siempre hicieron lo correcto? ¿Personas de fe que nunca dudaron en su confianza ni vacilaron en su obediencia? ¿Hombres y mujeres que nunca tropezaron con los problemas de la vida?

David narra su historia con una honestidad transparente que es un poco impactante. En lugar de revisar la historia como solían hacer los gobernantes antiguos, purgándola de referencias menos que estelares, David admitió sus errores honestamente. Incluso los convirtió en canciones.

Creo que Dios incluyó estas reflexiones sin adornos en la Biblia para que tú y yo pudiéramos recibir aliento, especialmente en esos días lúgubres cuando la duda se avecina y nuestra fe comienza a debilitarse.

En 1 Samuel 19–20, el conflicto con el rey Saúl se había intensificado hasta el punto de que David tuvo que huir de Jerusalén. Lamentablemente, en su prisa por abandonar la ciudad, David también pareció dejar atrás su fe, lo que llevó a algunas decisiones cuestionables.

Temiendo por su vida, David huyó a la ciudad de Nob, donde convenció al sacerdote principal para que le diera un arma (21:1-8). Lo único disponible era la espada que una vez había pertenecido a Goliat, la que David había usado para cortarle la cabeza al gigante

(v. 9). Con el arma masiva en la mano, David hizo algo extraño. Corrió hacia el norte, a territorio filisteo, a la ciudad natal de Goliat (v. 10, véase también 17:4).

¿Qué estaba pensando David? ¿Quién en su sano juicio va al enemigo en busca de protección? ¿Y por qué llevaría la espada del héroe de la ciudad natal que había destruido?

Bueno, yo sostengo que David no estaba pensando con claridad. Estaba en pánico y corriendo asustado. En lugar de buscar protección en Dios, confiaba en sus propios recursos y planes mal concebidos.

Hacemos lo mismo cuando permitimos que la duda y el temor se eleven contra el conocimiento de la fidelidad de Dios en nuestras vidas. Es casi como si perdiéramos la cabeza, olvidando todas las muchas maneras en que el Señor nos ha liberado en el pasado. Con pensamientos rebeldes y alocados, a menudo corremos directamente a los brazos del enemigo en busca de ayuda.

Tal vez David pensó que los filisteos estarían felices de que se sumara a su bando. Pero sucedió lo contrario. Con sus motivos en tela de juicio, David se vio obligado a fingir locura para salvar su vida. El rey filisteo no quiso tener nada que ver con un loco y de esa manera permitió que David se fuera (1 Samuel 21:10-15).

El hombre asustado corrió a la cueva de Adulán y se escondió allí. Mientras calmaba su corazón ante Dios en ese lugar tranquilo, un David que ya no entró en pánico pudo escribir estas hermosas palabras de fe:

> A la sombra de tus alas me refugiaré,
>   hasta que haya pasado el peligro.
> Clamo al Dios Altísimo,
>   al Dios que me brinda su apoyo. (Salmos 57:1-2)

En lugar de esforzarse y confabular, David comenzó a descansar y confiar. En lugar de apoyarse en su propio entendimiento, tomó cautivos sus pensamientos y los hizo centrarse en Dios. Como resultado, el Señor proveyó todo lo que David necesitaría para el largo viaje que tenía por delante. Incluyendo cuatrocientos hombres que de manera sorpresiva se convertirían en un ejército poderoso (1 Samuel 22:1-2).

Todo esto fue posible porque David eligió exaltar a Dios por encima de sus pensamientos impulsados por el miedo.

Nutrir la creencia

Beth Moore se ha convertido en una mentora querida para mí a través de sus estudios bíblicos, especialmente su bestseller *Creerle a Dios*. Hace poco vi un video en el que Beth hablaba sobre la crisis de fe que la llevó a escribir ese estudio. «Llegué a un punto en el que si Dios no era más de lo que yo pensaba que era, no podría sobrevivir».[110]

Cuando Dios se reveló a ella a través de la Palabra, Beth sintetizó lo que había aprendido en una lista de verdades esenciales. Ella lo resumió en una «promesa de fe de cinco declaraciones» que he memorizado y repito a menudo, especialmente cuando la duda y la incredulidad tratan de exaltarse contra el conocimiento de Dios.

1. Dios es quien dice ser.
2. Dios puede hacer lo que dice que puede hacer.
3. Yo soy quien Dios dice que soy.
4. Todo lo puedo por medio de Cristo.
5. La palabra de Dios está viva y activa en mí.[111]

Ella termina su declaración con tres palabras simples pero poderosas: «Estoy creyendo en Dios».[112]

Algunas personas pueden encontrar el ejercicio demasiado simplista, pero yo lo considero revolucionario. Pone barras de refuerzo en mi sistema de creencias y acero en mi alma, anclándome a las verdades inmutables de quién es Dios y todo lo que Él quiere ser para mí.

No sé tú, pero estoy cansada de conformarme con menos de lo que Dios ofrece, creer poco y perderme mucho. Quiero que mi fe en el carácter de Dios sea tan sólida que esté lista para saltar a sus brazos y seguirlo a cualquier lugar que Él me guíe. Lo que me lleva de vuelta a Abraham, quien realmente dejó a un lado todo lo que sabía porque le «*creyó* al Señor» (Génesis 15:6, énfasis añadido).

La palabra hebrea traducida como «creyó» es *aman*. Es la palabra de la que obtenemos el *amén* que decimos al final de nuestras oraciones.[113] Implica «confirmar o apoyar», pero el significado va más allá de eso. Se puede traducir como «cuidar como un padre o una enfermera» e implica ser «fiel, confiable».[114]

La creencia, como ves, no es algo que sucede de la noche a la mañana. Tenemos que cultivarla. Para algunas personas lleva años. Para otros lleva toda una vida.

¿Cómo decimos *aman* a las promesas de Dios cuando la vida sigue arrojándonos imprevistos y Sus promesas parecen demorar? Encontramos varias pistas en Romanos 4:18-22, donde Pablo escribe acerca de la vida de Abraham:

> Contra toda esperanza, Abraham creyó y esperó, y de este modo llegó a ser padre de muchas naciones, tal como se le había dicho: «¡Así de numerosa será tu descendencia!» Su fe no se debilitó, aunque reconocía que su cuerpo estaba como muerto, pues ya tenía unos cien años, y que también estaba muerta la matriz de Sara. Ante la promesa de Dios no dudó como un incrédulo, sino que se reafirmó en su fe y dio gloria a Dios, plenamente convencido de que Dios tenía poder para cumplir lo que había prometido. Por eso se le tomó en cuenta su fe como justicia.

En esta porción de las Escrituras, veo cinco maneras en que podemos cuidar, nutrir y alimentar nuestra fe tal como lo hizo Abraham.

«Contra toda esperanza, Abraham creyó y esperó».

Después de ver a mis hijos luchar contra la infertilidad, no puedo imaginar cómo debe haber sido para Abraham y su esposa, Sara.[115] Después de más de cincuenta años de matrimonio, seguramente habían perdido la esperanza de tener hijos. Así que cuando Dios le dijo a Abraham que sería el «padre de muchas naciones», pero nada sucedería por los siguientes veinticinco años, confiar en Dios debe haber sido increíblemente difícil. Pero Abraham siguió creyendo.

«Cuando todo parecía inútil», nos dice Romanos 4:18 en la versión *The Message*, «Abraham creyó de todos modos, decidiendo vivir no sobre la base de lo que veía que *no podía* hacer, sino según lo que Dios dijo que *haría*. Y así se convirtió en el padre de una multitud de pueblos».

Si estás enfrentando una situación desesperada, te animo a que averigües lo que Dios dice al respecto. No vivas sobre la base de lo que ves o lo que sientes. Rehúsa permitir que tus limitaciones personales o situacionales limiten lo que crees acerca de Dios.

«Su fe no se debilitó, aunque reconocía [la situación]».

Abraham no estaba negando su situación mientras esperaba la promesa de Dios. Podía mirarse en el espejo, declarar los hechos, pero aun así reconocer el poder de Dios: soy viejo. Mi esposa es vieja. Parece imposible… pero estoy creyendo en Dios.

En lugar de enfocarse en su problema, Abraham mantuvo sus ojos en el Señor. Lo que Dios dijo anuló todos los obstáculos: la incapacidad de Sara para concebir, su escepticismo sobre la promesa, incluso la edad en su licencia de conducir. «Así que de este solo hombre», nos dice Hebreos 11:12, «ya en decadencia, nacieron descendientes numerosos como las estrellas del cielo e incontables como la arena a la orilla del mar».

«Ante la promesa de Dios, no dudó como un incrédulo».

Debido a que estoy familiarizada con la historia de Abraham, me encuentro objetando esta parte de «no dudó». Génesis 16 describe un momento en que Abraham y Sara trataron de ayudar a Dios usando a una sierva, Agar, para darle un hijo a Abraham: Ismael. Más tarde, cuando el niño prometido, Isaac, finalmente llegó, la consiguiente lucha de poder entre las dos mujeres resultó en dolor para todos.

Sin embargo, Dios no resumió la vida de Abraham por su peor error. Así como Él tampoco descarta nuestra fe cuando, en un momento débil, nos apoyamos en nuestro propio entendimiento y provocamos un «Ismael» al tratar de cumplir Su promesa a través de medios humanos. Dios no nos rechaza. Sin embargo, nos *desafiará*.

No recuerdo cuántas veces he sentido la frustración amorosa de Dios en mi espíritu: *Después de todas las formas en que te he ayudado, Joanna, ¿cuánto tiempo vas a vacilar entre la fe y la incredulidad? ¿No es hora de que confíes en Mí?*

Por supuesto, la respuesta es sí. Afortunadamente, cuando respondemos en arrepentimiento, Dios no solo nos perdona, sino que también nos da la gracia que necesitamos para confiar en Él. Incluso cuando la promesa implica una larga espera.

«[Abraham] se reafirmó en su fe y dio gloria a Dios».

¡Cómo se habrán regocijado Abraham y Sara cuando Isaac finalmente nació! Es fácil fortalecernos en nuestra fe y dar gloria a Dios cuando nuestras oraciones son contestadas. Pero luego, muchos años después, Dios le dijo a Abraham: «Toma a tu hijo, el único que tienes y al que tanto amas, [...] y ofrécelo como holocausto en el monte que yo te indicaré» (Génesis 22:2).

No puedo imaginar lo que pasó por la mente de Abraham. Esperar la promesa es una cosa, pero cuando Dios nos pide que devolvamos la promesa, bueno, eso requiere un tipo extraordinario de fe.

Al leer la historia, me sorprende la obediencia de Abraham. Él no discutió con Dios. Se levantó «de madrugada» a la mañana siguiente y se dirigió con Isaac hacia el lugar del sacrificio (v. 3). Porque Abraham entendía que «Dios es demasiado bueno para ser cruel y demasiado sabio para equivocarse. Y cuando no podemos comprender su obrar, debemos confiar en su corazón».[116]

«Plenamente convencido de que Dios tenía poder para cumplir lo que había prometido».

Cuando Abraham e Isaac llegaron al lugar del sacrificio, Abraham ató a su hijo y lo puso sobre el altar, completamente preparado para devolver lo que Dios le había dado en su gracia. Para ser honesta, esta parte de la historia es inquietante. Si no conociera a Dios de la manera en que lo conozco, cuestionaría su amor, y ciertamente disentiría con sus métodos.

Pero esta historia es más grande que la obediencia de un hombre. Porque prefigura el corazón de nuestro Padre y la voluntad de su «Hijo unigénito» (Juan 3:16) de dar su vida por nuestra salvación. También nos da una idea del sacrificio involucrado si queremos vivir una vida de fe.

La idea de perder a Isaac debe haber conmocionado el corazón de Abraham, pero el hombre amaba a Dios más de lo que amaba los dones de Dios. Debido a que confió en el carácter de Dios, no cuestionó los caminos de Dios. Mientras levantaba el cuchillo para matar a su hijo, Dios interrumpió el sacrificio, diciendo: «Ahora sé que temes a Dios, porque ni siquiera te has negado a darme a tu único hijo» (Génesis 22:12).

Cuando Dios nos da un «Isaac», no debemos tener miedo de devolvérselo. Porque cumplir la promesa es el trabajo de Dios. Nuestra parte es confiar y obedecer.

Esperamos contra toda esperanza.

No flaqueamos, aunque entendemos la situación.

No vacilamos como los incrédulos (y nos arrepentimos cuando lo hacemos).

Reafirmamos nuestra fe para darle gloria (aunque implique sacrificio).

Porque estamos plenamente convencidas de que Dios logrará todo lo que Él ha dicho que hará.

Aferrarse a la promesa

«Nunca creas nada malo acerca de Dios».[117]

Este consejo del teólogo y autor Dallas Willard puede ser lo más importante que leas alguna vez. Porque aborda la tensión que sentimos viviendo entre el ahora y el todavía no: el desafío de creer en la bondad de Dios aunque vivamos en un mundo lleno de dolor.

Cuando comencé a trabajar en este libro, Jessica todavía estaba luchando contra la infertilidad, tratando de descifrar lo que Dios quería que ella y su esposo hicieran. Los médicos habían dicho que la mejor manera de tener hijos biológicos era la fertilización in vitro, o FIV.[118] Pero, usar un procedimiento médico para tener un bebé, ¿sería quitar la situación de las manos de Dios?

«Parece extraño», me dijo Jessica, «pero para mí se necesita mucha fe para considerar la FIV. Cuesta tanto dinero, ¿y si no funciona?» En su mente parecía más seguro, al menos emocionalmente, no intentarlo. Pero mientras ella y Loren continuaron orando, sobreponiéndose al miedo y entregando los resultados a Dios, sintieron el impulso de probar el procedimiento.

Unas semanas después del momento en que escribo esto, celebraremos el día de Acción de Gracias con nuestros hijos adultos y sus cónyuges. Lo mejor de todo es que John y yo podremos abrazar a cuatro preciosos nietos. Dios usó el milagro de la FIV para darle a Jessica dos hijos y a John Michael un par de gemelos, un niño y una niña. Nuestros corazones y brazos literalmente estarán llenos de gratitud.

Pero espero que todavía hubiéramos estado agradecidos este día de Acción de Gracias si los procedimientos no hubieran funcionado. Porque la bondad de Dios no se mide por nuestras bendiciones percibidas ni por nuestra falta de ellas. Jesús ya demostró la grandeza del amor de Dios cuando fue a la cruz.

Tal vez tú seas parte de las miles de parejas que ruegan poder tener hijos, o una de las muchas aspirantes a abuelas que interceden en su nombre. O tal vez luches con otro problema no resuelto. Una enfermedad crónica. Un cambio de relación. Un dilema financiero. Tales circunstancias dolorosas pueden tentarte a dejar de creer, pero te insto a que te sobrepongas a la duda y elijas aferrarte a tu Dios que es fiel para siempre.

No puedo prometerte que si confías en el Señor y crees activamente todo saldrá como quieres. Pero puedo prometerte esto: si llevas cautivo cada pensamiento y eliges exaltar a Dios sobre tu temor, encontrarás que Jesús está caminando contigo en cada paso del camino.

¿Estás lista para empezar a creer, amiga mía?

Tu Padre celestial te está esperando en lo profundo, y Él es totalmente capaz de atraparte si das un salto de fe. Así que toma tu traje de baño a lunares y un par de gafas. Porque Él quiere que experimentes vida abundante aquí y ahora.

Mientras saltas a su amor, eligiendo creer que Él es fiel, Dios te llevará a una gran aventura en tanto que continúas confiando en Él. Y te encontrarás diciendo: «¡Hazlo de nuevo, papá! ¡Hagámoslo de nuevo!»

Once

Contentamiento en su amor

> He aprendido a vivir en todas y cada una de las circunstancias.
>
> Filipenses 4:12

Cuando descubrí que estaba embarazada unos meses antes de cumplir los cuarenta, no lo manejé bien.

Estoy agradecida de afirmar que mi primera respuesta fue una entrega confiada y sincera como la de la madre de Jesús, María: «Hágase conmigo conforme a tu palabra» (Lucas 1:38, RVR1995). Incluso pude hacer eco de las palabras de Pablo en 1 Corintios 6:19-20, «Ustedes no son sus propios dueños; fueron comprados por un precio».

Me aferraba a ambas declaraciones desde el fondo de mi corazón, pero no pasó mucho tiempo hasta que la Mujer de la Carne comenzara a enloquecer. *¡Estás a solo unos años de un nido vacío, Joanna! Esto arruinará completamente mis planes, quiero decir, tu vida.*

Traté de desviar sus argumentos, pero tenían mucho sentido. Las matemáticas por sí solas fueron suficientes para que mi cabeza y mi corazón comenzaran a maquinar. Ninguno de mis ensayos de la escuela secundaria había incluido el objetivo: «Quiero ejercer la maternidad activamente durante treinta y cinco años». Pero eso es a lo que me enfrentaba. Según mis cálculos, probablemente necesitaría un andador para cuando este bebé se graduara.

Pero lo que realmente me ponía mal era la idea de tener que empezar de nuevo. Noches sin dormir y lavadas de ropa interminables. Fechas de juego y campeonatos. Conferencias de padres y maestros; y voluntariado no tan voluntario. Y lo peor de todo: cinco años de comidas tibias por tener que cortarle la comida a esta persona pequeña. (Sí, soy así de egocéntrica).

Con John Michael graduándose al año siguiente, le dije a una amiga: «Nunca pensé que estaría invirtiendo en una cuna y en la universidad al mismo tiempo».

«Sí», respondió secamente. «Pero podría ser peor. Podrías estar comprando pañales y ropa interior descartable para la incontinencia».

Me gustaría poder decir que inmediatamente hice las paces con la idea de tener un bebé, y que después de que el shock inicial desapareció lo acepté como una bendición maravillosa. Traté de aceptarlo bien. De verdad. Pasé mucho tiempo pidiéndole a Dios que ajustara mi actitud y me hiciera feliz por el evento que cambió mi vida. Pero por primera vez, no podía hacer que me agradara lo que Dios quería para mí, y eso me asustó.

Me ayudó el hecho de no sentir su disgusto. En cambio, sentí su presencia. *Me doy cuenta de que esto es difícil para ti, Joanna,* sentí al Padre susurrar, *pero sé lo que estoy haciendo. Puedes confiar en Mí.*

Aunque me tomó meses superar el shock, durante ese tiempo aprendí una lección de vida que espero nunca olvidar.

Nuestro Padre celestial nos ama tanto que nos da lo que necesitamos.

Incluso cuando no se alinea con lo que queremos.

Aprender contentamiento

Como cristianos, estamos llamados al contentamiento, que Joni Eareckson Tada y su esposo definen como «una quietud interna del corazón... que alegremente se somete a Dios en todas las circunstancias».[119] Pero, como lo descubrí, ese tipo de quietud interna puede ser difícil de conseguir.

Especialmente si nuestra definición de *contentamiento* es algo parecida a la del mundo.

La mayoría de los diccionarios vinculan la palabra contentamiento a circunstancias positivas. El Diccionario Cambridge lo define como «felicidad y satisfacción, a menudo porque tienes todo lo que necesitas».[120] Otro diccionario dice que es «la felicidad que sientes cuando tienes todo lo que quieres y disfrutas de tu vida».[121]

Si esas definiciones son correctas, si nuestra satisfacción está determinada por nuestras posesiones y cuánto disfrutamos de la vida, la mayoría de nosotros, los estadounidenses, deberíamos estar abrumadoramente contentos. Porque nunca en la historia de la humanidad un grupo de personas ha tenido más recursos y más formas de disfrutarlos que nosotros aquí en los Estados Unidos.

Según el periodista Dick Meyer, en las últimas décadas hemos sido «más saludables, nos hemos alimentado mejor, hemos sido más longevos, más seguros, hemos enviado a menos jóvenes a la guerra y hemos forjado una de las mayores revoluciones tecnológicas de la humanidad». Sin embargo, «las ciencias sociales muestran que a los estadounidenses en general les ha resultado más difícil obtener satisfacción, conexión y optimismo durante estos años prósperos».[122]

Aunque «los humanos nunca hemos tenido tanto, no nos sentimos tan bien», concluye Meyer.[123] Lo que plantea la pregunta: Si tener todo lo que queremos no es el secreto de la satisfacción, entonces ¿qué es?

Las Escrituras dan una respuesta de un hombre excepcionalmente calificado para hablar sobre el tema. Como ciudadano romano, Saulo (más tarde conocido como Pablo) parece haber sido criado en un hogar rico. Enviado a Jerusalén para estudiar con el famoso rabino y erudito Gamaliel, estaba en la vía rápida hacia la prominencia en el Sanedrín, el Concilio Supremo judío de su época. Y su influencia se disparó cuando decidió erradicar a los cristianos del mundo.

Pero luego, mientras estaba en un viaje a Damasco para hacer precisamente eso, Saulo se encontró con Jesús, y su vida cambió para siempre (Hechos 9). Dejando de lado el privilegio y el prestigio, el antiguo perseguidor de los cristianos se convirtió en un misionero itinerante, predicando el evangelio en todo el mundo romano. No fue un trabajo fácil, por decirlo amablemente. En 2 Corintios 11:23-28, leemos acerca de las dificultades que Pablo enfrentó:

- Soportó largas horas de arduo trabajo y numerosos encarcelamientos.
- Sobrevivió a azotes de treinta y nueve latigazos cinco veces, a tres palizas con varas y a una lapidación.
- Naufragó tres veces, y estuvo varado en mar abierto durante un día y medio.
- Debió moverse constantemente, compartir el Evangelio y escapar de los enemigos.
- Enfrentó el peligro de bandidos, tanto judíos como gentiles, y falsos creyentes en la ciudad y en el campo, en tierra y en el mar.
- Sufrió cansancio, hambre, sed, desnudez y frío.
- Experimentó una presión abrumadora al cuidar de todas las iglesias.

Sin embargo, a pesar de décadas de rechazo, insultos y dificultades, Pablo pudo escribir estas palabras desde una celda de prisión:

> He aprendido a estar satisfecho en cualquier situación en que me encuentre. Sé lo que es vivir en la pobreza, y lo que es vivir en la abundancia. He aprendido a vivir en todas y cada una de las circunstancias, tanto a quedar saciado como a pasar hambre, a tener de sobra como a sufrir escasez. (Filipenses 4:11-12)

Lee esas líneas de nuevo y deja que penetren en tu interior. «He aprendido a estar satisfecho». El contentamiento no es innato ni viene completamente formado dentro de nosotros, sin importar nuestra personalidad. Es una habilidad que debe practicarse, una mentalidad que debe aprenderse. Es una cualidad que se cultiva mediante una confianza continua en Dios mientras fijamos nuestros ojos en Él como nuestra fuente de paz y gozo.

No puedo evitar pensar en mi amiga y entrenadora de vida Joy Schroeder. Aunque paralizada y confinada a una silla de ruedas debido a un grave accidente automovilístico hace treinta y cinco años, Joy es una de las personas más productivas y llenas de propósito que conozco.

«¡Amo mi vida, Joanna!», me dijo durante una de nuestras sesiones de entrenamiento. A pesar de depender de la ayuda de otros, Joy es mentora de estudiantes universitarios y entrena a líderes ministeriales de todo el mundo desde un iPad apoyado en la mesa de su cocina.[124]

Si bien esta no es la vida que Joy y su esposo, Dick, esperaban, Dios ha usado a la pareja para literalmente formar una generación a través de un ministerio llamado Chi Alpha. Todo porque, como Pablo, aprendieron el secreto de estar contentos en cualquier situación (v. 12).

¿Cuál es ese secreto? Se encuentra en el siguiente versículo: «Todo lo puedo hacer por medio de Cristo, quien me da las fuerzas» (v. 13, NTV).

Atacar la fuente

El mundo dice que no podemos estar contentos ni satisfechos a menos que seamos felices. Pero la felicidad se basa en los acontecimientos, y lo que sucede en nuestras vidas está en gran medida fuera de nuestro control. Es por eso que el Espíritu Santo nos ofrece gozo en su lugar, un sentido subyacente de «bienestar» que nos asegura que Dios está trabajando a nuestro favor. Aunque no estemos contentos con nuestra situación, Dios puede ayudarnos a estar contentos en ella.

Después de luchar para hacer las paces con el embarazo a una edad relativamente avanzada, me preocupaba que la batalla pudiera continuar después de que naciera el bebé. Con mis nacimientos anteriores, no había sentido esa conexión inmediata que algunas mujeres disfrutan. En cambio, me había sentido como si fuera la niñera durante varias semanas después de que nacieran.

Y luego llegó Josué. Y a pesar de mis meses de lucha durante el embarazo, en el momento en que fue puesto en mis brazos, Dios inundó mi corazón con amor y una abrumadora sensación de paz. Era como si algo en mi corazón finalmente hubiera encontrado el reposo.

Al observar su pequeño rostro y acariciar sus mechones de cabello grueso y negro, supe con certeza que este bebé era un regalo de Dios. Aunque los médicos nos advirtieron que Josué podría tener problemas de desarrollo, mi preocupación e incluso mis temores fueron atenuados por un sentido de destino en su vida. Nuestro hijo inesperado había sido propuesto y formado en el corazón del Padre. El Señor nos ayudaría a potenciar a nuestro hijo para llegar a ser todo lo que estaba destinado a ser.

No tenía idea de que Josué haría lo mismo por mí. Pero lo ha hecho. Desde el comienzo de su vida, Josu me ha mostrado cómo es el contentamiento, especialmente en lo que se refiere a confiar en Dios.

Cuando era bebé, Josu lloraba cuando necesitaba comida o un pañal limpio, pero tan pronto como me veía moverme hacia él, dejaba de lloriquear y simplemente esperaba. Incluso su médico comentó sobre la capacidad de mi bebé para «calmarse», una cualidad que todavía es evidente en Josu en su adolescencia. Cuando se siente frustrado o enojado (lo cual no es frecuente), rara vez se queda de mal humor. En cambio, se lo entrega todo a Dios y tienen una buena conversación. «Va a estar bien, Josu», suelo escucharlo decir en voz baja. «Solo respira».

En este mundo cada vez más agitado y enojado, la capacidad de calmarse parece más importante que nunca. Me fascinó descubrir que cuando Pablo habla de estar «contento» en Filipenses 4, usa una palabra compuesta en griego: *autarkēs*. Una combinación de «yo» (*autos*) y «suficiencia» (*arkeō*), significa ser «suficiente o adecuado en uno mismo, completamente separado o independiente de las circunstancias de la vida. Enfatiza la idea de estar satisfecho en el propio ser interior, sin importar cuál sea la suerte externa de uno en la vida».[125]

Esta palabra para «satisfecho» o «autosuficiente» se haría popular unos siglos más tarde entre los estoicos, seguidores de una escuela griega de filosofía. Según Jack L. Arnold, la filosofía estoica «enseñaba que un hombre debe ser autosuficiente en todas las cosas en su propia fuerza. Debe esforzarse al máximo, por el brazo de la carne, para someterse a las situaciones sin quejarse. Sin embargo, lo haría apretando los dientes y adoptando una sonrisa para desarrollar una actitud que le permita soportarlo».[126]

Tristemente, así es como muchos de nosotros vivimos, incluso como cristianos, apretando los dientes sin importar lo que suceda y tratando de no quejarnos. Aguantando hasta que Jesús venga, pero sin esperanza de contentamiento ni paz en este mundo atribulado.

Sin embargo, cuando Pablo usó la palabra *autarkēs*, se refería a un tipo diferente de autosuficiencia. Una confianza basada en Aquel que nos ama, más que en nuestra capacidad de perseverar.

Observa cómo la Biblia Amplificada (Edición Clásica) traduce Filipenses 4:13:

> Tengo fuerza para todas las cosas en Cristo que me da el poder [Estoy listo para cualquier cosa y a la altura de cualquier circunstancia a través de Aquel que me infunde fuerza interior; Soy autosuficiente en la suficiencia de Cristo].

¿No te encanta eso? «Autosuficiente en la suficiencia de Cristo». Este es un autocalmante por excelencia, amiga mía. Así como Josu confió en mí para satisfacer sus necesidades cuando era bebé, podemos confiar en que Dios suplirá nuestras necesidades. Porque «a los que buscan al Señor nada les falta» (Salmos 34:10). Al confiar en el Señor por su provisión, Él promete renovar nuestras fuerzas (Isaías 40:31).

Solo otra razón para hacer que nuestros corazones descansen en estos cuatro principios inspiradores de confianza: Dios es bueno. Él nos ama. Le pertenecemos. Y Él cuida de los suyos.

Persiguiendo la satisfacción

¿Tienes un «lugar feliz», un lugar o recuerdo que visitas en tu mente cuando las cosas se ponen difíciles? ¿Un punto mental donde te sientes completamente tranquila y contenta?

Durante años, mi lugar feliz fue un masaje junto al mar que había disfrutado durante nuestro viaje del vigésimo quinto aniversario a Puerto Vallarta. Con cortinas suaves y vaporosas soplando en la brisa y el sonido de la música melódica mezclada con las olas que irrumpían debajo, ese recuerdo era un pedacito de cielo.

Hoy, mi lugar feliz es con mis nietos. Cuando los sostengo, siento como si mi corazón estallara. Pero la verdad es que incluso en los lugares más felices, la parte «feliz» puede ser fugaz. Porque no pasa mucho tiempo antes de que los gemelos, Jaxson y Quinley, quieran bajarse de mi regazo, o que Natanael pida un bocadillo mientras estoy en medio de cambiar el pañal del bebé Josías.

Estoy bastante segura de que si volviera a México, probablemente también me decepcionaría. Porque esa es la naturaleza del contentamiento terrenal. Es como una mariposa que aterriza suavemente sobre nuestro hombro, hermosa y mágica, pero demasiado temporal. Debemos disfrutar el momento con asombro sin aliento. Pero, así como los bebés llenan sus pañales, las mariposas eventualmente se van volando.

Si nuestra satisfacción se basa en tener todo lo que queremos y disfrutar de la vida, la perderemos cuando nuestras circunstancias cambien. E incluso si pudiéramos hacer que nuestro lugar feliz fuera más permanente, lo más probable es que todavía no nos satisfaga.

Pregúntale al hombre más sabio que jamás haya vivido.

Después de construir un templo para Dios, el hijo de David se propuso construir su reino, buscar el placer y acumular riquezas inimaginables. El éxito de Salomón fue notable. Sin embargo, al final de su vida escribió:

> Luego observé todas mis obras
> y el trabajo que me había costado realizarlas.
> Vi que todo era vanidad, un correr tras el viento,
> y que no había provecho bajo el sol. (Eclesiastés 2:11)

El contentamiento terrenal es fugaz, como descubrió Salomón. Pero el contentamiento piadoso perdura.

Pablo compartió esa verdad con su joven amigo Timoteo cuando el apóstol se acercaba al final de su vida. «Es cierto que con la verdadera religión se obtienen grandes ganancias», escribe en 1 Timoteo 6:6, «pero solo si uno está satisfecho con lo que tiene [...] si tenemos comida y ropa, contentémonos con eso. Los que quieren enriquecerse caen en la tentación y se vuelven esclavos de sus muchos deseos. Estos afanes insensatos y dañinos hunden a la gente en la ruina y en la destrucción» (vv. 8-9).

Cuando permitimos que la decepción de *lo que no es* destruya el gozo de *lo que es*, perdemos las bendiciones que Dios ya ha derramado sobre nosotras. Si perseguimos ciegamente las riquezas de este mundo, corremos el riesgo de «la ruina y la destrucción», en lugar de la vida en contentamiento que Dios llama «gran ganancia».

El problema del descontento

En la década de 1960, el pastor Ray Stedman compartió un conjunto de estadísticas con su congregación que me parecieron interesantes. «A principios de [la década de 1900] el estadounidense promedio quería 72 cosas, 18 de las cuales consideraba necesarias. Pero a mediados de siglo, 1950, la lista de deseos estadounidenses había crecido a 496 cosas, 96 de las cuales consideraba necesidades absolutas».[127]

Con todos los avances recientes en tecnología y la entrega al día siguiente en nuestra puerta principal, imagínate cómo se vería nuestra lista de «necesidades» hoy.

Curiosamente, en lugar de hacernos la vida más fácil, este descaro de las riquezas ha hecho nuestras vidas más complejas. En el momento en que compras el último dispositivo, aparece algo mejor en tu suministro de noticias. Finalmente donas los jeans de pierna acampanada que has conservado desde la escuela secundaria, solo para verlos en *Instagram*. Con las últimas piezas agregadas a la remodelación de tu sala de estar, un experto en diseño declara que el estilo rústico tipo «granja» está a punto de desaparecer.

Con cada clic o desplazamiento en las redes estamos más convencidas de que todos los demás tienen una vida más interesante, feliz y placentera que nosotras. Así que compramos más cosas en un esfuerzo por volvernos felices, con la esperanza de impresionar a personas que nunca conoceremos.

Creo que este descontento maligno, aunque perpetuado por la industria publicitaria, es alimentado por el infierno mismo. Diseñado para mantenernos inquietas e insatisfechas, distraídas de la vida que tenemos y del Dios que necesitamos.

Si pudiera llegar allí y tener eso, estaría contenta, nos decimos a nosotras mismas. Pero «allí» sigue alejándose a medida que encontramos más y más cosas sin las que simplemente no podemos vivir.

La dieta constante de estimulación mental proporcionada por nuestros diversos dispositivos no ayuda para nada. En su libro *Chasing contentment*, Erik Raymond escribe: «Muchos apenas pueden participar en las tareas cotidianas de la vida durante cierto tiempo sin revisar sus teléfonos. Es como si estuviéramos diciendo: "He aprendido en cualquier situación en la que me encuentre a estar descontento"».[128]

Pero tal como se cita que dijera Sócrates y como lo descubriera el rey Salomón: «El que no está contento con lo que tiene, no estaría contento con lo que le gustaría tener».[129] Podemos tener una vida perfectamente maravillosa, y aun así anhelar más.

Es una condición peligrosa. Pregúntale a David.

La mirada prolongada

Las Escrituras no nos dicen por qué David decidió quedarse fuera de la batalla contra los amonitas, descrita en 2 Samuel 11:1. Solo nos dice: «En la primavera, que era la época en que los reyes salían de campaña [...] David se quedó en Jerusalén».

Tal vez sintió que se merecía unas vacaciones. Después de años de llevar a sus hombres a la batalla y de agotar la parte que le correspondía de las raciones del ejército, David probablemente esperaba relajarse en el palacio, pasar tiempo con sus esposas y disfrutar de excelentes comidas.

Pero el tiempo de inactividad no siempre nos refresca, especialmente si nuestro corazón no está en el lugar correcto. En cambio, puede hacernos vulnerables a todo tipo de tentaciones. Especialmente cuando esas tentaciones son alimentadas por un descontento latente.

Sé que puedo estar leyendo entre líneas aquí, pero 2 Samuel 11:2 nos dice que David tenía problemas para dormir. Tal vez estaba frustrado por la naturaleza competitiva de sus muchas esposas. (La poligamia me desconcierta. John y yo estamos de acuerdo en que una sola esposa es más que suficiente, incluso en mis mejores días). O tal vez la inquietud de David fue alimentada por el aburrimiento. Como hombre de acción, necesitaba algo que hacer.

Cualquiera que sea la razón, sabemos que «Una tarde, al levantarse David de la cama, comenzó a pasearse por la azotea del palacio» (v. 2). Era un pasatiempo común en Jerusalén, donde los techos planos proporcionaban un lugar perfecto para refrescarse después del calor del día. Pero en esta tarde en particular, mientras David miraba la ciudad desde su punto de vista alto, «vio a una mujer que se estaba bañando». Esta no era una mujer común. El versículo 2 nos dice que «era sumamente hermosa».

El momento podría haber pasado sin incidentes. David podría haber desviado la vista y seguir caminando. Pero no lo hizo. Incluso después de que el rey supo que Betsabé estaba casada con Urías el hitita (mencionado como uno de los «soldados más distinguidos» de David en 1 Crónicas 11:41; véanse vv. 26-47), la lujuria que a menudo acompaña al descontento lo llevó a violar claramente la ley de Dios: «David ordenó que la llevaran a su presencia y, cuando Betsabé llegó, él se acostó con ella» (2 Samuel 11:4).

Hablaremos sobre las ramificaciones del pecado de David en un capítulo posterior, pero no perdamos las advertencias que se encuentran en la historia hasta ahora:

- El descontento nos hace creer que merecemos más de lo que tenemos.
- El descontento nos anima a tomar lo que no es nuestro.
- El descontento desecha la moderación en favor del placer momentáneo.
- El descontento ciega nuestros corazones al efecto de nuestro pecado en los demás.
- El descontento normaliza el pecado e ignora los mandamientos de Dios.
- El descontento nos hace estar dispuestas a romper el corazón de Dios para obtener lo que queremos.

El lenguaje del descontento

«No lo entiendes, Joanna», me dijo una mujer hace años mientras trataba de justificar su relación extramatrimonial. «Oramos antes de hacer el amor».

No sé cuál sea tu reacción, pero esa declaración me aterroriza absolutamente. Justificar nuestro pecado espiritualizándolo es blasfemia. No puedo imaginar cuánto lastima y hacer doler el corazón de Dios. Pero esa es la naturaleza del pecado. Estimula nuestras conciencias y nos abre al engaño satánico, como lo expresado por la mujer adúltera en Proverbios 30:20 que…

> come, se limpia la boca y afirma: «Nada malo he cometido».

Cuidado, amiga mía, con ese correo electrónico no tan inocente o esa llamada telefónica inesperada. El hecho de que tu antiguo novio apareciera repentinamente en tus notificaciones de redes sociales no es una señal de que se supone que debas volver a conectarte.

Pero el pecado sexual no es nuestra única tentación. El silbido satánico de descontento que atrajo a Adán y Eva a lo prohibido también puede mantenernos dando vueltas alrededor del árbol equivocado. El descontento puede llevarnos a falsificar un currículum para obtener el puesto. O a derribar a un rival para apuntalar nuestro valor. O a usar fondos discrecionales para financiar unas vacaciones. O a cualquier otra cantidad de comportamientos destructivos.

Incluso si logramos resistir el pecado flagrante, podemos llegar a hablar en el lenguaje del descontento de forma fluida, camuflando nuestras quejas y murmuraciones contra Dios detrás de una cadena de «si tan solo...» y «cuando...entonces...»:

- Si tan solo tuviera un esposo, entonces estaría contenta.
- Si tan solo tuviera una casa decente, entonces estaría satisfecha.
- Si tan solo tuviera hijos...
- Si tan solo no tuviera hijos...
- Cuando obtenga mi título, entonces seré feliz.
- Cuando mis hijos se vayan de casa, finalmente tendré una vida.
- Cuando me retire, haré lo que Dios me ha estado pidiendo.

Si creemos que nuestra satisfacción depende de tener algo diferente de lo que tenemos actualmente, viviremos en una mentalidad de pobreza que nos hace codiciosas y tacañas, todo al mismo tiempo. En lugar de confiar en Dios para satisfacer nuestras necesidades, pasaremos nuestras vidas tratando de acumular felicidad. Sin darnos cuenta de que estamos tratando de llenar nuestro vacío con cosas que nunca nos satisfarán.

Es por eso que tener un verdadero entendimiento de Dios es tan importante. Si no entendemos cuánto quiere bendecirnos, veremos a Dios como un aguafiestas cósmico y nos perderemos todas las Escrituras que declaran su amor y buenas intenciones hacia nosotras. Uno de mis favoritos se encuentra en Salmos 37:4:

> Deléitate en el Señor
> y él te concederá los deseos de tu corazón.

Tú y yo fuimos creadas para ser bendecidas, pero no a expensas de nuestras almas. Cuando ponemos los deseos de nuestro corazón en las manos de Jesús y elegimos encontrar gozo solo en Él, Él cumplirá nuestros anhelos de una manera que nos haga florecer. Dándonos una «satisfacción insaciable» que nos llene con su presencia, pero nos deje con ganas de más.

La mujer del salmo 131

Me encanta el salmo 131. Estos tres versículos cortos escritos por David describen una imagen de una vida bendecida y satisfecha que encuentra todo lo que necesita solo en Dios.

> Señor, mi corazón no es orgulloso
> ni son altivos mis ojos;
> no busco grandezas desmedidas
> ni proezas que excedan a mis fuerzas.
> Todo lo contrario:
> he calmado y aquietado mis ansias.
> Soy como un niño recién amamantado en el regazo de su madre.
> ¡Sí, como un niño recién amamantado soy!
> Israel, pon tu esperanza en el Señor
> desde ahora y para siempre.

La «Mujer de Proverbios 31» a menudo se presenta como un gran modelo a seguir, y con razón, porque todos debemos tratar de emular a la mujer amorosa y trabajadora que describe el

SECRETOS DE UN ALMA SATISFECHA

¿No estás cansada de perseguir bendiciones y terminar vacía? La verdadera realización requiere que tomes decisiones diarias para sentirte:

- ***Satisfecha con quién eres.*** Dios te hizo a propósito, amiga mía. No hay nadie más como tú, por lo que debes estar completamente complacida tal como eres. Dios quiere usar tu personalidad, tu cuerpo físico, tu intelecto y tus talentos para mostrar su gloria en el mundo, incluso mientras continúa transformándote a la semejanza de su Hijo.

- ***Satisfecha con el lugar donde vives.*** Dios te ha colocado exactamente donde Él te quiere, incluyendo tu dirección, tu trabajo, la familia en la que naciste, y así sucesivamente. Si bien Dios puede cambiar algo de eso en el futuro, aquí y ahora, por fe, puedes elegir decir: «Bellos lugares me han tocado» (Salmos 16:6).

- ***Satisfecha con lo que tienes.*** Dios te ha confiado esta vida. Rehúsa desperdiciarla quejándote o lamentándote. Elige estar agradecida por lo que se te ha dado y busca maneras de usarlo para su reino. Vive de la abundancia de la provisión de Dios en lugar de la pobreza de querer siempre más.

- ***Satisfecha al confiar en Dios por todo lo demás.*** Debido a que Dios te conoce mejor, solo Él puede proveer lo que necesitas. Cuando venga la bendición, regocíjate en su bondad. Cuando lleguen los problemas, confía en que han pasado primero por sus manos. No dejes que tu alegría y paz estén determinadas por tus circunstancias.

Eres *bendecido* cuando estás contento
con lo que eres, ni más ni menos.
Ese es el *momento* en que se encuentran
orgullosos dueños de todo
lo que no se puede *comprar*.

Mateo 5:5, traducción libre de The Message.

proverbio. Sin embargo, si tuviera que elegir, preferiría ser conocida como una «Mujer del salmo 131»:

- *Una mujer cuyo «corazón no es orgulloso».* En lugar de tratar de ser la primera, está dispuesta a ser la última. Ella busca entender a los demás en lugar de necesitar siempre ser entendida. No tienes que estar de acuerdo para que te considere su amiga. Cuando comete un error, se apresura a admitirlo en lugar de desviar la culpa. En vez de buscar la aprobación de las personas, busca la de Dios.
- *Una mujer cuyos «ojos no son altivos».* En lugar de ver a las personas que son diferentes con juicio o desdén, ella las observa con el amor de Dios. Es rápida para orar y lenta para criticar. Piensa lo mejor de las personas en lugar de sospechar lo peor. Nunca descalifica a los demás, porque ha experimentado el poder transformador de Dios.
- *Una mujer que no busca «grandezas desmedidas ni proezas que excedan sus fuerzas».* Aunque es competente y está dispuesta a usar los dones que Dios le ha dado, está contenta de permanecer en su lugar. Cuando Él le asigna una tarea grande y significativa a otra persona, ella no deja que la autocompasión le haga cuestionar Su amor. Ella no está abrumada de preocupación por los acontecimientos mundiales, porque sabe que Dios está en control.
- *Una mujer que ha «calmado y aquietado» su alma «como un niño recién amamantado».* Al confiar en que es Dios quien satisface sus necesidades, con acción de gracias presenta sus peticiones a Él y permite que la paz de Dios guarde su corazón y su mente (Filipenses 4:6-7). En lugar de llorar y alterarse, espera pacientemente la provisión de Dios, confiada en que Su amor está trabajando por ella.

Aunque la mujer del salmo 131 tiene una fe inocente, no es infantil. En lugar de hacer demandas, confía en que su Padre sabe lo que es mejor. Como resultado, está satisfecha y muestra una apacible madurez. Porque ella descansa en esta verdad: *Si Dios no lo provee, no lo necesito. Y si lo necesito, Él lo proveerá en el momento justo.*

El alma destetada

Algunas versiones traducen la referencia en el salmo 131 del «niño recién amamantado» como «niño destetado». Y aunque puede parecer un poco gráfica, nos ayuda a entender por qué Dios a menudo permite la frustración y el retraso en nuestras vidas. Así como tuve que destetar a mis pequeños, Dios también nos lleva a través de un proceso de destete. Nos hace esperar un poco más entre comidas. Introduce alimentos sólidos en nuestra dieta cuando preferiríamos la leche.

Crecer es un proceso confuso para un niño pequeño, y también puede ser confuso para los cristianos, hasta el punto de querer llorar:

¿Por qué Dios retendría algo que necesito tan desesperadamente?

¿Por qué no contesta mis oraciones? He tratado de ser fiel.

El destete es doloroso, pero sin él, podemos volvernos adictos a la bendición de Dios sin ser adictos a Dios. Si queremos llegar a ser autosuficientes en la suficiencia de Cristo, vamos a tener que dejar atrás nuestras «cosas de niño» (1 Corintios 13:11).

Cuando Pablo habla de aprender a estar satisfecho en Filipenses 4:11-12, la mayoría de las traducciones al español usan la frase «he aprendido» dos veces. El griego original, sin embargo, implica dos palabras diferentes. En el versículo 11, he aprendido básicamente significa «he entendido».[130] Pero el versículo 12 usa otra palabra griega que «conlleva la idea de ser "iniciado" en algo, así como las religiones misteriosas "iniciarían" a alguien en sus prácticas secretas a través de un proceso».[131]

Aprender contentamiento es una habilidad y un arte sagrado. Comienza con una *elección* de la voluntad que cambia la *condición* de nuestro corazón, que a su vez crea un nuevo *patrón* para la vida. A medida que encontramos significado y propósito en

Jesús, buscando que Él provea todas nuestras necesidades, somos iniciados en un club exclusivo, algo que el pastor Alan Carr llama «La Sociedad Secreta de los Satisfechos».[132] Un grupo creciente y próspero de personas que han aprendido que la verdadera paz y el gozo solo se encuentran al confiar en Dios.

En lugar de golpear el pecho del Padre exigiendo alimento, estas personas satisfechas han aprendido cómo deleitarse con la carne de la Palabra de Dios. Sentados en silencio en Su regazo, confían en Su provisión. Seguros en el amor del Padre, están en paz a pesar de sus necesidades.

Tú y yo estamos invitadas a unirnos a esta selecta sociedad. A ser personas satisfechas y contentas que son guiadas y alimentadas por el Buen Pastor. A estar tan llenas de Su bondad que no podamos evitar recostarnos en verdes pastos. A sentir que nuestra sed ha sido tan saciada por su amor, al punto de caminar junto a aguas tranquilas sin necesidad de beber. A convertirnos en personas con almas destetadas, ya no impulsadas a querer más, siempre más.

Porque como David, hemos descubierto la hermosa verdad del salmo 23:1, «El Señor es mi pastor, nada me falta».

Curiosamente, este contentamiento del alma satisfecha puede traer a nuestro Padre celestial más gloria que cualquier otra cosa que hagamos. Porque como dice John Piper: «Dios es más glorificado en nosotros cuando estamos más satisfechos en Él».[133]

¡Qué maravillosa razón para convertirse en miembro vitalicio de la Sociedad Secreta de los Satisfechos!

Doce

El regalo de la disciplina

«Hijo mío, no tomes a la ligera la disciplina del Señor
y no te des por vencido cuando te corrige.
Pues el Señor disciplina a los que ama
y castiga a todo el que recibe como hijo».

Hebreos 12:5-6, NTV

Cuando se trata de aptitud física, digamos que no es mi don espiritual.

No soy una de esas chicas a las que les encanta hacer ejercicio. De las que sale de la cama ansiosa por correr sobre el pavimento cuando sale el sol. La mayoría de las mañanas me encontrarás dando vueltas en la cama tratando de encontrar una posición más cómoda. No tengo ningún deseo de publicar videos de la clase de spinning ni de demostrar una exquisita técnica de zumba. Soy más humilde. Debido a que no quiero hacer que los demás se sientan mal consigo mismos, simplemente no me presento a esas clases. Es mejor para todos.

La verdad es que no me gusta el sudor. Todavía no he experimentar esa fiebre de endorfinas que la gente siente cuando hace ejercicio duro. Más bien, me siento cansada. Realmente extenuada. Y vorazmente hambrienta.

Gracias a Dios, el Señor me ayudó a perder dieciocho kilos hace muchos años, y he podido mantenerme al tener cuidado con lo que como. Pero todavía necesito ayuda para superar mi resistencia al ejercicio, porque podría ayudarme a derrotar la rebelión interna que siento hacia cualquier tipo de disciplina que requiera un compromiso a largo plazo.

Como ves, soy una chica de acontecimientos. Dame un proyecto y estoy lista para hacer lo que sea necesario. Pero pídeme que haga mantenimiento, la rutina de tener que hacer el mismo trabajo una y otra vez, y quiero gritar de desesperación.

Pero resulta que la vida *es* mantenimiento.

Cuando nos presentamos fielmente y hacemos cosas que no queremos hacer solo porque deben hacerse, bueno, eso es grandioso, amiga mía. Especialmente cuando confiamos en que el Espíritu Santo nos ayudará, buscando hacerlo todo «como para el Señor» (Colosenses 3:23).

La disciplina no es una mala palabra

Es posible que hayas notado que quiero que la vida sea fácil. Como todo el mundo. Pero Adán y Eva abandonaron el camino agradable cuando eligieron desconfiar de Dios. Sin embargo, en su misericordia, Dios revirtió la maldición y la convirtió en una bendición, usando las dificultades de la vida fuera del jardín para fortalecernos, corregirnos y entrenarnos a medida que nos sometemos a Él. Es por eso que Proverbios 3:11-12 aconseja:

> Hijo mío, no desprecies la disciplina del Señor
> ni te ofendas por sus reprensiones.
> Porque el Señor disciplina a los que ama,
> como corrige un padre a su hijo querido.

La disciplina y corrección de Dios no denotan rechazo, sino dirección. Pero la forma en que respondemos a ella determina si nos beneficiaremos de ella. En mi opinión, tenemos tres opciones.

Resistir la disciplina de Dios

Si tu Mujer de Carne es como la mía, no le gusta que la corrijan ni que le digan que hacer. A veces, cuando el Espíritu Santo profundiza en una actitud equivocada, trato de desviar la culpa. *Pero ¿qué de las otras personas? No deberían haber hecho lo que hicieron.* Cuando Él señala un problema en mi vida, trato de racionalizarlo. *Sé que no debería haber comido el segundo pedazo de pastel, Señor, pero estoy realmente estresada.*

A veces, resistirse a la disciplina implica ignorar la voz de Dios por completo, como lo hizo mi nieta de tres años en una visita reciente cuando recogió algo frágil. «Por favor, deja eso, Quinley», le dije con calma. Pero en lugar de obedecer, mi dulce niña continuó jugando con el objeto, girando ligeramente la cabeza con una pequeña sonrisa astuta. Fingiendo que no la había corregido, actuó como si yo no hubiera dicho una palabra.

«No desprecies la disciplina del Señor», nos dice Proverbios 3:11. La palabra traducida *despreciar* significa «menospreciar», «desechar» o «rechazar». Pero también puede significar «desaparecer» o «derretirse».[134] Cuando ignoramos la disciplina del Espíritu Santo, ya sea correctiva o instructiva, en cierto sentido, estamos rechazando a Dios. Pero a diferencia de un abuelo indulgente que guiña un ojo a nuestro pecado con una sonrisa y un suspiro, nuestro Padre celestial nos ama lo suficiente como para actuar. Porque Él sabe que la desobediencia que no se controla, solo crece.

Resentir la disciplina de Dios

Envuelta en justicia propia, nuestra Mujer de la Carne se ofende cuando Dios señala una debilidad o pecado. La idea de que ella podría ser algo menos que maravillosa despierta la autocompasión. *Solo estaba tratando de ayudar, Dios. ¡Nadie me aprecia!* Cuando eso no funciona, aparece el instinto de supervivencia. *No hice nada malo. No me disculparé por defenderme.*

Pero resentir la disciplina de Dios también puede implicar desesperación. *¡Soy un desastre! ¿Cuál es el punto de intentarlo? Nunca* *voy a cambiar.* Proverbios 3:11 nos dice que «ni te ofendas por sus reprensiones». La palabra traducida como ofendernos o resentirnos significa «estar [o provocar a alguien a estar] disgustado o ansioso, aborrecer, angustiarse, estar afligido, odiar, molestar, cansarse».[135] Como ves, podemos llegar a estar tan «resentidas» por nuestro pecado que el autodesprecio se haga cargo y nos lleve a *obsesionarnos* con nuestro fracaso en lugar de *confesarlo* al Señor. El resentimiento y la vergüenza solo nos mantienen atadas a nuestros pecados.

Recibir la disciplina de Dios

Hasta que no *recibamos* la disciplina del Señor en lugar de resistirla o resentirla, no podremos acceder al poder del Espíritu Santo para quebrantar el poder del pecado. Por nuestra cuenta, no podemos desarrollar los nuevos patrones de vida que Dios quiere que tengamos. Pero cuando confiamos en que su perspectiva sobre nuestra vida es más precisa que la nuestra, al recibir su disciplina y decidir arrepentirnos, el Espíritu Santo nos permite elegir una mejor forma de vida. Aunque los patrones formados por nuestro pecado y debilidad pueden persistir por un tiempo, a medida que cooperamos con la gracia de Dios, Él nos ayudará a cambiar verdaderamente.

Porque la disciplina del Señor es siempre para nuestro beneficio. Tiene la intención de fortalecernos, corregirnos y entrenarnos para que lleguemos a ser más como Él.

Disciplina que fortalece

Mi hijo Josué fue un observador feliz durante los primeros diez meses de su vida. Se reía y daba grititos de admiración ante todo lo que hacía la familia. Pero debido a su bajo tono muscular, Josué tardó en hacer progresos considerables en muchas áreas. Finalmente, su médico sugirió un fisioterapeuta en el hogar. Leslie Hayden vino fielmente a nuestra casa durante más de dos años, para poner a Josué a prueba y enseñarnos ejercicios que lo ayudaran a desarrollar su resistencia y fuerza.

«Los músculos normales están entrelazados como capas, incluso en reposo», nos dijo Leslie durante nuestra primera reunión, levantando las manos con los dedos entrelazados. «Pero los músculos de Josué están separados», explicó, separando las manos. «Así que tenemos que despertar y unir los músculos antes de que podamos comenzar a fortalecerlos».

Y ella logró despertarlos. Una vez a la semana, Leslie hacía que mi hijo de un año se sintiera absolutamente miserable. Aunque trató de hacerlo divertido para Josué, era mucho trabajo duro. A medida que sus músculos subdesarrollados eran desafiados, sudaba profusamente y gruñía y gemía, se quejaba y gemía de una manera que me recordaba inquietantemente a su madre no atlética.

Al bebé Josu había que enseñarle cada movimiento. Cómo darse la vuelta. Cómo sentarse. Cómo gatear. Cómo levantarse sosteniéndose de los muebles. Tendría unos dos años y medio cuando recién comenzó a caminar, y unos cuatro años cuando comenzó a hablar. Nada vino instintivamente para mi hijo. Todo debía aprenderlo. Pero a medida que Josué cooperaba (aunque a veces a regañadientes), lo vimos crecer en habilidad y fuerza.

Como padres, John y yo podríamos haber aceptado las limitaciones de nuestro hijo y permitirle permanecer débil. Pero Leslie nos dijo que Josu tenía potencial para más, así que fielmente lo empujamos y motivamos. Aunque amábamos a nuestro hijo tal como era, lo amábamos demasiado como para dejarlo así.

¿Es de extrañar que Dios haga lo mismo con nosotras? Nos motiva y empuja más allá de nuestras capacidades obvias. Requiriendo, casi forzándonos a veces, a obedecer sus mandamientos. Debido a que nuestro Padre conoce el potencial que ha puesto dentro nuestro, su amor no nos permitirá conformarnos con menos.

«Lo que soportan es para su disciplina», nos dice Hebreos 12:7, «pues Dios los está tratando como a hijos. Porque, ¿qué hijo hay a quien el padre no disciplina?» La palabra traducida como *disciplina* en este versículo conlleva la idea de «tutoría», es decir, «educación o entrenamiento», incluso «crianza». Pero también implica el sentido de «corrección disciplinaria».[136]

Si Josu hubiera podido hablar en esos primeros años y le hubieras preguntado si se sentía amado o castigado durante la terapia física, probablemente hubiera respondido: «Castigado». No tenía idea de la profundidad del amor y la dedicación detrás de nuestras acciones. Desafortunadamente, al igual que Josué, a menudo malinterpretamos cuando somos formadas de parte de Dios. Pero como explica Hebreos 12:10-13, si cooperamos con los ejercicios prescritos por Dios, nos convertiremos en las personas fuertes, resistentes y capaces que fuimos creadas para ser:

> En efecto, nuestros padres nos disciplinaban por un breve tiempo, como mejor les parecía; pero Dios lo hace para nuestro bien, a fin de que participemos de su santidad. Ciertamente, ninguna disciplina, en el momento de recibirla, parece agradable, sino más bien dolorosa; sin embargo, después produce una cosecha de justicia y paz para quienes han sido entrenados por ella.
>
> Por tanto, renueven las fuerzas de sus manos débiles y de sus rodillas temblorosas. «Hagan sendas derechas para sus pies» para que la pierna coja no se disloque, sino que se sane.

Ahora con diecinueve años, Josué está en su mejor momento. Aunque todavía tiene algunas limitaciones, es un testimonio del valor de la disciplina constante que, aunque dolorosa, se administra en el amor.

Así que no te resistas al régimen de fortalecimiento de Dios, amiga mía, y no te resientas con él. En cambio, recíbelo como un dulce regalo para tu alma. Porque no importa cuán agotador se sienta, puedes confiar en que la disciplina de Dios siempre es para tu beneficio.

Incluso cuando señala un error que necesita ser corregido.

Disciplina que corrige

Mi pobre madre tenía las manos llenas con dos niñas nacidas con dieciocho meses de diferencia. Linda y yo éramos tan testarudas que temía que fuéramos delincuentes juveniles cuando tuviéramos seis años. Pero entre las oraciones de mis padres y su disciplina amorosa pero firme, Dios convirtió nuestra obstinación en una tenaz determinación de seguirlo. Y el saludable «temor de Dios» que inculcaron en nuestros corazones definitivamente ayudó.

Pueden estar seguras de que no escaparán de su pecado, decía a menudo mi madre, citando Números 32:23. Pueden esconder sus pecados de la gente, nos decía. Pero «no hay nada en toda la creación que esté oculto a Dios» (Hebreos 4:13, NTV).

Me pregunto cuánto tiempo pensó David que podría continuar encubriendo su pecado. Desde el principio, había involucrado a varios de sus súbditos en el asunto de Betsabé. Cuando un siervo advirtió que el objeto de su interés ya tenía esposo, David envió a otros «mensajeros» para conseguir a la belleza que había visto pegarse un baño (2 Samuel 11:3-4).

Más tarde, cuando recibió la noticia de que Betsabé estaba embarazada (v. 5), David intentó ocultar su indiscreción trayendo a su esposo de vuelta del campo de batalla (v. 6). Pero el leal Urías no se sentía bien durmiendo en los brazos de su esposa mientras sus compañeros soldados dormían afuera en el suelo. Cuando David lo animó a ir a casa la noche siguiente, Urías todavía eligió dormir fuera del palacio en lugar de ir a casa con su esposa (vv. 8-9).

Desafortunadamente, David no mostró el mismo tipo de integridad. Desesperado por cubrir su pecado, envió instrucciones para que su general colocara a Urías «al frente de la batalla, donde la lucha sea más dura» y luego que lo dejaran solo «para que lo hieran y lo maten» (v. 15).

El plan tenebroso funcionó. Urías murió en batalla.

Tal vez, como yo, te has preguntado cómo un «hombre conforme al corazón de Dios» se convirtió en adúltero y asesino. Aunque no puedo presumir de conocer el proceso, sí conozco la naturaleza y los efectos del pecado. Lo he visto endurecer los corazones de los cristianos comprometidos, entenebreciendo sus conciencias hasta el punto de que no solo pecan contra las personas, sino que pecan descaradamente contra Dios. Y Dios toma eso muy en serio, como David pronto descubriría.

Una vez que terminó el tiempo prescrito de luto por Urías, David y Betsabé fueron libres de casarse. El rey debe haber suspirado de alivio, pensando que su encubrimiento había funcionado. Pero en el fondo debe haber sabido que lo que «había hecho le desagradó al Señor» (v. 27).

Cuando el profeta Natán pidió una audiencia con el rey, me pregunto si David le dio la bienvenida a su amigo o llegó a la reunión ligeramente cauteloso. Pero cuando Natán abrió la conversación hablando de una disputa de propiedad, David debe haberse relajado. Esto no se trata de mí en absoluto. Parecía que un hombre rico había robado el cordero amado de un hombre pobre (2 Samuel 12:1-4), y cuando Natán le contó sobre la situación injusta, el antiguo pastor comenzó a echar humo.

«¡Tan cierto como que el Señor vive, que quien hizo esto merece la muerte!» David entró en ebullición. «¿Cómo pudo hacer algo tan ruin? ¡Ahora pagará cuatro veces el valor de la oveja!» (vv. 5-6).

Me pregunto si Natán permitió que un silencio se asentara alrededor de la conversación antes de mirar profundamente a los ojos de su amigo y pronunciar las palabras que Dios le envió a decir: «¡Tú eres ese hombre!» (v. 7).

Las ondas de choque deben haber golpeado el alma de David mientras se recostaba en su trono. Desnudo de sus excusas, la oscuridad de su corazón fue expuesta por cuatro pequeñas palabras. *Tú eres ese hombre.*

El pecado de David finalmente había salido a la luz.

Aunque puede no ser tan dramático cuando Dios trae corrección a nuestras almas, de una forma u otra nuestro pecado será expuesto. Porque como Jesús dice en Lucas 12:2: «Llegará el tiempo en que todo lo que está encubierto será revelado y todo lo secreto se dará a conocer a todos» (NTV). Él lo deja claro en Apocalipsis 3:19, «Yo reprendo y disciplino a todos los que amo».

Cuando el Espíritu Santo pone su dedo sobre el pecado en nuestras vidas, necesitamos ser rápidas para arrepentirnos. Porque la completa honestidad ante Dios es lo único que puede romper el engaño del pecado.

No sabemos exactamente cuándo escribió David el salmo 32:1-2, pero ciertamente describe el alivio que David debe haber sentido después de ser honesto ante el Señor. Experimentamos libertad cuando recibimos la corrección del Espíritu Santo y nos arrepentimos.

> ¡Oh, qué alegría para aquellos
> a quienes se les perdona la desobediencia,
> a quienes se les cubre su pecado!
> Sí, ¡qué alegría para aquellos
> a quienes el Señor les borró la culpa de su cuenta,
> los que llevan una vida de total transparencia! (NTV).

Cuando tú y yo descubrimos nuestros pecados ante Jesús, Él los cubre con su sangre. Y al responder a su reprensión, somos liberadas.

Disciplina que entrena

En 2016, la gimnasta Simone Biles ganó cuatro medallas de oro olímpicas por sus actuaciones en la competencia individual general, salto, ejercicio de piso y competencia general por equipos, además de una medalla de bronce en la barra de equilibrio.[137] Hizo que todo pareciera tan fácil, realizando con éxito maniobras que otros gimnastas consumados ni siquiera intentarían.

Pero cinco años después, durante los Juegos Olímpicos de Tokio, el mundo observó y comentó cómo Biles tomó la dolorosa decisión de retirarse de la competencia por equipos. Una afección relacionada con la pérdida repentina de la capacidad de un gimnasta para mantener el control del cuerpo durante las maniobras aéreas, la había golpeado mientras realizaba un salto de potro. La condición persistió, lo que le hizo perderse la mayoría de los eventos en los que se esperaba que ganara una medalla.[138] Pero Simone permaneció en el suelo y animó a sus compañeras de equipo, terminando los juegos con dos medallas[139] y un récord como «la gimnasta más condecorada de todos los tiempos».[140]

¿Cuál ha sido el secreto de Simone Biles? Talento natural perfeccionado por años de disciplina: madrugadas y largas prácticas en las que fue empujada más allá de sus fuerzas y exigida más allá de toda medida. Simone dijo no a una vida fácil y sí a la incomodidad para perfeccionar su doble voltereta hacia atrás con un triple giro, solo una de las cuatro habilidades gimnásticas que llevan su nombre.[141]

Aunque siempre he soñado con ser gimnasta, nunca he querido hacer el trabajo requerido. Dame la habilidad de Simone y hazme lucir espectacular con un traje de lentejuelas y seré feliz. Ni siquiera necesito una medalla de oro.

Pero la vida no funciona de esa manera. Y eso, en pocas palabras, es el problema cuando se trata de madurez espiritual y crecimiento. El entrenamiento diligente es la única manera de liberar el potencial que Dios ha puesto dentro de nosotras. Porque es la tensión la que produce fuerza, al igual que la práctica disciplinada perfecciona la habilidad necesaria.

Una y otra vez en sus epístolas, Pablo compara nuestro viaje espiritual con el trabajo de un atleta cuyo objetivo es ganar.

> Todos los deportistas se entrenan con mucha disciplina. Ellos lo hacen para obtener una corona que se echa a perder; nosotros, en cambio, por una que dura para siempre. Así que yo no corro como quien no tiene meta; no lucho como quien da golpes al aire. Más bien, golpeo mi cuerpo y lo domino, no sea que después de haber predicado a otros, yo mismo quede descalificado. (1 Corintios 9:25-27)

Así como los entrenadores olímpicos ayudan a los atletas a crear rutinas y perfeccionar su forma, el Espíritu Santo nos ayuda a darle forma a un mejor estilo de vida. Al convencernos de pecado y enseñarnos más acerca de Jesús, el Espíritu nos empuja y nos impulsa más allá de toda comodidad con un objetivo en mente: hacernos creyentes maduros, «a fin de que el siervo de Dios esté enteramente capacitado para toda buena obra» (2 Timoteo 3:17).

Cuando tú y yo nos presentamos y hacemos el trabajo, abrazando la disciplina de Dios como un regalo, Jesús mismo, el mejor entrenador del mundo, libera su poder dentro nuestro. Nos recarga sobrenaturalmente con Su Espíritu para que podamos realizar «todo lo bueno que a él le agrada» (Hebreos 13:21, NTV).

Entrenamiento en la piedad

«Ejercítate para la piedad», aconseja Pablo en 1 Timoteo 4:7-8. «Porque el ejercicio corporal para poco es provechoso, pero la piedad para todo aprovecha, pues tiene promesa de esta vida presente y de la venidera » (RVR1995).

Así como el entrenamiento físico requiere mantenimiento, como hijas de Dios estamos llamadas a trabajar constantemente en la santidad. Sin embargo, tratar de hacerlo aparte del Espíritu Santo es imposible. Créeme, lo he intentado. Pero todos mis mejores esfuerzos para perfeccionarme solo me han llevado a «graves lesiones espirituales», a una desorientación severa que me deja dando vueltas, impotente y sintiéndome lejos de Dios.

Entonces, ¿cómo cooperamos con la obra del Espíritu Santo en nuestra vida? Bueno, así como Simone Biles comenzó a una edad temprana, aprendiendo una habilidad gimnástica antes de agregar otra, nosotras también debemos crecer en gracia y semejanza a Cristo.

Pedro describe un programa de entrenamiento para ayudarnos a hacer eso:

> Esfuércense por añadir a su fe, virtud; a su virtud, conocimiento; al conocimiento, dominio propio; al dominio propio, constancia; a la constancia, devoción a Dios; a la devoción a Dios, afecto fraternal; y al afecto fraternal, amor. Porque estas cualidades, si abundan en ustedes, los harán crecer en el conocimiento de nuestro Señor Jesucristo, y evitarán que sean inútiles e improductivos. (2 Pedro 1:5-8)

8 PRÁCTICAS PARA EL MANTENIMIENTO ESPIRITUAL

Así como nuestros cuerpos requieren un mantenimiento regular y diligente, tú y yo necesitamos mantener nuestras almas. Además de las disciplinas espirituales clásicas de oración, estudio bíblico y reunirnos con otros creyentes, las siguientes prácticas pueden ayudar a mantenerte en buena forma espiritual.

1. ***Pídele al Espíritu Santo que aumente tu hambre espiritual.*** No podemos amar a Dios sin su ayuda. Así que cuando Él mueva tu espíritu, no ignores su inspiración. El Señor te está cortejando y atrayendo a Él mismo, y te está dando gracia para que puedas amarlo más.

2. ***Llena tu hogar u oficina de adoración.*** Cuando no tengas tiempo ni fuerzas para adorar a Dios, escucha alabanzas y permite que cambien la atmósfera, tanto en tu vida interior como en tus circunstancias externas.

3. ***En cuanto a las Escrituras, lee menos y reflexiona más.*** Dedica tiempo a sumergirte en los pasajes de la Biblia. Lee hasta que Dios te hable, luego registra lo que te está diciendo. El Espíritu Santo quiere hacer que la Biblia cobre vida para ti.

4. ***Permanece dócil ante los impulsos y convicción del Espíritu.*** Si no tienes paz sobre una situación, no sigas adelante. Si Dios pone su dedo en el pecado de tu vida, sé rápida para arrepentirte. Conversa con Dios sobre todo y evita apagar al Espíritu.

5. ***Lleva a Jesús dondequiera que vayas.*** Él está contigo, ya sea que te des cuenta o no, pero reconocer su presencia y consultarlo en las decisiones diarias te mantiene centrada en Cristo y guiada por el Espíritu.

6. ***Practica la limpieza espiritual regular.*** No dejes que el pecado permanezca; con la ayuda del Señor, trata con ello. Pídele a Dios que ajuste tu actitud. Arrepiéntete de todo celo y orgullo. Y no pospongas la obediencia; por el contrario, haz tu mejor esfuerzo por obedecer rápidamente.

7. ***Revisa tu temperatura espiritual.*** Si te sientes seca o distante de Dios, no ignores esa condición. Pero no dejes que la condenación cree más distancia en tu alma. Pídele a Jesús que despierte tu corazón y

reavive tu alma. A Él le encanta revelarse a las personas que reconocen su necesidad de Él.

8. ***Dedica tiempo al mantenimiento espiritual.*** Hay algo poderoso en pasar un tiempo prolongado a solas con Dios. Encuentra un lugar tranquilo y desconéctate de las voces externas. Quédate quieta y permite que tu corazón se reconecte con el corazón de tu Padre. Luego, con tu Biblia y un diario en la mano, comienza una conversación santa.

> Le pedimos a Dios que les dé pleno conocimiento de su voluntad y que les conceda *sabiduría* y *comprensión* espiritual. Entonces la forma en que vivan siempre honrará y agradará al Señor, y sus vidas producirán toda clase de *buenos frutos*.
>
> *Colosenses 1:9-10,* NTV

Cada elemento de este plan se basa en el anterior, pero todo comienza con este mandato: «Esfuércense por añadir...»

Hacer crecer nuestra fe no es una actividad pasiva. Se requiere una inversión de energía y enfoque para poner en práctica lo que Dios tan gentilmente nos ha encomendado (Filipenses 2:12-13). A medida que hacemos todo lo posible para aprender estas habilidades importantes, Dios nos dará una determinación santa a fin de accionar y trabajar duro para dar a luz la vida de Cristo que ya está dentro de nosotras (Gálatas 2:20).

Tuve que sonreír cuando aprendí la historia detrás de la palabra traducida como *añadir* en 2 Pedro 1:5. *Epichoregesate* proviene de la palabra raíz *choros,*[142] de la cual obtenemos nuestras palabras coro, coreografiar y coreografía.[143] ¿No es hermoso? A medida que agregamos una cualidad piadosa a otra, perfeccionando una habilidad a la vez, el Espíritu Santo nos ayuda a coreografiar una vida que es digna de Dios.

Tomemos un momento y desglosemos la rutina:

- «Esfuércense por añadir a su fe...» Aquí es donde comenzamos, con la entrega total de nuestras vidas a Dios. Creyendo que la obra de Cristo en la cruz ha provisto todo lo que necesitamos, rechazando la autosuficiencia y confiando en su poder que opera dentro nuestro.
- «Añadir [...] virtud». Nuestra profunda confianza en Dios debe conducir a una vida marcada por la excelencia moral. No solo hacer lo correcto, es decir, «lo bueno» por fuera. Pero ser justas, impulsadas por la bondad de Dios hasta el final.
- «Añadir [...] conocimiento». «El Espíritu de sabiduría y de revelación» (Efesios 1:17) quiere ayudarnos a conocer mejor a Jesús. Una comprensión experiencial de Cristo y la Palabra de Dios que va más allá de nuestro propio intelecto y transforma la forma en que vivimos.
- «Añadir [...] dominio propio». A medida que cedemos el control a Dios, Él nos lo devuelve en una disciplina purificada que nos ayuda a dominar nuestras pasiones y someter nuestros apetitos. Ayudándonos a vivir una vida digna del nombre de Cristo.
- «Añadir [...] constancia». La capacidad de «permanecer debajo»[144] de llevar una carga o terminar una tarea sin darse por vencido ni ceder.[145] La resiliencia de Jesús demostrada en la cruz ahora trabaja en nosotras para hacernos fuertes y capaces de perseverar.
- «Añadir [...] devoción a Dios». Como portadoras de la imagen de Dios, estamos destinadas a tener un parecido sorprendente con nuestro Hacedor. A medida que nos mantengamos cerca de Jesús, «el iniciador y perfeccionador de la fe» (Hebreos 12:2), será su semejanza lo que la gente vea.

Las primeras seis «habilidades olímpicas» espirituales tienen que ver con nuestra vida interior y nuestra relación con Dios, pero las dos últimas que Pedro recomienda involucran nuestra relación con los demás.

- «Añadir [...] afecto fraternal». Esta palabra denota un amor o bondad «mutuo». En lugar de centrarnos en nosotras mismas, estamos llamadas a preocuparnos por «los intereses de los demás» (Filipenses 2:4), a ser Jesús con piel para todos los que conocemos.
- «Añadir [...] amor». No se trata de un amor común, este amor ágape desea el mayor bien para los demás y les sirve desinteresadamente. Es el tipo de amor que Jesús exhibió cuando dio su vida por nosotras. Estamos llamadas a hacer lo mismo (1 Juan 3:16).

Todas estas habilidades son importantes para nuestra madurez en Dios. A medida que agregamos una habilidad a otra y las practicamos regularmente, el Espíritu Santo nos ayudará a dar forma y perfeccionar cada movimiento hasta que estemos haciendo intrincadas rutinas de piso marcadas por la presencia de Dios. Podremos deslizarnos sobre los obstáculos, navegar por las barras desiguales de la vida y movernos con confianza a lo largo de la barra de equilibrio; el camino angosto que hemos sido llamadas a caminar como cristianas (ver Mateo 7:14).

Seremos capaces de hacerlo todo con un corazón bien entrenado y sometido que no tiene miedo de caerse. Porque hemos sido entrenadas por un Dios que puede guardarnos para que no caigamos, y establecernos sin tacha y con gran alegría ante su gloriosa presencia (Judas 1:24).

Abrazar la disciplina

La disciplina fortalece. La disciplina corrige. La disciplina entrena.

Realmente es un regalo de Dios para nosotros. Pero tenemos que humillar nuestros corazones para beneficiarnos. Eso es lo que hizo David cuando Dios usó a Natán para ponerlo cara a cara con su pecado.

Aturdido en el silencio, David escuchó la larga reprensión del profeta del Señor (2 Samuel 12:7-12). Pero no solo escuchó. El rey reprendido respondió con arrepentimiento. Y podemos aprender mucho de su corazón enseñable.

«¡He pecado contra el SEÑOR!», confesó David en el versículo 13, yendo al meollo del asunto. No más enredarse con su historia. No más ignorar sus inmensos pecados. Solo arrepentimiento crudo, real, ya no adulterado.

Aunque Dios perdonó el pecado, su consecuencia sería costosa: la muerte del hijo pequeño de David y Betsabé (vv. 14-19). Pero el Señor gentilmente permitió que la pareja tuviera otros hijos, cuatro hijos más para ser exacta.

Al primero lo llamaron Salomón (v. 24), tal vez derivado del hebreo para «paz»: *shalom.*[146] Me gusta eso.

Pero es el nombre de su segundo hijo lo que realmente habla a mi corazón. En 1 Crónicas 3:5, encontramos una lista que parece registrar a su descendencia de menor a mayor. Y allí vemos que al segundo hijo nacido de David y Betsabé (después de Salomón) se le dio un nombre inesperado.

Natán. Lleva el nombre del profeta que había revelado su oscuro pecado.

En lugar de resentir al hombre y tratar de olvidar el doloroso momento, David y Betsabé lo honraron a él y a Dios. Recibiendo la corrección del Señor como una bendición, la conmemoraron en el nombre de su hijo.

Cómo reconocer la disciplina

¿Cuál será nuestra respuesta cuando seamos disciplinadas por el Señor? ¿Nos resistiremos o nos resentiremos? ¿O lo recibiremos como un regalo para nuestras almas?

Para llegar a ese punto, primero debemos reconocer cuándo Dios está tratando de llamar nuestra atención, ya sea que su disciplina tenga la intención de corregir, fortalecer o entrenar. Aquí hay algunas maneras en que he llegado a reconocer la obra del Señor en mi vida:

- *¿Ha estado Dios lidiando con un problema desde múltiples puntos de vista?* Por ejemplo, si mi mal genio se ha convertido en un problema en el trabajo y en casa, por amor, Dios permite que las consecuencias de mi comportamiento me *corrijan.*
- *¿Hay señales de advertencia en mi vida de que no todo está bien?* Por ejemplo, si mi salud se está deteriorando debido a la falta de cuidado personal, Dios puede permitirme experimentar debilidad, para estar dispuesta a hacer lo que sea necesario para desarrollar *fortaleza* (¡incluso aunque se trate de hacer ejercicio!).
- *¿Estoy experimentando indiferencia en mi devoción o inquietud en mi alma?* Por ejemplo, si el ajetreo de la vida ha robado mi enfoque de Dios, Él puede permitir que una prueba difícil atraiga mi corazón de vuelta a Él. En ocasiones, Él despertará una santa insatisfacción en mi interior para hacerme desarrollar un *entrenamiento* que profundice mi fe y fortalezca mi caminar con Él.

No importa el propósito de la disciplina, es importante recordar que Dios no está mirando la perfección de nuestra vida, sino la dirección de nuestro corazón. Cuando nos proponemos agradar a Dios y conocerlo mejor, podemos estar seguras de que el que comenzó una buena obra en nosotras la llevará a cabo hasta el día de Cristo Jesús (Filipenses 1:6).

Así que, si Dios te corrige, recibe la reprensión y arrepiéntete.

Si Jesús señala un lugar débil que quiere fortalecer, abre tu corazón para cooperar con la gracia.

Y si el Espíritu Santo está tratando de entrenarte, sé enseñable y dispuesta a hacer el trabajo.

Porque Dios quiere prepararnos a ti y a mí para nuestro lugar en el equipo olímpico del cielo. Brillaremos con su gloria mientras representamos a Jesús ante el mundo, como personas entrenadas, fuertes y disciplinadas; capaces de desplegar aterrizajes impecables finalizando nuestra rutina con éxito.

Trece

Fe sobre el temor

No temerá recibir malas noticias;
su corazón estará firme, confiado en el Señor.
Salmos 112:7

Los tacones de mis botas hicieron clic contra el piso de baldosas mientras rodaba mi equipaje de mano entre la multitud de pasajeros en el aeropuerto de Mineápolis. Inclinándome cerca de mi teléfono, traté de distinguir la voz de John sobre el bullicio.

«Mañana voy a compartir lo que ha estado sucediendo con la congregación», me dijo. Acabábamos de mudarnos a nuestro nuevo edificio de la iglesia en Whitefish, libre de deudas, pero, como sucede a menudo, las presiones de una campaña de construcción habían pasado factura. El desacuerdo entre John y algunos de los líderes finalmente estaba llegando a un punto crítico. Pero en lugar de miedo, todo lo que sentí fue alivio de que la división pronto estuviera a la vista. Tal vez ahora Dios podría sanarlo.

El enemigo estaba haciendo los mismos estragos que yo había experimentado con nuestro equipo del ministerio de mujeres varios años antes (algo de lo que hablo en *Cómo tener un corazón de María en un mundo de Marta*). Pero Dios había hecho tal obra en mí durante ese tiempo «crisol» que sabía que Él también usaría esta prueba. Habíamos disfrutado trece hermosos años de pastoreo de esta iglesia. Seguramente Dios nos ayudaría a sobrellevar algunas épocas difíciles.

Siempre había creído (y todavía lo creo) que los conflictos de la iglesia no tienen que terminar en divisiones de la iglesia. Sin embargo, allí estábamos.

En el precipicio.

John y yo oramos juntos al final de nuestra llamada. Pero tan pronto como colgué, el enemigo me atacó con temor. *¿Y si todo es culpa de ustedes dos?*, insinuó. *¿Qué pasa si está sucediendo algo que desconoces? ¿Qué pasa si todo explota mañana en la iglesia?*

Inmediatamente imaginé todas las terribles posibilidades: error teológico, irresponsabilidad financiera, falta de integridad o fracaso moral, todas las cosas que la gente tiende a asumir cuando una iglesia está en crisis.

Pero con el miedo asechando vino el consejo de mi amiga Alicia Chole. Algo que había aprendido de nuestra tatarabuela Eve.

No participes en conversaciones prolongadas con serpientes que hablan.[147]

El origen del temor

Todos hemos sentido los efectos del temor y de sus compañeras: la preocupación y la ansiedad. Como una chica que viene de una larga línea de preocupaciones de origen sueco, pasé mucho tiempo de mi adolescencia ansiosa y temerosa. Debido a que operaba bajo la falsa suposición de que, si me preocupaba, las cosas malas no sucederían, a menudo me preocupaba no preocuparme lo suficiente.

Dada esa historia, tuve que sonreír cuando leí que las personas con un coeficiente intelectual más alto tienden a preocuparse más que otras,[148] tal vez porque son más conscientes de los peligros y las trampas de la vida. Pero inteligente o no, es una forma miserable de vivir.

Tal vez por eso David escribió: «No te alteres, que eso empeora las cosas» (Salmos 37:8, RVC). Vivir en un mundo imperfecto implica que nos sintamos ansiosas de vez en cuando, incluso aterrorizadas algunas veces. Pero cómo manejamos nuestro temor, eso es lo que hace toda la diferencia.

Aunque el miedo comienza en nuestras mentes, desencadena una reacción física casi instantánea en nuestros cuerpos. Una oleada de calor nos atraviesa y nuestro corazón comienza a acelerarse. Nuestra respiración se acelera a medida que la sangre fluye desde el corazón hacia nuestras extremidades, preparándonos para defendernos, para atacar, huir o escondernos.[149]

A medida que el miedo acelera la amígdala, la parte más primitiva de nuestro cerebro,[150] ralentiza nuestras funciones cerebrales superiores, lo que dificulta tomar buenas decisiones o pensar con claridad.[151]

El instinto de supervivencia de «luchar, huir o paralizarnos» puede ser un regalo cuando nos enfrentamos a un peligro real, como un incendio en la casa o un asaltante. El problema viene cuando el temor se apodera de nuestras vidas. Atrapados en reacciones cerebrales primitivas, actuamos y reaccionamos ante personas y situaciones (reales o imaginarias) de maneras poco saludables. El miedo prolongado o habitual mantiene nuestros cuerpos y mentes en un nivel de alerta máxima constante, lo que lleva a una preocupación debilitante, rabia latente, comportamientos compulsivos o enfermedades físicas reales, solo por nombrar algunos problemas.

Pero el miedo nunca tuvo la intención de ser nuestro principal sistema operativo. De hecho, no creo que hayamos estado destinados a experimentarlo en absoluto. Hechos para la perfección del Jardín y la seguridad del cuidado constante de Dios, los humanos originales no tenían necesidad de autoprotegerse. Pero con el primer bocado de lo prohibido, el terror se precipitó para tomar el control con sus instintos más bajos. Es aquí donde encontramos la primera mención del miedo en la Biblia.

«Tuve *miedo*, pues estoy desnudo. Por eso me escondí», dijo Adán en Génesis 3:10 (énfasis añadido).

Así como el pecado abrió la puerta al temor en Génesis, el temor desenfrenado abre la puerta al pecado en nuestras vidas. Cuando consideras tus áreas propensas al pecado, creo que encontrarás que a menudo están motivadas por el miedo. Solo pregúntale al gerente ejecutivo con problemas, que está malversando fondos para mantener las apariencias. Solo pregúntale a la mujer solitaria que busca amor en el sexo promiscuo. O el caso de la chismosa de la iglesia que difunde rumores para sentirse valiosa e imprescindible. Muchos de nuestros pecados flagrantes y transigencias sutiles, si no todos, se remontan a algún tipo de temor.

Tal vez es por eso que Dios aborda el temor tan a menudo en la Biblia: Él sabe lo que el miedo dañino, en el que nos enfocaremos en el resto de este capítulo, le hace a nuestras almas. No solo atormenta nuestra mente y devasta nuestro cuerpo, sino que socava nuestra fe y nos hace sentir distantes de Dios. En lugar de una vida dominada por «luchar, huir o paralizarnos», se nos invita a una forma superior de pensar. Volver constantemente nuestros corazones a Dios cuando elegimos «confiar, confiar y confiar».

Rechazar el espíritu de temor

Si vamos a salir victoriosas sobre el miedo, la preocupación y la ansiedad, necesitamos entender algunas cosas.

En primer lugar, el temor enfermizo no es nuestro amigo. Es un matón emocional que pretende protegernos mientras nos aterroriza con lo desconocido. Nos convence de retroceder para estar seguras, pero nos hace sobresalir en un intento de ser significativas. Nos acaricia y nos mima con autocompasión, pero luego nos devora con odio a nosotras mismas. El miedo nos empuja a correr delante de Dios cuando no deberíamos y nos detiene cuando Dios dice que es hora de avanzar. Hincha nuestro ego de orgullo un día, solo para derribarnos con inseguridad al día siguiente. El miedo nos hace ir y venir, haciendo todo su trabajo sucio dentro de los confines de nuestra mente.

En segundo lugar, el temor debilitante no es solo un pensamiento, sentimiento o reacción. Según la Biblia, en realidad puede ser un espíritu, una respuesta impía a la vida que no proviene de Dios. «Pues Dios no nos ha dado un espíritu de temor y timidez sino de poder, amor y autodisciplina» (2 Timoteo 1:7, NTV).

Como cristianas, no podemos darnos el lujo de hospedar al espíritu de temor cuando toca a nuestra puerta. Porque si no renunciamos y lo rechazamos, este temor impío ataca las tres cosas que Dios nos ha dado según el versículo 7: poder, amor y autodisciplina.

- El espíritu de temor quiere hacernos sentir *indefensas*.
- El espíritu de temor quiere convencernos de que *no somos amadas*.
- El espíritu de temor quiere volvernos *irracionales* en nuestra forma de pensar.

Gracias a Dios que nos ha dado el Espíritu Santo para contrarrestar el espíritu de temor y ayudarnos a obtener la victoria en los mismos lugares que el enemigo ha atacado. Nota lo que la Biblia dice acerca de eso (énfasis añadido):

> Pido en oración que, de sus gloriosos e inagotables recursos, los *fortalezca con poder* en el ser interior por medio de su Espíritu. (Efesios 3:16, NTV)

> Pues sabemos con cuánta ternura nos ama Dios, porque nos ha dado el Espíritu Santo para llenar nuestro corazón con su *amor*. (Romanos 5:5, NTV)

> Permitir que la naturaleza pecaminosa les controle la mente lleva a la muerte. Pero permitir que el Espíritu les controle la *mente* lleva a la vida y a la paz. (Romanos 8:6, NTV)

Si cooperamos con el Espíritu Santo, Él nos ayudará a neutralizar y desmantelar al espíritu de temor. Me encanta cómo Romanos 8:15-16 describe la libertad que Él trae:

> Y ustedes no han recibido un espíritu que los esclavice al miedo. En cambio, recibieron el Espíritu de Dios cuando él los adoptó como sus propios hijos. Ahora lo llamamos «Abba, Padre». Pues su Espíritu se une a nuestro espíritu para confirmar que somos hijos de Dios. (NTV)

¿Escuchaste eso? ¡El miedo no es tu jefe, amiga mía![152] Eres la hija amada de Dios, y al recibir esa verdad en lo profundo de tu alma, su «amor perfecto expulsa todo temor» (1 Juan 4:18, NTV). Has sido aceptada en la gran familia de Dios con pleno acceso a su depósito de riquezas. Lo que significa que tienes todo el poder, el amor y la sabiduría que necesitas para vivir una vida que no esté dominada por el temor.

A medida que te rindas completamente y hagas a Jesús Señor de tu vida, Él te dará una comprensión reverente de Dios que rompe el poder paralizante de la ansiedad. Porque cuando tenemos un temor sano y santo de Dios, no hay necesidad de temer nada más.

Por supuesto, eso no significa que nunca sentirás miedo. Vivir en este mundo caído prácticamente garantiza que la parte primitiva de tu cerebro se activará con más frecuencia de la que te gustaría.

Sin embargo, así como no es un pecado ser tentado, tampoco es un pecado sentir miedo. Es lo que hacemos con la tentación y el miedo lo que importa. Como alguien dijo una vez: «No puedo evitar que los pájaros vuelen sobre mi cabeza, pero puedo evitar que aniden en mi cabello».

Podemos evitar que esos pensamientos destructivos aterricen con una decisión diaria:

¿Viviré por temor o viviré por fe?

Desencadenar la confianza

David tuvo que elegir entre el temor y la fe innumerables veces mientras huía del rey Saúl en esos primeros años. La decisión de confiar en Dios se hizo aún más importante en 1 Samuel 30:1-6, cuando David y sus hombres regresaron a Siclag para encontrar su ciudad natal quemada y sus familias cautivas.

Pero en lugar de lanzar una misión de rescate inmediata, los soldados afligidos volvieron su ira contra su líder. No es sorprendente que David tuviera miedo. De hecho, «David se angustió, pues la tropa hablaba de apedrearlo», nos dice el versículo 6. El verbo traducido como «se angustió» sugiere que David «estaba acorralado en una esquina apretada, de la misma manera que un alfarero presionaría arcilla en un molde».[153]

Pero en lugar de permitir que el espíritu de temor dictara sus respuestas, David se volvió a Dios de dos maneras específicas:

1. «Puso su confianza en el Señor su Dios» (v. 6).
2. «Consultó al Señor» (v. 8).

Cuando David se negó a ceder al temor y acudió a Dios en su lugar, recibió fortaleza y aliento de su Padre celestial, y la capacidad de pensar con la suficiente claridad como para pedir sabiduría.

«¿Debo perseguir a esa banda de saqueadores? ¿Los voy a alcanzar?», David le preguntó a Dios en el versículo 8.

Con la confirmación de que el rescate tendría éxito, David reunió a sus hombres y persiguió a los amalecitas. Aunque requirió una feroz batalla de veinticuatro horas (v. 17), con la ayuda del Señor prevalecieron. «David pudo recobrar todo lo que los amalecitas se habían robado, y también rescató a sus dos esposas», dicen los versículos 18-19. «Nada les faltó del botín, ni grande ni pequeño, ni hijos ni hijas, ni ninguna otra cosa de lo que les habían quitado».

Nada se perdió. Todo fue recuperado. Y el espíritu de temor que había oprimido a David tan cruelmente había desaparecido.

Creo que el Señor quiere hacer lo mismo por nosotras. Aunque algunas de nuestras pérdidas no serán restauradas de este lado del cielo, como un matrimonio roto, un ser querido fallecido, un negocio fallido, Dios quiere ayudarnos a resistir y renunciar al espíritu de temor para que, por fe, invadamos el territorio del enemigo y recuperemos todo lo que Dios quiere que tengamos.

4 MANERAS DE SUPERAR EL TEMOR

Cuando sucede algo que desencadena una emoción profunda, el miedo enfermizo a menudo trata de tomar el control. Pero en lugar de ceder, mi amiga Joyce Douglas sugiere que «nos detengamos, hagamos una pausa y elijamos». Lo he ampliado para añadir una cuarta cosa: «Orar».

1. **Detente.** Cesa toda actividad, mental, física y emocional. Literalmente detente en seco y bájate de la montaña rusa emocional. Afloja las manos, relaja la mandíbula y calma tu mente.

2. ***Haz una pausa.*** Retrocede un poco para poner algo de distancia entre tú y la emoción. En muchos sentidos, el temor y las emociones fuertes son solo vibraciones en tu cuerpo. Entrégaselo a Dios.

3. ***Elige.*** Rehúsa alimentar tu miedo o recordarlo. Considera a dónde te está tratando de llevar la emoción y, con la ayuda del Señor, elige una respuesta diferente.

4. **Ora.** Pídele a Dios que te ayude a identificar lo que estás sintiendo y el temor que podría haber detrás de ello. En lugar de resistir la emoción, permite que el Señor te ayude a gestionarla a medida que se la entregas a Él.

Memorizar y citar las Escrituras en voz alta ha sido poderoso para superar el miedo. Aquí hay un versículo que realmente me ha ayudado:

> No se preocupen por nada; más bien, en toda ocasión, con oración y ruego, presenten sus peticiones a Dios y denle gracias. Y la paz de Dios, que sobrepasa todo entendimiento, cuidará sus corazones y sus pensamientos en Cristo Jesús. (Filipenses 4:6-7)

«No dejen que el *corazón* se les llene de angustia; *confíen* en Dios y confíen también en mí».

Juan 14:1, NTV

El salmo 56:3 ofrece una receta simple de David que me ayuda a elegir la fe sobre el temor: «Cuando siento miedo, pongo en ti mi confianza».

Así que cuando el miedo llame a la puerta, y lo hará, amiga mía, no dejes que provoque el pánico. Deja, más bien, que genere confianza.

El temor puede ser enemigo de la fe.

Pero la fe es el antídoto contra el temor.

Equipados para tiempos peligrosos

Por si no lo recuerdas, el año 2020 fue una locura. El miedo era descontrolado, incluso en los corazones de los creyentes. Con tantas opiniones contrarias y tantas «noticias falsas» dando vueltas, era difícil saber qué era verdad y qué era mentira. Algunas personas estaban aterrorizadas por el virus COVID-19, mientras que otras lo llamaron un engaño. Algunas personas se negaron a usar máscaras porque insistían en que Dios las protegería, pero perdían el sueño por la noche a causa de teorías conspirativas del estado profundo y el miedo a perder sus derechos. Dos años después, cuando termino este libro, gran parte del caos continúa.

En tiempos como estos, puede ser difícil saber dónde pararnos como creyentes, pero aquí hay un buen lugar para comenzar. Como cristianos, no estamos llamados a vivir *políticamente*, y definitivamente tampoco estamos llamados a vivir *con miedo*. En cambio, estamos llamados a vivir *bíblicamente*, lo que significa que tenemos que descubrir lo que Dios quiere que hagamos: tenemos que exaltar la verdad de Dios por encima de cualquier otra opinión.

En Isaías 8:11, Dios le advierte al profeta que no «siguiera el camino de este pueblo». Pero Él continúa dando instrucciones que parecen especialmente pertinentes hoy:

> No digan ustedes que es conspiración
> todo lo que llama conspiración esta gente;

no teman lo que ellos temen,
ni se dejen asustar.
Solo al Señor de los Ejércitos tendrán ustedes por santo,
solo a él deben honrarlo,
solo a él han de temerlo. (vv. 12-13)

Dios no está conmocionado por los acontecimientos mundiales actuales. Porque la historia humana ha experimentado períodos mucho más tumultuosos que este. Nuestro Señor soberano estaba en control en esos momentos como lo está ahora. La promesa que Jesús hizo a los creyentes en Mateo 28:20 sigue siendo la misma hoy: «les aseguro que estaré con ustedes siempre, hasta el fin del mundo».

Mientras tú y yo navegamos por estos tiempos difíciles, no podemos darnos el lujo de dar lugar a que opere el espíritu de temor. Debemos rechazar la discordia y el odio que nos hacen amar nuestras opiniones más de lo que amamos a las personas. La preocupación y el escepticismo que nos llevan a hablar más sobre noticias falsas que sobre las buenas nuevas del evangelio.

Pablo y Timoteo ciertamente vivieron en «tiempos difíciles» (2 Timoteo 3:1). De hecho, ese es todo el contexto de la segunda carta de Pablo. El emperador romano Nerón perseguía a la iglesia con una brutalidad inimaginable. Ser cristiano significaba que tu vida corría peligro de muerte.

Pero en lugar de alentar al joven pastor a autoprotegerse o exigir sus derechos religiosos, Pablo señaló a Timoteo el arsenal que Dios le había dado para contrarrestar el temor: el Espíritu Santo de Dios disponible para ti y para mí también. La traducción de la NVI de 2 Timoteo 1:7, se centra en este don que nos otorga autoridad: «Pues Dios no nos ha dado un espíritu de *timidez*, sino de poder, de amor y de dominio propio» (énfasis añadido).

El espíritu de temor quiere intimidarnos. Quiere apagarnos y callarnos. Al mismo tiempo, quiere agitarnos y hacernos enojar, viviendo en constante conflicto y sin paz. Pero como hijas de Dios, tú y yo estamos destinadas a vivir por encima de la confusión.

Llenas del *poder* del Espíritu, del *amor* del Padre y del *dominio propio* de nuestro Salvador, incluso en los momentos más peligrosos.

No más temor

Cuando algo despierta emociones fuertes en mí, estoy aprendiendo a hacer una pausa y preguntar: «¿Es esto fe o es miedo?» Porque en situaciones grandes y pequeñas, es vital discernir qué sistema operativo estoy usando: el Espíritu de Dios o el espíritu de temor.

Eso es lo que tuve que hacer en Mineápolis aquella noche, hace ya mucho tiempo. Cuando el espíritu de temor trató de abrumarme con acusaciones, me volví a Dios.

«Señor, si hay algo que John y yo necesitamos ver o un pecado que necesitamos confesar, confío en que tú nos lo mostrarás», oré mientras caminaba hacia mi puerta. «Queremos estar bien delante de ti, así como delante de nuestra gente».

Con la rendición vino la audacia de enfrentarse al enemigo: «Satanás, no consideraré tus acusaciones. John y yo pertenecemos a Dios. Si tienes un problema con nosotros, tendrás que arreglarlo con Él».

Cuando tomé autoridad sobre el espíritu de temor, la paz de Dios una vez más se posó en mi alma. Aunque no sabía lo que el día siguiente significaría para nuestro futuro, sentí una calma inesperada. Porque Dios ya estaba en nuestro mañana.

Justo antes de mi vuelo, sin embargo, John llamó con noticias de que uno de los líderes de la iglesia leería una carta al día siguiente pidiendo su renuncia. Irónicamente, sucedería en un aniversario significativo. Cinco años antes, la iglesia había enviado a nuestra familia a Hawái para celebrar diez años de ministerio. En el decimoquinto aniversario de John como pastor, nos pedirían que nos fuéramos.

En mi espíritu, sabía que el momento no era intencional. Estos hombres amaban a Jesús y estaban tratando de hacer lo que pensaban que era mejor para la iglesia. Pero, obviamente, me dolió, especialmente cuando permití que mi mente vagara en los «qué pasaría si», «si tan solo» y «qué podría haber pasado si…»

A principios de esa semana, un amigo solidario había orado por nuestro ministerio. «Señor, muéstrale al pastor John y a Joanna la escritura en la pared». Me di cuenta de que no era consciente de la connotación negativa, pero sus palabras inmediatamente habían traído a la mente el misterioso mensaje garabateado en la pared del rey Belsasar en Daniel 5:27:

«Ha sido puesto en la balanza, y no pesa lo que debería pesar».

Aunque John y yo ciertamente habíamos cometido errores a lo largo de los años, sabía que eso no era lo que Dios estaba diciendo, porque sinceramente habíamos tratado de hacer todo lo que Él pedía. Aunque el servicio dominical sería difícil, sentí una paz sobrenatural en mi interior.

Antes de abordar el avión, decidí hacer una última parada en el baño. La terminal era nueva, por lo que el baño estaba impecable, excepto por un pequeño parche en el penúltimo puesto. Junto al dispensador de papel higiénico, alguien había escrito tres pequeñas palabras en marcador permanente negro. Un mensaje que todavía me ministra hoy.

No tengas miedo.

No sé por lo que estés atravesando en este momento, amiga mía, pero creo que esas palabras también fueron escritas para ti. Cuando ponemos nuestras vidas en las manos de Jesús, no somos medidas por la «escritura en la pared».

En cambio, Él nos da la «escritura a mano en el baño».

Un recordatorio amoroso y tierno: no tengas miedo.

Jesús sobre todo

La fe sobre el temor. Es uno de los elementos más importantes de confiar en Dios. Exaltar lo que sabemos por encima de lo que sentimos. Negarse a permitir que la elevada opinión de nadie, incluso la nuestra, se exalte contra nuestro conocimiento de Dios.

Hace varios meses tuve el privilegio de entrevistar a la autora y maestra de la Biblia Lisa Whittle para el podcast *The Living Room with Joanna Weaver*. Lisa tenía muchas cosas buenas que decir acerca de su libro *Jesús sobre todo*.[154] Pero después de nuestra charla, el Espíritu Santo me llevó a una imagen simultánea que quiero compartir con ustedes.

Imaginé su título como una fracción:

$$\frac{\text{Jesús}}{\text{Todo}}$$

Ahora, no soy muy buena para las Matemáticas, pero sí sé que cuando el número en la parte superior de una fracción es mayor que el número en la parte inferior, resulta en al menos un número entero y, a menudo, más. Por ejemplo, seis sobre dos es igual a tres. Pero cuando pones el número menor en la parte superior, terminas con solo una fracción del total. Dos sobre seis nunca serán más que un tercio. No importa cómo intentes manipular los números, a menos que el número superior sea mayor que el inferior, nunca se te ocurrirá nada completo.

Lo que plantea algunas preguntas importantes:

- *¿Por qué ponemos cosas menores sobre Jesús?*
- *¿Por qué se permite que el miedo pisotee nuestra fe?*
- *¿Por qué permitimos que «nuestra verdad» sea más verdadera que la verdad de la Palabra de Dios?*
- *¿Y por qué el diablo obtiene más tiempo de emisión en nuestros pensamientos que Aquel que nos hizo?*

Cuando minimizamos a Dios maximizando todo lo demás, terminamos con una fracción de la vida que estábamos destinadas a disfrutar. En lugar de ser íntegras y totalmente suyas, vivimos una vida a la mitad. Medio santa. Confiando a medias. Todo lo cual resulta en una paz a medias.

Pero cuando constantemente ponemos a Jesús por encima de todo, incluyendo nuestros temores, es cuando accedemos a la medida completa de confianza y paz que la Biblia promete:

> Al de carácter firme
> lo guardarás en perfecta paz,
> porque en ti confía. (Isaías 26:3)

Dios tuvo la gracia de ayudarnos a navegar esa temporada difícil en Whitefish. Ojalá pudiera decir que el conflicto se resolvió fácilmente y nuestro ministerio en la iglesia se reanudó con una nueva visión. En cambio, Dios eligió guiarnos por un camino diferente.

Mientras John y yo buscábamos al Señor en las semanas posteriores a ese fatídico domingo, Él nos habló individualmente en nuestros tiempos de silencio separados, diciéndonos que nuestro tiempo en Whitefish había terminado. Aunque estábamos dispuestos y listos para navegar el problema, Dios dejó en claro que había preparado a alguien más para dirigir la iglesia.

Decir adiós a una iglesia que amábamos mucho, y aún amamos, fue desgarrador. Muchos años después, las lágrimas todavía vienen a mis ojos cuando pienso en ello. Sin embargo, hubo una dulce liberación cuando John y yo pusimos la iglesia en las manos de Dios y confiamos en Él con nuestro futuro.

Pero incluso con un sentido tangible de su gracia, todavía tenía que luchar contra el temor. Temor a lo que la gente pensaría, a lo que la gente podría decir. Temor a que nos consideren fracasados. Temor de que, a pesar de nuestras mejores intenciones, lo hubiéramos hecho todo mal. Lo más preocupante de todo era el temor de que la obra de Dios se viera obstaculizada en los corazones de nuestro pueblo y de la comunidad.

Pero el Espíritu Santo seguía recordándome: *Esta es la iglesia de Dios, Joanna. No la tuya.* Como dice Jesús en Mateo 16:18, «Edificaré mi iglesia; y las puertas del Hades no prevalecerán contra ella» (RVR1960).

Aunque todavía no entiendo por qué todo sucedió de la manera en que sucedió, he aprendido que no necesito entender para tener paz. Es una lección que todavía me sirve hoy cada vez que surge un desafío y tengo que elegir la fe sobre el temor.

Porque cuando ponemos nuestra esperanza en Jesús y confiamos en su poder para redimir, Él se asegurará de que las puertas del infierno no prevalezcan contra nosotros.

Descargar nuestros miedos

Dios ha sido tan fiel al hacer un trabajo profundo en mi corazón en el área del temor. Pero si no tengo cuidado, todavía puedo convertir en catástrofes las situaciones más benignas, especialmente cuando no veo una respuesta fácil o el conflicto sigue sin resolverse.

Pero en lugar de preocuparme, que solo «empeora las cosas», según el salmo 37:8 (RVC), estoy aprendiendo a seguir las sugerencias de David:

> Confía en el SEÑOR y haz el bien...
> Deléitate en el SEÑOR...
> Encomienda al SEÑOR tu camino. (Salmos 37:3-5)

La palabra hebrea para «encomienda» en el versículo 5 es *gālal*. Significa «hacer rodar» o «descargar».[155] La palabra se usaba para describir cómo un camello se arrodilla y rueda hacia la izquierda para descargar su carga. Me encanta lo que Sheila Walsh escribe sobre eso:

> La imagen para nosotros es hermosa. Se nos invita a arrodillarnos ante Dios, pero se nos anima a no detenernos allí. Estamos llamadas a darnos la vuelta y dejar que la carga caiga de nuestras espaldas... ¿Estás ansiosa por algo? Arrodíllate en adoración al Dios que está en control de cada detalle de tu vida y deja que tus cargas se desvanezcan.[156]

Esa simple imagen de fe me ha ayudado mucho. Pero, ¿qué haces cuando el miedo simplemente no se va? ¿Cuando después de intentar descargar tu peso sobre el Señor, la ansiedad todavía parece estar unida a tu espalda? Esa fue mi experiencia en nuestros primeros años de ministerio, cuando la preocupación parecía ser mi compañera diaria.

Como lo mencioné anteriormente, mi necesidad de éxito casi destruyó mi matrimonio. Pero fue mi temor al fracaso lo que me mantenía despierta por la noche pensando en todas las cosas que John y yo no habíamos hecho. Las cosas que habíamos logrado, pero no muy bien. Todas las formas en que no estábamos a la altura de mi idea preconcebida de un ministerio exitoso. Todas las maneras en que John y yo necesitábamos cambiar.

¿Qué pasa si reprobamos el ministerio? Me preocupaba. *¿Qué pasará con nosotros entonces?*

El Señor escuchó a mis quejidos y lamentos por una temporada, pero luego me sembró este importante pensamiento: *Entonces… ¿Qué pasaría si tuvieras que dejar el ministerio, Joanna? ¿Cuál sería tu mayor temor en esas circunstancias?*

Bueno, inmediatamente me vinieron a la mente varios escenarios terribles, pero el Señor me hizo elegir el peor. Luego me pidió que me parara en frente de mi mayor temor y lo viera parado allí, cara a cara.

Si lo que más temes realmente sucediera, ¿qué seguiría siendo verdad acerca de Mí?

Aunque mi Mujer de la Carne no quería admitirlo, la respuesta era clara. Dios seguiría siendo bueno, y Él me amaría. Yo seguiría perteneciendo a Él, y Él se ocuparía de mis necesidades.

Si estás luchando contra el temor en este momento, quiero animarte a que te hagas estas preguntas importantes:

- *¿Qué es lo peor que podría pasar?*
- *Si sucediera, ¿qué seguiría siendo verdad sobre Dios?*

Como alguien a quien su peor temor se le ha convertido en realidad varias veces, es decir, un fracaso aparente en el ministerio, puedo decirte por experiencia personal que Dios estará contigo. Él nunca te dejará ni te abandonará (Hebreos 13:5). Y aunque te encuentres caminando en el valle de sombra de muerte, ya sea literal o en sentido figurado, no temerás ningún mal (Salmos 23:4). Porque Dios mismo te rodeará y te protegerá.

No sé qué está usando el enemigo para perseguirte y burlarse de ti, pero puedo prometerte esto. Si permites que Dios te lleve a confrontar tu miedo y confías en que Él estará contigo sin importar lo que enfrentes, el espíritu de temor perderá su control sobre tu vida. A medida que la fe acabe con el temor, experimentarás la verdad de las palabras de David:

> Busqué al Señor y él me respondió;
> me libró de todos mis temores.
> Los que lo miran están radiantes;
> jamás su rostro se cubre de vergüenza. (Salmos 34:4-5)

A medida que confíes en el Señor con todo tu corazón y le encomiendes tus preocupaciones, incluyendo tu temor y ansiedad, Él convertirá tu peor escenario en una vitrina para su gloria.

Porque cuando exaltamos la fe sobre el temor, a Jesús se le da el lugar que le corresponde en nuestra vida. El Rey sobre nuestras dudas. El Señor sobre nuestros temores. El que domina nuestras circunstancias.

Jesús sobre todo.

Y al fin seremos plenas.

Catorce

Oraciones del tamaño de Dios

Cualquier cosa que ustedes pidan en mi nombre,
yo la haré.

Juan 14:13

Fue una época oscura en Inglaterra, así como en el mundo. Hitler y su régimen nazi habían irrumpido en Europa, tomando cautivos a países enteros casi sin necesidad de luchar.

En 1940, Gran Bretaña estaba en la mira. Parecía imposible que la pequeña nación insular sobreviviera. Solo en aviones, la *Royal Air Force* fue superada en número cuatro a uno.[157]

Noche tras noche, la *Luftwaffe* de Hitler golpeaba Londres con ataques aéreos, provocando muerte y destrucción sobre hogares, negocios, iglesias, incluso golpeando el Palacio de Buckingham varias veces.[158]

Pero a unos 306 kilómetros al oeste, en una pequeña universidad bíblica en Gales, un grupo de gente común estaba librando una guerra paralela. Si Hitler hubiera entendido su impacto, habría hecho todo lo posible para detenerlos. Día tras día, este batallón celestial de cien hombres y mujeres participaba en una campaña de intensa intercesión.

«Oren como si fueran el soldado en la línea del frente», les había dicho su líder, Rees Howell.[159] Habían hecho precisamente eso y Dios había usado al grupo poderosamente, dándoles una visión sobrenatural de los planes del enemigo. Mientras oraban, las batallas que parecían perdidas habían cambiado repentinamente.

En Dunkerque, por ejemplo, el ejército de Hitler dejó misteriosamente de luchar, permitiendo la evacuación de 338.226 hombres. Apodado un «milagro de liberación» por Winston Churchill, fue la evacuación más grande y exitosa en la historia militar.[160]

La llamada Batalla de Gran Bretaña estaba en su apogeo, y los aviadores británicos lucharon para defenderse de oleada tras oleada de ataques aéreos alemanes a gran escala en el sur de Inglaterra. Durante una noche de combates especialmente feroces, parecía que la fuerza aérea de Inglaterra sería superada. Pero entonces los alemanes inesperadamente interrumpieron el ataque y se retiraron. La *Royal Air Force* los persiguió, derribando varios aviones y capturando a los pilotos.

Durante el interrogatorio, la inteligencia británica preguntó a tres de los alemanes capturados: «¿Por qué su formación se retiró cuando solo dos aviones estaban luchando contra ustedes?»

«¿Dos aviones?», respondieron los pilotos alemanes, luciendo desconcertados. «¡Había cientos! ¿De dónde sacaron todos los aviones?»[161]

Invitadas a asociarnos con Dios

Es realmente inspirador escuchar historias como la de Rees Howell y su ejército de intercesores. No puedo evitar preguntarme cuántos milagros nos hemos perdido y cuántas intervenciones del tamaño de Dios *no sucedieron* porque el pueblo de Dios no oró, o porque nuestras oraciones simplemente no fueron lo suficientemente ambiciosas.

Algunas personas argumentan que debido a que Dios es omnisciente y soberano sobre los asuntos humanos, nuestras oraciones realmente no importan en el gran esquema de las cosas. Pero eso no es lo que enseña la Biblia. En cambio, Dios parece vincular su obra en la tierra con la disposición de su pueblo a orar.

«Yo he buscado entre ellos», dice Dios en Ezequiel 22:30, «a alguien que construya un muro y se ponga en la brecha delante de mí por mi tierra, para que yo no la destruya. ¡Y no lo he hallado!» Aunque este pasaje se refiere al Israel del Antiguo Testamento, creo que Dios todavía está buscando intercesores que «se pongan en la brecha» y estén de acuerdo con otros creyentes en oración.

Porque Jesús promete en Mateo 18:19: «Si dos de ustedes se ponen de acuerdo aquí en la tierra con respecto a cualquier cosa que pidan, mi Padre que está en el cielo la hará» (NTV). El Señor está buscando creyentes que se atrevan a hacer oraciones del tamaño de Dios, y persistan en interceder, para que la voluntad de Dios pueda cumplirse en la tierra como en el cielo.

Tristemente, debo confesar que no soy muy buena en la oración intercesora. Mientras disfruto de una conversación diaria y continua con mi Padre celestial, la mayoría de mis oraciones se centran en mi pequeño mundo y mis pequeñas necesidades. Puedo distraerme tanto con preocupaciones y cargas personales que descuido «orar en grande» a favor de los demás, elevando fielmente sus necesidades al Señor en oración ferviente y persistente.

No creo que esté sola en esto. Incluso aquellas de nosotras que hemos sido cristianas toda nuestra vida podemos optar por no participar en esta oración ambiciosa y en la intercesión porque preferimos centrarnos en los aspectos de nuestra fe que nos llegan más fácilmente. Pero piensa en los milagros que podrían suceder si los cristianos de tamaño ordinario se atrevieran a orar oraciones del tamaño de Dios y confiaran en Él para producir respuestas de Su tamaño.

El gran clérigo Juan Wesley es ampliamente citado diciendo: «Dios no hace nada excepto en respuesta a la oración de fe». Si eso es cierto, tal vez tengamos que reconsiderar cómo pasamos la mayor parte de nuestro tiempo.

La oración era ciertamente importante para Jesús. A menudo oraba solo por la mañana (Marcos 1:35) y al menos en una ocasión pasó una noche entera en oración (Lucas 6:12). Aunque era completamente Dios, Jesús se despojó de su poder y privilegio (Filipenses 2:6-7).

Lo que significa que, al igual que nosotros, Jesús tuvo que recurrir al poder divino de Dios para hacer lo que se le había asignado hacer.

Jesús oró en el río Jordán antes de ser ungido por el Espíritu Santo para el ministerio público (Lucas 3:21). Oró antes de elegir a los discípulos (Lucas 6:12-13). Oró antes de resucitar a Lázaro de entre los muertos (Juan 11:41-42).

Jesús no solo oró *antes* de su ministerio activo, sino que también oró *después*. Porque Él entendía que el aplauso de la gente puede ser más peligroso que su rechazo más cruel. Cuando la multitud quiso hacer rey a Jesús después de alimentar a los cinco mil, Mateo 14:23 nos dice que Jesús despidió a las multitudes y «subió a la montaña para orar a solas».

Si Jesús necesitaba oración para navegar los desafíos de la vida y el ministerio, sin duda, necesitamos orar aún más. Como dijo una vez el pastor Ray Stedman: «Es significativo notar que, aunque Jesús nunca les enseñó a sus discípulos a predicar, sí les enseñó a orar».[162]

La oración mueve la mano de Dios, no solo en el mundo que nos rodea, sino también en nuestras almas. Al buscar su rostro, la voluntad de Dios se establece en nosotras y luego a través de nosotras.

El reino de Dios vence a los reinos de este mundo.

Empuñando el arma de la oración

Como rey y líder militar de Israel, David tenía múltiples recursos a su disposición: carros y caballos, arsenales bien surtidos y regimientos enteros de soldados. Cuando otros reyes y naciones venían contra Israel, David se comunicaba con Dios y salía a la guerra (véase 2 Samuel 5:19).

Pero cuando el ataque era personal, David rara vez recurría a apoyarse en la «fuerza humana» (2 Crónicas 32:8). Incluso como rey, no tomaba ventaja de su poder para acallar a sus críticos. No exigía respeto ni forzaba la lealtad. En cambio, David se volvía a Dios.

Muchas de las oraciones de David están capturadas en los salmos. De hecho, se cree que más de la mitad de los ciento cincuenta salmos de la Biblia fueron escritos por David,[163] y muchos de ellos están redactados como oraciones. Salmos 86:1-2 es justamente un ejemplo poderoso:

> Atiéndeme, Señor; respóndeme,
> pues pobre soy y estoy necesitado.
> Protege mi vida, pues te soy fiel.
> Tú eres mi Dios y en ti confío;
> ¡salva a tu siervo!

Aunque David ciertamente no era perfecto, por lo general, este hombre conforme al corazón de Dios dependía completamente de Él. Mientras David buscó al Señor a lo largo de su vida llena de experiencias, Dios se mostró fiel y digno de absoluta confianza.

Cuando consideras la amistad íntima que David disfrutó con el Señor, es impresionante darse cuenta de que a ti y a mí se nos ha dado un acceso aún mayor que a David. Gracias a Jesús, podemos acercarnos «confiadamente al trono de la gracia para recibir la misericordia y encontrar la gracia que nos ayuden oportunamente» (Hebreos 4:16). Y recibir su gracia para los demás también.

Entonces, ¿por qué no vamos al trono más a menudo? ¿Y por qué no *sentimos* esa confianza cuando lo hacemos? A menudo es porque no sabemos qué pedir o cómo debemos orar en ciertas situaciones. Ahí es donde el Espíritu Santo se vuelve tan precioso. Porque como Pablo escribe en Romanos 8:26-27, aunque «No sabemos qué pedir [...] el Espíritu mismo intercede por nosotros [...] conforme a la voluntad de Dios».

¡Solo piensa en eso! Tú y yo tenemos una línea directa al cielo. El Espíritu de Dios, el mismo Espíritu poderoso que trajo orden del caos en la Creación y resucitó a Cristo de entre los muertos, vive *en* nosotras y quiere orar *a través* de nosotras. Él mueve nuestros corazones. Aviva nuestras oraciones para que sean justas y eficaces, y provoquen mucho resultado (Santiago 5:16).

Desafortunadamente, creo que a menudo subestimamos la importancia del Espíritu Santo cuando se trata de vivir nuestra fe. Después de todo, es el Espíritu quien primero nos atrajo a Cristo al convencernos de pecado (Juan 16:8). La «ley del Espíritu de vida te ha librado de la ley del pecado y de la muerte» (Romanos 8:2). Es el «Espíritu de sabiduría y de revelación» quien nos ayuda a conocer mejor a Jesús (Efesios 1:17), porque sin el Espíritu Santo, no podemos entender «lo que por su gracia él nos ha concedido» (1 Corintios 2:12). Al dar la bienvenida a su obra, el Espíritu que clama: «¡*Abba*! ¡Padre!» dentro de nosotras (Gálatas 4:6) confirma que realmente le pertenecemos a Dios.

La tercera persona de la Trinidad también nos ayuda a «orar en el poder del Espíritu Santo» (Judas 1:20, NTV). En lugar de dar voz a los caprichos y deseos de la Mujer de la Carne, el Espíritu nos ayuda a orar con confianza conforme a la voluntad de Dios, según 1 Juan 5:14. Pero para acceder al poder del Espíritu Santo, debemos darle el control total de nuestras vidas, confiando en que Él nos guiará y dirigirá incluso mientras oramos.

Porque la oración inspirada por el Espíritu es parte de «toda la armadura de Dios» descrita en Efesios 6:13-18. Aunque Pablo no le asigna una pieza específica de «armadura» (como el «cinturón de la verdad» y la «coraza de justicia» del versículo 14), vemos cómo debe usarse en los versículos 17-18: «Tomen [...] la espada del Espíritu, que es la palabra de Dios. Oren en el Espíritu en todo momento, con peticiones y ruegos».

¿Ves cómo todo tiene sentido? Cuando se usa en combinación con la Palabra de Dios, la oración guiada por el Espíritu se convierte en una superarma diseñada para eliminar al enemigo. Y nos ayuda a derribar al «que gobierna los aires» (Efesios 2:2).

Acceso al poder de Dios en la oración

He tenido la bendición de experimentar momentos en oración que el cielo toca la tierra. Momentos en que, debido al poder vivificante del Espíritu Santo, oro con claridad y autoridad que definitivamente no son mías. Momentos en que la intercesión parece sin esfuerzo y todo mi ser está comprometido: cuerpo, alma y espíritu.

Desafortunadamente, no sucede tan a menudo como debería.

Tal vez es por eso que he sido tan bendecida por un pequeño libro que encontré recientemente: *How to pray* [Cómo orar] por R. A. Torrey. Dwight L. Moody le pidió a su amigo Torrey que escribiera el libro como un recurso para ayudar a los cristianos a desarrollar una vida de oración.[164] Y oh, Dios mío, ¡cómo me está ayudando! Aunque fue publicado por primera vez en el año 1900, la versión actualizada que leí todavía es relevante hoy.

En lugar de hacerme sentir culpable por la debilidad de mi vida de oración, Torrey enfatiza cuánto Dios quiere ayudarme a orar. No solo reconoce el bloqueo que muchas de nosotras sentimos al orar, sino que también ofrece consejos prácticos para que podamos lograrlo:

> Cuando tenemos menos ganas de orar es el momento en que más necesitamos orar. Debemos esperar en silencio ante Dios y decirle cuán fríos y sin ganas de orar están nuestros corazones. Debemos mirar al cielo, confiar en Él y esperar que envíe al Espíritu Santo para avivar nuestro corazón e impulsarnos a orar. No pasará mucho tiempo antes de que el resplandor de la presencia del Espíritu llene nuestro corazón. Comenzaremos a orar con libertad, franqueza, fervor y poder. Muchas de las temporadas de oración más benditas que he vivido han comenzado con un sentimiento de muerte y total falta de oración. Pero, en mi impotencia y frialdad, me he rendido a Dios y le he buscado para que envíe su Espíritu Santo a fin de enseñarme a orar. Y Él siempre lo ha hecho.[165]

Permitir que el Espíritu Santo «avive nuestro corazón y nos impulse a orar» es mucho mejor que tratar de elaborar una falsificación. Como señala Torrey, «Muchas personas pierden la fe por completo al tratar de crear fe por un esfuerzo de su voluntad. Cuando no obtienen lo que les hicieron creer que recibirían, el fundamento mismo de su fe a menudo se erosiona».[166]

CÓMO ORAR EFICAZMENTE

Todos sabemos que debemos orar, pero no siempre sabemos cómo hacerlo. Estos consejos de R. A. Torrey definitivamente me han ayudado:

1. ***Debemos ir a la presencia de Dios.*** «Debe haber un acercamiento definido y consciente a Dios cuando oramos». Un viaje intencional a su presencia y una «vívida comprensión de que Dios se inclina hacia nosotros y nos escucha mientras oramos».[167]

2. ***Debemos acercarnos fervientemente a Dios.*** «La oración que persuade a Dios es la oración en la que ponemos toda nuestra alma y nos extendemos hacia Él en un deseo intenso y agonizante. Gran parte de nuestras oraciones carece de poder porque carece de corazón».[168]

3. ***Debemos ser obedientes a la Palabra de Dios.*** «Si queremos poder en la oración, debemos ser estudiantes fervientes de su Palabra para descubrir cuál es su voluntad con respecto a nosotros. Luego, al descubrirla, debemos obedecerla».[169]

4. ***Debemos orar de acuerdo con la voluntad de Dios.*** Uno de los mayores secretos de la oración que prevalece es «estudiar la Palabra para encontrar cuál es la voluntad de Dios como se revela allí en las promesas. Luego, en oración reclamar las promesas, con la expectativa absolutamente inquebrantable de que Él hará lo que ha prometido».[170]

5. ***Debemos recurrir al Espíritu Santo para que nos ayude.*** Cuando vamos a la presencia de Dios, «debemos estar en silencio delante de Él. Debemos procurar que envíe Su Espíritu Santo para que nos enseñe cómo orar. Debemos esperar al Espíritu Santo y rendirnos a Él. Entonces, oraremos correctamente».[171]

6. ***Debemos orar con fe y creer que Dios responderá.*** Jesús dice: «Crean que ya han recibido todo lo que estén pidiendo en oración y lo obtendrán» (Marcos 11:24). Cuando nuestra petición de oración se basa en las promesas de Dios y nuestra obediencia se alinea con su Palabra, podemos tener «expectativas seguras e inquebrantables» de que Dios contestará nuestra oración.[172]

7. **Debemos agradecer a Dios de antemano.** «Al acercarnos a Dios para pedirle nuevas bendiciones, nunca debemos olvidarnos de agradecerle por las bendiciones ya otorgadas».[173] Al meditar en lo que Dios ha hecho en el pasado, nuestra «fe se vuelve más y más audaz. Llegamos a sentir, en lo más profundo de nuestra alma, que no hay nada demasiado difícil para el Señor».[174]

Estas son solo algunas de las sugerencias de Torrey, pero hay otra que ha traído un nuevo aliento a mi vida de oración y me ha ayudado a concentrarme en el resultado más importante: «El verdadero propósito de la oración es que Dios sea glorificado en la respuesta».[175]

Que así sea, Señor. Que así sea.

Dedíquense a la oración con una mente alerta y un corazón agradecido.

Colosenses 4:2, NTV

Es por eso que la rendición es tan importante. Porque hasta que no abandonemos nuestras agendas, tenderemos a tratar a la oración como un tipo de moneda para obtener lo que queremos. Dios será degradado a una máquina expendedora en lugar de ser honrado como nuestro gobernante supremo. Cuando no obtenemos lo que queremos, muchas de nosotras comenzamos a evitar la oración por completo.

Pero cuando nos acercamos a Jesús y comenzamos a escuchar los latidos de su corazón, nuestra resistencia a la oración comienza a debilitarse. Porque vemos a la oración como una conversación divina que no atrae a Dios a nuestra voluntad, sino que nos prepara para conocer y cooperar con la suya. Al asociarnos con el Espíritu Santo, Él nos ayudará a orar eficazmente para que el cielo pueda impactar la tierra.

Podremos hacer agujeros en la oscuridad para que la luz del amor de Dios pueda invadir nuestro planeta perdido, alcanzando y salvando un alma a la vez.

Ora en grande y sigue orando

El mundo está buscando algo real. Algo genuino. Algo tan poderoso y sobrenatural, que no tenga explicación si no fuera por Dios. Pero para que eso suceda, tenemos que dejar que Dios salga de la caja en la que a veces lo colocamos. Tenemos que estar dispuestas a hacer oraciones del tamaño de Dios para que Él pueda ser revelado en respuestas del tamaño de Dios. Ya no *orar* a lo seguro, ni *jugar* a lo seguro. Incluso cuando se trate de nuestras peticiones personales.

Sin embargo, aquí es donde tiendo a dudar. Debido a que soy consciente del espíritu exigente de mi Mujer de la Carne, a menudo soy reacia a pedirle a Dios algo más que mis necesidades generales. «Si es tu voluntad, Señor», a menudo oro al final de mis peticiones, porque quiero reconocer continuamente el derecho de Dios a gobernar y reinar en mi vida.

Sin embargo, recientemente me he dado cuenta de que debajo de mi sumisión a veces hay una corriente subterránea de incredulidad. «Si es tu voluntad» puede ser un intento inconsciente de evitar la decepción, un reconocimiento preventivo de que mis oraciones podrían no ser respondidas de la manera que me gustaría. Y seamos honestas, esa es la parte arriesgada de la oración.

Pero tú y yo hemos recibido una invitación clara:

> No se preocupen por nada; en cambio, oren por todo. Díganle a Dios lo que necesitan y denle gracias por todo lo que él ha hecho. (Filipenses 4:6, NTV)

¡Escucha esa promesa! No necesitamos censurar nuestras oraciones ni bajar el tono de nuestras peticiones. Podemos pedirle cualquier cosa al Señor, y confiar en que Él responderá de la manera que sea mejor.

He escuchado a personas decir que las oraciones a menudo reciben una de estas tres respuestas: *Sí. No.* O *espera un momento.* Pero a veces, en su sabiduría, sospecho que Dios ofrece una cuarta respuesta: *¡Debes estar bromeando!* Debido a que Él es un Padre sabio, Dios no siempre nos da lo que queremos. Y cuando lo hace, rara vez es tan rápido como nos gustaría.

Es por eso que la oración efectiva a menudo implica perseverancia. Como escribe R. A. Torrey:

> Dios no siempre nos da cosas en nuestro primer esfuerzo. Él quiere entrenarnos y hacernos fuertes obligándonos a trabajar duro para las mejores cosas. Del mismo modo, Él no siempre nos da lo que pedimos en respuesta a la primera oración. Él quiere entrenarnos y hacernos personas fuertes de oración al obligarnos a orar mucho por las mejores cosas. Él nos hace *orar intensamente.*[176]

Mi amiga Bárbara oró por su esposo inconverso durante años. Aunque él no dio señales de volverse más receptivo, ella siguió amándolo y sirviéndole incluso cuando su salud disminuyó. Un año antes de su muerte, Dios abrió una puerta para que Bárbara guiara a Jim a Jesús. Nunca olvidaré la paz que marcó su semblante y la sonrisa que les iluminaba a ambos cuando asistieron a la iglesia por primera vez juntos. Fue una respuesta a la oración que tardó en llegar. Pero ahora que Jim está en el cielo con Jesús, creo que Bárbara estaría de acuerdo, la respuesta llegó en el momento preciso.

Mi amiga Kelly no ha experimentado la sanidad física que necesita desde hace más de una década. Pero a pesar del sufrimiento continuo, ella sigue orando, pidiendo y creyendo que el Dios que prometió sanarla será fiel a su Palabra.

Para ser honesta, no entiendo por qué Dios parece responder la oración de una persona rápidamente y la de otra lentamente, o a veces no contesta en absoluto. Pero la falta de comprensión no debe impedirnos continuar orando.

Probablemente estés familiarizada con Mateo 7:7. Contiene la cálida invitación de Jesús a llevar nuestras necesidades a Dios en oración. «Pidan y se les dará; busquen y encontrarán; llamen y se les abrirá». Pero lo que tal vez no entendamos a partir de la mayoría de las traducciones es la persistencia que implica el idioma original. La Biblia Amplificada lo expresa así:

> Pide *y* sigue pidiendo y se te dará; Busca *y* sigue buscando y encontrarás; golpea y sigue golpeando y la puerta se te abrirá. Porque todo el que sigue pidiendo recibe, y el que sigue buscando encuentra, y al que sigue llamando se le abrirá. (vv. 7-8; traducción libre de *Amplified Bible*)

Jesús contó dos historias en Lucas para ilustrar este tipo de oración persistente. La primera, que se encuentra en Lucas 11:5-10, es acerca de un hombre que va a la casa de un amigo «a medianoche» (v. 5) y le pide panes para otro amigo. Cómodo en la cama, el dueño de casa se niega. Pero el hombre sigue pidiendo. Debido a su audaz persistencia, la VI lo llama «impertinencia» (v. 8), su amigo finalmente se levanta de la cama para darle tantos panes como necesite (v. 8).

La segunda historia, que se encuentra en Lucas 18:1-8, presenta a una viuda persistente que de continuo le suplica justicia a un juez impío. Finalmente, el juez, que según su propia descripción «no tengo temor a Dios ni tengo consideración de nadie» (v. 4), decide ayudar a la viuda solo para evitar que ella le «haga la vida imposible» (v. 5).

Si bien ambas historias son un poco graciosas, hablan de la seria importancia de la oración persistente y tenaz.

Es significativo que Jesús contó la primera historia directamente después de enseñar a los discípulos a orar el Padrenuestro. Después de orar: «Danos cada día nuestro pan cotidiano» (Lucas 11:3), Jesús los alienta a orar también *por un amigo* contando la historia de la oración persistente. Porque Él quiere que oremos por los demás con tanta intensidad como oramos por nosotros mismos.

La introducción de Lucas a la segunda historia solo refuerza la importancia de la oración persistente: «Jesús contó a sus discípulos una parábola para mostrarles que debían orar siempre, sin desanimarse» (Lucas 18:1). Pero al final de la historia, Jesús les recuerda las buenas intenciones de Dios hacia todos nosotros: «¿Acaso Dios no hará justicia a sus escogidos, que claman a él día y noche?», Jesús dice en los versículos 7-8. «Les digo que sí les hará justicia y sin demora».

Dios no es un amigo reacio o un juez gruñón que cede a nuestros deseos solo para que lo dejemos de molestar. Él es un Padre bueno y amoroso que anhela dar regalos «buenos y perfectos» a sus hijos (Santiago 1:17). Dios quiere actuar a nuestro favor, pero también quiere que nos involucremos en el proceso. A medida que oramos activamente (y seguimos orando), aprendemos paciencia, persistencia y confianza. Practicamos el arte de ir a Él regularmente en lugar de rendirnos o depender de nosotras mismas.

Un día, durante mi tiempo de silencio, le pregunté al Señor por qué no había experimentado muchos milagros en mi vida. Tanto mis padres como los de John tienen historias maravillosas de la provisión de Dios. Al pensar en tantos milagros, sentí que el Espíritu susurraba estas palabras a mi corazón, recordándome Filipenses 4:19.

Cuando insistes en proveer para tus necesidades de acuerdo con tus «riquezas en gloria», Joanna, nunca experimentas la alegría de disfrutar de las mías.

Confiar en el corazón del Padre

Cuando nuestro hijo menor tenía unos seis o siete años, Walt Disney World lanzó una gran campaña publicitaria. Josué se sentaba sonriendo frente al televisor mientras veía a las familias disfrutar del parque temático. Esperaba que me preguntara si podíamos ir algún día, pero en lugar de eso solo comentó: «No hay duda de que se están divirtiendo».

Siempre diplomático, Josué rara vez aparece y nos pide cosas. De hecho, incluso hoy en día, cuando ofrezco postre, generalmente dice: «Si te parece bien, mamá».

Siempre he admirado la naturaleza no exigente de mi hijo. Pero recientemente el Espíritu Santo me convenció de una tendencia similar en mi propia vida; una que no es tan admirable. Suelo tener tanto miedo de los motivos impuros que rechazo mis deseos honestos y dudo en pedirle a Dios algo grande. Pero ¿qué pasa si, al retener mis peticiones, me estoy perdiendo las cosas que Dios quiere hacer *por* mí? ¿La obra que anhela hacer *a través* de mí? Sin mencionar cómo nuestra relación se enriquece y crece cuando le presento todo mi corazón a Dios en anticipación y confianza.

Cuando aparecían los anuncios del parque Disney World, el deseo de Josué era obvio.

Pero como no teníamos el dinero para hacerlo realidad, dejé su sueño a un lado, sin darle valor. Ahora, todos estos años después, me pregunto… ¿Y si hubiera manejado las cosas de manera diferente? Sin hacer promesas ni establecer falsas esperanzas y expectativas, podría haber reconocido el anhelo de Josué y juntos haber compartido su sueño.

«¿No sería divertido ir a Disney World?» Podría haberle dicho. «Si tuvieras la oportunidad de ir, ¿qué te gustaría hacer primero?»

Podríamos haber disfrutado hablando juntos sobre la experiencia: los paseos que nos gustaría hacer, las deliciosas golosinas que nos gustaría comer. Y podría haber aprovechado la oportunidad para enseñarle a mi hijo que no hay nada demasiado grande ni exagerado, demasiado pequeño ni intrascendente, que no podamos llevar a Dios en oración. Porque a nuestro Padre celestial le encanta escuchar nuestros anhelos y sueños. Incluso agradece nuestros deseos.

Y a veces, ¡a veces!, Él hace realidad esos sueños.

Varios años después, Dios nos abrió una puerta para llevar a Josué a Disney World. Unos años después de eso, nos dieron pases a Disneyland mientras estábamos en California. Imagínate si hubiera estado dispuesta a soñar con mi hijo y si hubiéramos llevado ese sueño a Dios en oración, Josué habría visto un vínculo innegable entre nuestra petición de oración y la respuesta de Dios. ¡Qué tiempo de alegría hubiéramos experimentado!

Después de esa lección, he tratado de practicar un enfoque más equilibrado de la oración. Quiero monitorear mis motivos para no «pedir mal» (Santiago 4:3, RVR1960). Pero en lugar de prejuzgar a Dios como poco dispuesto y mis deseos como egoístas, estoy tratando de acercarme como una niña que va a su Padre. Quiero tener la fe de un niño que Jesús recomienda en Mateo 18:3-4, pero no quiero que sea infantil o inmadura. La diferencia es sutil pero importante.

La fe infantil hace exigencias, pero la fe de un niño hace peticiones.

La fe infantil hace pucheros y gime cuando una solicitud se retrasa o se niega. Se atasca en el resentimiento y cuestiona el amor del Padre.

La fe de un niño, por otro lado, puede llorar cuando enfrenta una prueba, pero elige persistir de cerca y no alejarse. Permite que el amor del Señor le seque los ojos para que pueda seguir adelante, libre de resentimiento y dispuesto a creer en Dios por más.

Lo que sea que pidamos

Tú y yo hemos sido invitadas a hacer oraciones del tamaño de Dios. A soñar junto con Dios sobre maneras de traer su solución redentora a la tierra. Debemos negarnos a preocuparnos, y presentar nuestras peticiones con acción de gracias. Porque sabemos que nuestro Padre amoroso tiene el poder, clasifica todas nuestras peticiones y determina qué es lo mejor.

Hace varios veranos, celebramos el primer cumpleaños de Natanael junto con el segundo cumpleaños de los gemelos, Jaxson y Quinley. Mientras los veía abrir sus regalos, no pude evitar recordar esos años de oración desesperada. Aunque nuestros ruegos no fueron respondidos de inmediato, estos bebés llegaron justo a tiempo. Porque Dios tiene un plan y un propósito específicos para cada uno de estos niños, como declara Salmos 139:16:

> Todo estaba ya escrito en tu libro;
> todos mis días se estaban diseñando,
> aunque no existía uno solo de ellos.

Si el Señor hubiera contestado nuestras oraciones cuando comenzamos a hacerlas, ¿existirían estas pequeñas personas únicas y preciosas? No tengo forma de saberlo, pero estoy segura de una cosa: Dios es más sabio de lo que sabemos y más bueno de lo que pensamos.

Si nuestros corazones están enfocados en el Señor y en cómo complacerlo, si permitimos que el Espíritu Santo purifique nuestros motivos y moldee nuestras oraciones, si nuestras peticiones se alinean con las Escrituras y traen gloria a Dios, y si confiamos en Él en cuanto a la sustancia y el tiempo de las respuestas, entonces tú y yo podemos aferrarnos a Dios y su Palabra en lo referido a nuestras oraciones:

> Esta es la confianza que tenemos al acercarnos a Dios: que, si pedimos cualquier cosa conforme a su voluntad, él nos oye. Y si sabemos que Dios oye todas nuestras oraciones, podemos estar seguros de que ya tenemos lo que le hemos pedido. (1 Juan 5:14-15)

Así que, sigue orando, amiga mía. Sigue pidiendo, buscando y llamando.

Y hagas lo que hagas, no subestimes la grandeza de Dios por la pequeñez de tu petición.

CUARTA PARTE

Una fe viva

Señor, hoy acepto mi llamado
no a la perfección o al desempeño.
Mi llamado es a la fe.
He sido elegida para esta generación.
Tengo un lugar en la herencia de la fe.
Voy a dejar de desear y lloriquear,
y empezar a creer y recibir.
Lo que dice tu Palabra es para mí.
No dejaré que otros roben mi esperanza...
Porque Tú, Dios mío, eres inmenso.
Nada es demasiado difícil para ti.
Nuestro mundo necesita tus maravillas.
¡Levántate, oh Señor!
Por favor, renueva tus obras en nuestros días.
Confieso la incredulidad de mi generación
y te pido que traigas tu avivamiento de fe
en mi propio corazón.
Porque Tú eres quien dices ser.
Puedes hacer lo que dices que puedes hacer.
Yo soy quien Tú dices que soy.
Puedo hacer todas las cosas por medio de Cristo.
Tu Palabra está viva y activa en mí.
¡Estoy creyendo a Dios!

Beth Moore[177]

Quince

Descansando en la soberanía de Dios

> Tú, Soberano SEÑOR, has sido mi esperanza;
> en ti he confiado desde mi juventud.
>
> Salmos 71:5

Había sido un día terrible, para nada bueno.

Mi esposo había dicho algo que me avergonzó, y yo estaba enojada. Habíamos tratado de hablar de ello, pero John no podía ver el problema. Yo, por otro lado, no podía ver nada más.

De camino a una cita, John me dejó para ver algunas pequeñas tiendas en la ciudad que estábamos visitando. Mientras paseaba por una tienda decorada para Navidad, me enamoré de un conjunto de bloques de madera marrón que decían "Paz". Adornados con piñas y acebos, los bloques se podían exhibir durante todo el año. Lo mejor de todo es que el adorno completo costaba solo ocho dólares.

Más tarde, en la cafetería donde John había aceptado recogerme, pedí un café con chocolate y comencé a ensayar un discurso corto pero poderoso que ayudaría a mi esposo a comprender la profundidad de mi dolor. Pero cuando llegó y comencé a subir a la camioneta, fueron otras las palabras que salieron de mi boca.

«¡Alto!» Exclamé. «¡He perdido mi paz!» Corrí de regreso a la cafetería y busqué en el área donde había estado sentada. Pregunté en el mostrador e incluso busqué en la basura. Pero, por desgracia, no había señales de la pequeña bolsa de papel que contenía el conjunto de bloques.

De regreso a la camioneta, cerré la puerta con frustración. «¡Alguien me robó la paz!» Le dije a mi desconcertado esposo, soltando una lágrima. Realmente me encantaban esos bloques.

A la mañana siguiente llamé a la tienda para ver si tenían más en la parte de atrás. La mujer en el teléfono se ofreció a verificar mientras yo susurraba una oración.

«¡Buenas noticias! Encontré otro de esos adornos», dijo cuando volvió a la llamada. Nos regocijamos por el descubrimiento. Pero luego ella dijo: «Oye... Acabo de notar una bolsa debajo del mostrador. Tiene un conjunto de bloques en él. ¿Crees que son tuyos?»

De repente, el Señor me habló: *Nadie te robó la paz, Joanna. Y tampoco la perdiste.*

Tú la dejaste, querida, le susurró a mi corazón regañado.

Descansando en la paz de Dios

La paz es difícil de conseguir en nuestro mundo inquieto e inestable. Incluso aquellas de nosotras que amamos a Jesús podemos estar tan consumidas por las preocupaciones de la vida que extrañamos la calma interior que Jesús vino a dar. «La paz les dejo; mi paz les doy», dice Jesús en Juan 14:27. «Yo no se la doy a ustedes como la da el mundo. No se angustien ni se acobarden».

La paz que Jesús ofrece es verdaderamente asombrosa. Está destinada a infiltrarse en cada parte de nuestro ser, dándonos paz *interior* y paz *exterior*. Una estabilidad profundamente arraigada que no se altera, no puede ser robada ni se extravía fácilmente. Porque no es solo paz *con* Dios. Es la paz *de* Dios mismo.

¿Recuerdas el sueño que describí en el capítulo 3? ¿Los grandes agujeros abiertos en los cimientos de un edificio que necesitaban ser llenados? Tuve que sonreír cuando escuché la descripción de

Bible Project[178] de *shalom*, la palabra hebrea usada en el Antiguo Testamento para describir la paz de Dios:

> El significado más básico de *shalom* es completo o íntegro. La palabra puede referirse a una piedra sin grietas. También puede referirse a un muro de piedra completo que no tiene huecos ni ladrillos faltantes. *Shalom* se refiere a algo que es complejo, con muchas piezas, que está en un estado de integridad, totalidad.[179]

¡Oh, cómo quisiera llegar a estar completa e íntegra en la paz *shalom* de Dios! Quiero que los vacíos de mi alma se llenen con su amor y que cualquier agujero en mi fe sea apuntalado por su gracia. ¿No quieres eso para tu vida también?

Está disponible, amiga mía, pero el primer paso es confiar en el Señor con todo nuestro corazón, y soltar el control en rendición para que podamos aferrarnos a la fe. Permitir que el Espíritu Santo vuelva a cablear nuestras almas para que «la paz de Dios, que sobrepasa todo entendimiento» guarde nuestros corazones y mentes (Filipenses 4:7).

Es el tipo de vida que Jesús vivió cuando vino a la tierra. En completa dependencia de Dios, Jesús nunca parecía correr de un lugar a otro. Era intencional en lugar de arrebatado, estaba disponible en lugar de mostrarse siempre ocupado, era accesible en lugar de distante. Debido a que era guiado por el Espíritu Santo, Jesús tenía la capacidad de ver todo y a todos como parte de la voluntad de Dios para su vida. Y debido a que confiaba en que el Padre tenía todo bajo control, su vida se caracterizaba por una hermosa paz.

Imagina cómo serían nuestras vidas si hiciéramos lo mismo.

Descansando en la bondad de Dios

En un pasaje familiar que se encuentra en Mateo 6:25-34, Jesús enumera las cosas de las que no debemos preocuparnos. Qué comer o beber. Qué ropa ponerse. Pero antes de recitar la lista, Jesús instruye a sus oyentes: «No se preocupen por su vida» (v. 25).

«No se preocupen...»

No sé tú, pero yo me preocupo demasiado en mi vida. Cuando algo sucede o alguien hace algo que me afecta, bueno, tengo pensamientos sobre eso. Montones y montones de pensamientos. Tantos pensamientos que me mantienen despierta por la noche y se extienden a mis días.

Pero Jesús modeló un tipo diferente de vida. Se movió por el mundo sin prisa ni preocupaciones. En lugar de conspirar para salir adelante y tratar de microgestionar a las personas que lo rodeaban, Jesús simplemente confió en el Padre e hizo todo lo que le pidió. Su vida nos proporciona una clase magistral de descanso:

- *Jesús descansó en la provisión de Dios.* Aunque «el Hijo del hombre no tiene dónde recostar su cabeza», dijo Jesús en Lucas 9:58, nunca pareció sufrir carencias. Debido a su confianza en Dios, Jesús pudo proveer milagrosamente vino para bodas y suficientes cajitas felices para alimentar a las multitudes en masa que fueron a escucharlo predicar.
- *Jesús descansó en la protección de Dios.* Debido a que su vida estaba en las manos de Dios, Jesús pudo dormir durante las tormentas y enfrentarse a los críticos. Aunque hubo complots contra su vida (Lucas 4:28-30; Juan 8:59; 10:31-32), Dios lo protegió. Cuando Pilato advirtió que podía matarlo, Jesús dijo: «No tendrías ningún poder sobre mí si no se te hubiera dado de arriba» (Juan 19:11).
- *Jesús descansó en la dirección de Dios.* Al levantarse temprano, Jesús recibía sus órdenes de marcha a través de la oración (Marcos 1:35). Pero también permanecía abierto a la guía del Espíritu durante todo el día. Se tomaba el tiempo para jugar con los niños y nunca rechazaba a una persona necesitada. En lugar de irritarse por las interrupciones, Jesús las recibía como citas divinas organizadas por su Padre.

Dios nos ofrece a cada una de nosotras el mismo tipo de provisión, protección y dirección que Jesús disfrutó. Si confiamos en su bondad soberana y permitimos que nuestros corazones se asienten profundamente en su amor, experimentaremos la paz *shalom* que Jesús ofrece. Pero hay un «descanso» sobrenatural que el Señor quiere darnos también.

«Vengan a mí todos ustedes que están cansados y agobiados; yo les daré descanso», dice Jesús en Mateo 11:28-29, «Carguen con mi yugo y aprendan de mí, pues yo soy apacible y humilde de corazón, y encontrarán descanso para sus almas».

Aunque la mayoría de las traducciones al español usan la palabra descanso en ambos versículos, en griego son dos palabras diferentes pero relacionadas. La primera es un verbo que significa «dar descanso, tranquilidad, recrear, refrescar».[180] Pero la segunda es un sustantivo y sugiere la idea de «tranquilidad interior mientras uno realiza el trabajo necesario».[181]

¿No es hermoso? Jesús quiere ofrecernos un lugar tranquilo para descansar nuestras almas, pero también quiere darnos una tranquilidad interior, una sensación de paz y calma incluso en medio de nuestras muchas responsabilidades.

Cuando confiamos en el Señor y aprendemos a experimentar ambos tipos de «descanso», no estaremos tan preocupadas por nuestras vidas. Porque entenderemos que los pensamientos de Dios hacia nosotras son tan vastos y numerosos que, como David escribe en Salmos 139:18,

> Si me propusiera contarlos,
> sumarían más que los granos de arena.

Con Dios siempre pensando en nosotras y cuidando de nuestras necesidades, tú y yo podemos experimentar la tranquilidad interior y la paz *shalom* que Jesús ofrece, sin importar lo que estemos pasando o los desafíos que enfrentemos.

Porque recurrimos a la fuerza y la sabiduría de Jesús mientras descansamos en la soberanía de Dios.

Dejar que Dios sea Dios

Tocamos el tema de la soberanía de Dios en el capítulo tres, la realidad de que nada está fuera del control de Dios y que Él puede hacer lo que quiera. Desafortunadamente, muchas de nosotras luchamos con esa idea, encontrando difícil entender por qué Dios todavía permite el mal y el sufrimiento, aunque fue el libre albedrío humano lo que lo desató en la tierra. Debido a que no entendemos el poder de Dios para redimir, cuestionamos su bondad cuando Él no interrumpe ni interviene.

Pero creo que nuestra mayor resistencia a la idea de la soberanía de Dios es que no encaja bien con nuestros propios problemas de control. Aceptar que Dios es libre de hacer lo que quiera simplemente porque Él es Dios, hace que nuestra Mujer de la Carne se asuste y nuestro fabricante de etiquetas interno se vuelva loco.

Es algo que Hudson Taylor también tuvo que aceptar. Aunque había experimentado una revelación de la fidelidad de Dios que cambió su vida (véase el capítulo 3), pasó por un período oscuro a los cincuenta y dos años. Confinado a la cama por una enfermedad crónica y sintiéndose olvidado, el misionero luchó con muchos de los temores y dudas que tienden a atormentarnos en tiempos difíciles. Pero entonces Hudson escribió estas poderosas palabras para sí mismo:

> Decídete a creer que Dios es un Soberano infinito y tiene el derecho de hacer lo que le plazca con los suyos, y puede que no te explique mil cosas que puedan desconcertar tu razón en Su trato contigo.[182]

Si bien no entiendo cómo funciona cada cosa, para mí todo se reduce a esto: o Dios está en control, o no lo está. Una opción trae esperanza, la otra desesperación. Una puede plantear preguntas, pero la otra no ofrece respuestas en absoluto. Es importante tener en cuenta, sin embargo, que la soberanía de Dios siempre está a nuestro favor. Porque Dios es bueno y nos ama. Le pertenecemos a Él, y Él está trabajando por nosotras.

Hace poco pasé tiempo con una querida amiga, JoAnn Roberts, quien compartió algunas de las cosas que el Señor le ha estado enseñando, especialmente en el área de confiar en la soberanía de Dios. JoAnn ha enfrentado muchos desafíos en los últimos años. Como resultado, ha pasado mucho tiempo en oración, derramando sus preguntas ante Dios: «¿Qué estás haciendo, Señor? ¿Cómo puede estar sucediendo esto?»

Pero recientemente, me dijo, el Espíritu Santo la ha llevado a hacer un tipo diferente de preguntas, no de Dios, sino de sí misma. Preguntas como:

- *¿Cómo sería si realmente creyera que mis circunstancias no dictan la bondad o fidelidad de Dios?*
- *¿Cómo oraría y cómo adoraría si realmente creyera que Dios está en control?*

Me he estado haciendo preguntas similares. Es una locura cómo puedo confiar en Dios con todo mi corazón un día, solo para despertar al día siguiente plagada de miedo y duda. En lugar de experimentar tranquilidad interior, a menudo permito que los problemas de la vida roben mi paz y arrebaten mi alegría. Pero el Señor ha estado usando un fragmento de una antigua oración ortodoxa para recalibrar mi corazón mientras declaro mi confianza en su gobierno soberano:

> Enséñame a tratar todo lo que me toca enfrentar con paz en el alma y con la firme convicción de que tu voluntad gobierna todo.[183]

Cuando mis planes se interrumpen y mi corazón se siente abrumado, regreso a mi centro con estas simples palabras: *Señor, enséñame a tratar todo lo que me toca enfrentar con paz en el alma y con la firme convicción de que tu voluntad gobierna todo.*

Cuando el miedo aumenta y el pánico trata de apoderarse de mi corazón, oro: *Dios, por favor dame paz en el alma y una convicción firme.*

Cuando sucede algo que trastoca mis planes, declaro sobre la situación: *Esto no es un error, tu voluntad gobierna todo.*

Confiar en la soberanía de Dios no es fácil, porque requiere que dejemos nuestra máquina etiquetadora y comamos del árbol de la vida en lugar del árbol del conocimiento. Pero hay una alegría increíble cuando lo hacemos. Porque en lugar de apoyarnos en nuestro propio entendimiento, permitimos que Dios sea Dios en nuestras vidas. El Dios que declara:

> Yo soy Dios y no hay ningún otro,
> yo soy Dios y no hay nadie igual a mí.
> Yo anuncio el fin desde el principio;
> desde los tiempos antiguos, lo que está por venir.
> Yo digo: Mi propósito se cumplirá,
> y haré todo lo que deseo.
> Lo que he dicho, haré que se cumpla;
> lo que he planeado, lo realizaré. (Isaías 46:9-11)

Incluso en las peores circunstancias, tú y yo podemos descansar en el conocimiento de que nada nos toca sin el permiso de Dios, y nada tiene el poder de arruinar sus propósitos para nuestras vidas. Pero para llegar a ese lugar de descanso debemos aceptar dos verdades importantes:

1. Dios no existe para servirnos; fuimos creadas para servirle.
2. Hasta que no nos sometamos a su gobierno, viviremos en conflicto con sus propósitos.

A pesar de la creencia popular, esta vida no se trata de nosotras. La historia de Dios está siendo escrita a través de la eternidad. Es el personaje principal de una saga épica que involucra una batalla continua entre el bien y el mal, la oscuridad y la luz, la destrucción y la creación. Solo somos actores secundarios, pero no podemos subestimar el papel que desempeñamos. Porque la forma en que vivimos importa. O glorificamos a Dios o lo ignoramos, por la forma en que elegimos confiar o desconfiar de su obra en nuestras vidas.

Descansando en la prueba

Aunque David es considerado el rey más grande de la historia de Israel, lamentablemente, su éxito se detuvo en la puerta de su casa. Por alguna razón, David parecía preferir sus deberes reales sobre el arduo trabajo que implica ser un buen padre.

Eventualmente, la falta de liderazgo parental de David hizo que su familia se desmoronara, y de hecho se desmoronó. Segunda de Samuel 13–14 describe una larga y sórdida historia llena de traición y venganza. Cuando el hijo de David, Amnón, violó a su media hermana, Tamar, el rey pasivo no hizo nada al respecto. Así que el hermano de Tamar, Absalón, mató a Amnón y huyó del país.

Aunque al joven finalmente se le permitió regresar, David se negó a reconciliarse con Absalón. Como resultado, el resentimiento del hijo contra su padre finalmente se convirtió en una rebelión abierta. Inició una campaña de cuatro años para ganarse el corazón de Israel (2 Samuel 15:1-7), y en un golpe bien orquestado, envió mensajeros para declarar audazmente: «¡Absalón reina en Hebrón!» (v. 10).

Con su reino renegado establecido a solo veinte millas al sur de Jerusalén, David finalmente despertó a la amenaza planteada por su hijo. Empacando un gran séquito, el rey salió de Jerusalén (vv. 14-24), llevando consigo el arca del pacto. Algunos comentarios ven esta respuesta como llena de miedo y, una vez más, pasiva. Pero cuando David instruye al sacerdote Sadoc a regresar a la ciudad en el pasaje que sigue, veo una hermosa sumisión al derecho soberano de Dios de hacer lo que Él quisiera.

Devuelve el arca de Dios a la ciudad. Si cuento con el favor del Señor, él hará que yo regrese y vuelva a ver el arca y el lugar donde él reside. Pero si él me hace saber que no le agrado, quedo a su merced y puede hacer conmigo lo que mejor le parezca. (vv. 25-26)

Al igual que David, todos hemos experimentado consecuencias relacionadas con nuestra pasividad o pecado, así como crueles injusticias que nos llenan de miedo. Incluso en nuestros mejores días, ninguna de nosotras merece el favor de Dios. Pero tú y yo, como David, podemos lanzarnos a la misericordia de Dios. Porque en última instancia:

> Dios es el único que juzga;
> él decide quién se levantará y quién caerá. (Salmos 75:7, NTV)

El complot lleno de orgullo de Absalón finalmente fracasó, y Dios le devolvió a David el trono de Israel. Porque el Señor se sintió profundamente conmovido, como se siente hoy, por las personas que eligen humillarse y someterse a Él.

Por aquellos que confían en su soberanía diciendo: «Quedo a su merced y puede hacer conmigo lo que mejor le parezca».

La difícil elección de confiar

Me parece interesante que algunos planes de lectura cronológica coloquen la historia de Job cerca de la historia de la tentación de Adán y Eva, es decir, en algún lugar entre Génesis 11 y 12.[184] Porque hay un contraste interesante entre las elecciones hechas en esos dos relatos de advertencia.

A pesar de disfrutar de bendiciones perfectas en el Jardín, los corazones de Adán y Eva se apartaron lejos de su Hacedor. Pero Job, despojado de toda bendición y afligido, eligió confiar en el gobierno soberano de Dios.

Aunque no tenemos tiempo para estudiar toda la historia de Job, basta con decir que Dios permitió que el hombre pasara por pruebas extremas. Golpeado por Satanás con una tragedia tras otra, Job perdió a sus hijos, su riqueza y finalmente su salud. Terminó en las cenizas, luego de una vida una vez próspera, mientras sus amigos debatían puntos misteriosos de filosofía y su esposa lo instaba a maldecir a Dios y morir (Job 2:9).

LA SERENIDAD DE LA SOBERANÍA DE DIOS

La «Oración de la serenidad» ha sido citada millones de veces. La mayoría de nosotros estamos familiarizados con las primeras cuatro líneas, pero muchos grupos de recuperación usan la oración en su totalidad. Escrito por el gran teólogo Reinhold Niebuhr hace más de ochenta años, es una oración que vale la pena repetir hoy.

> Dios, concédeme la serenidad
> para aceptar las cosas que no puedo cambiar,
> el valor para cambiar las cosas que puedo cambiar
> y la sabiduría para conocer la diferencia.
> Viviendo un día a la vez,
> disfrutando un momento a la vez;
> aceptando las adversidades como un camino hacia la paz;
> aceptando, como lo hizo Jesús,
> este mundo pecador tal y como es,
> no como me gustaría que fuera;
> creyendo que Tú harás que todas las cosas estén bien
> si yo me entrego a Tu voluntad;
> de modo que pueda ser razonablemente feliz en esta vida
> e increíblemente feliz contigo en la siguiente.
> Amen[185]

¿En qué parte de esta oración necesitas enfocarte hoy? Si hay una frase que te incomoda, dedica el tiempo para discutirla con el Señor. Si hay algo que Él quiere que hagas, recuerda, no tienes que hacerlo sola. El Espíritu Santo, tu Ayudador, camina a tu lado mientras rindes tu vida bajo sumisión al gobierno soberano de Dios.

Pero yo, Señor, en ti confío,
y digo: «Tú eres mi Dios».
Mi *vida entera* está en tus manos.

Salmos 31:14-15

Sin embargo, en medio de todo su dolor y confusión, Job seguía buscando con su corazón a Dios. Y ahí es donde vemos el hermoso contraste entre la sumisión de Job y la rebelión de Adán y Eva.

La primera pareja difamó a Dios, pero Job lo vindicó.

Aunque Satanás pudo haber triunfado en el Jardín, Dios prevaleció sobre las cenizas. Y se ganó una batalla crucial en la saga épica.

Si bien ninguna de nosotras quiere pasar por el tipo de sufrimiento que experimentó Job, creo que su historia puede ayudarnos a navegar la lucha por confiar cuando algo terrible sucede en nuestras vidas o en la vida de alguien que amamos. Job hace cuatro poderosas declaraciones sobre la soberanía de Dios que, si se aceptan, pueden ayudarnos a encontrar la paz cuando nuestro mundo está al revés.

La primera declaración fue en respuesta a la insistencia de su esposa de que renunciara a Dios por todo lo que había sucedido. Pero a pesar de su dolor, Job razonó:

> Si de Dios sabemos recibir lo bueno, ¿no sabremos recibir también lo malo? (Job 2:10)

La segunda declaración vino en respuesta a los argumentos y elevadas opiniones de sus supuestos amigos. Cansado de su verborragia egoísta, Job los contrarrestó con esta poderosa declaración:

> Dios podría matarme, pero es mi única esperanza. (13:15, NTV)

Más tarde, aunque todavía no tenía respuestas reales de Dios, el hombre cansado afirmó:

> Sé que mi Redentor vive, y un día por fin estará sobre la tierra. (19:25)

Estas tres declaraciones se basan en la afirmación inicial de confianza de Job que se encuentra en Job 1:21. Cuando su mundo se derrumbó a su alrededor, Job decidió doblar sus rodillas y adorar:

> El Señor me ha dado; el Señor me ha quitado.
> ¡Bendito sea el nombre del Señor! (1:21)

Tal vez hoy estás pasando por un momento difícil que está causando muchas preguntas y temor. Espero que sigas el ejemplo de Job y mantengas tu corazón tierno a la guía del Espíritu. Porque Él quiere proveerte gracia para ayudarte a:

- recibir lo que Dios permite en tu vida, tanto lo doloroso como lo agradable,
- confiar en el carácter y la bondad de Dios, sin importar cuán difíciles puedan parecer las cosas, • recordar que los propósitos redentores de Dios prevalecerán al final, y
- seguir bendiciendo a Dios incluso en medio de tu dolor.

A medida que elijas mantener tu corazón centrado en el Señor, llevando tus preguntas a Él en lugar de huir, Él te encontrará en el montón de cenizas. Aunque la revelación de su presencia puede no llegar tan rápido como te gustaría, a medida que continúas buscándolo y confiando en Él, creo que llegarás a ver a Dios de una manera completamente nueva. Tal como lo hizo Job cuando, al final de su extensa prueba, tuvo la oportunidad de hablar con Dios:

> Hasta ahora solo había oído de ti,
> pero ahora te he visto con mis propios ojos. (42:5, NTV)

Inclinarse ante la voluntad de Dios

Cuando Dios nos pidió que renunciáramos al pastorado en Whitefish, John y yo no estábamos seguros de lo que Dios podría tener en mente a continuación. Debido a su bendición en mi libro *Cómo tener un corazón de María en un mundo Marta*, tuvimos tiempo para buscar su rostro en lugar de luchar por otro trabajo. Pero una vez más habíamos encontrado nuestra versión del nirvana, el estado de la nada perfecta. Aunque habíamos aprendido mucho sobre descansar en la soberanía de Dios, todavía teníamos que resistir la tentación de hacer algo en lugar de esperar que el Señor nos mostrara lo que vendría después.

John envió algunos currículums cuando se sintió inspirado, pero en su mayor parte simplemente confiamos en Dios e hicimos todo lo posible para no preocuparnos ni temer. (¡Algo nuevo para mí!) Estábamos seguros de que Dios nos había guiado a Whitefish. Así que tenía sentido que, cuando llegara el momento de nuestra próxima asignación, Dios también nos guiara a ese lugar.

A medida que nuestra espera se extendía de un mes a más de un año, descubrimos algo poderoso: no necesitábamos un ministerio ni un título para confirmar nuestra identidad. Porque como escribió el poeta ciego John Milton hace cuatrocientos años: «También sirven los que solo se paran y esperan».[186]

Tal vez tú también estés en espera de tu próxima asignación. Tal vez estás luchando con el resentimiento y el temor por cómo ha resultado tu vida. En tiempos como estos, he descubierto que podemos *descansar* en la soberanía de Dios o podemos *luchar*. Podemos doblar nuestras rodillas, o podemos levantar el puño. Pero solo una opción trae paz. La otra trae confusión.

Aunque nuestro año sabático no planificado duró mucho más de lo que esperábamos, Dios finalmente nos dio una iglesia llena de hermosos creyentes para servir en Hamilton, Montana, a solo cuarenta y cinco minutos de la casa de mis padres. El mismo día que nos mudamos al valle, mi padre fue admitido en el hospital con una hemorragia cerebral grave. Al vivir cerca, podía estar al lado de mis padres casi de inmediato.

«Dios fue tan bueno al traerte más cerca», gritó mi madre mientras esperábamos en la sala de emergencias. La verdad de sus palabras ha resonado en mi cabeza muchas veces desde entonces, ya que mis padres han experimentado serios problemas de salud.

En junio pasado celebramos nuestro aniversario número doce en nuestra iglesia actual. Mirando a la congregación, me encontré llorando por la bondad fiel de Dios. Incluso cuando no estábamos seguros de nuestro futuro, Él ya estaba en nuestro mañana, haciendo que todas las cosas por las que habíamos atravesado obraran en armonía para nuestro bien.

Permitir que Dios sea Dios

Desde el comienzo de este proyecto, he tenido una oración: que este libro pueda ayudar a las lectoras (y a mí misma) a construir una confianza inquebrantable en Dios que vaya más allá del mero conocimiento de la cabeza y se incruste profundamente en nuestros corazones. Ayudándonos a mantenernos «firmes e inconmovibles» (1 Corintios 15:58) mientras anclamos nuestras vidas a estas verdades sólidas: Dios es bueno. Él me ama. Yo le pertenezco. Y Él cuida de los suyos.

¿Recuerdas la historia con la que comencé? Cuando los padres de John vinieron para el día de Acción de Gracias, les pedí que recogieran la bolsa de bloques de adorno de camino. No podía esperar para mostrarlos como un recordatorio constante de no perder ni olvidar mi paz. Pero Dios tenía otra lección que enseñarme de esos cinco bloques de madera.

Cuando mi suegro me entregó la bolsa, noté que la vendedora la había marcado claramente con mi nombre. Pero encima de eso había escrito tres letras grandes en marcador ancho: PIF.

¿Qué demonios podría significar eso? Me pregunté.

De repente me di cuenta: «pagado en su totalidad» (*paid in full* por sus siglas en ingles).

La paz que tú y yo necesitamos ya ha sido comprada por Jesús. Al aceptar todo lo que Dios es y todo lo que Cristo ofrece, experimentamos *descanso* para nuestras almas junto con una tranquilidad interior en medio de nuestras labores cotidianas necesarias.

Incluso en medio de la angustia, el Espíritu Santo nos ayuda a gestionar todo lo que nos sucede con «paz en el alma y una firme convicción de que la voluntad de Dios gobierna todo».[187] Y en nuestra elección de confiar en Él, el Príncipe de Paz nos ayuda a experimentar la vida descrita por el profeta Isaías:

> El producto de la justicia será la paz;
> tranquilidad y seguridad perpetuas serán su fruto.
> (Isaías 32:17)

La paz *shalom* de Dios guarda nuestros corazones y nuestras mentes. Nos ayuda a llenar los agujeros en nuestros cimientos espirituales para que ya no seamos sacudidas por problemas ni influenciadas por las mentiras del enemigo. En cambio, estaremos tranquilas y confiadas. Firmes e inamovibles. Porque hemos aprendido a hacer descansar nuestros corazones en la soberanía de Dios.

Dieciséis

Dejar un legado de confianza

> Permíteme proclamar tu poder a esta nueva generación,
> tus milagros poderosos a todos los que vienen
> después de mí.
>
> Salmos 71:18, NTV

De toda la belleza que he presenciado en el mundo, mi lugar favorito es el Parque Nacional Glacier. Ubicado en la esquina noroeste de Montana, es conocido por muchos como la joya de la corona de nuestro sistema de parques nacionales. Más de dos millones de personas visitan Glacier cada año. Y una de las rutas más populares en el parque es la carretera Camino al Sol.

Creada en las primeras décadas del siglo XX para hacer que las glorias del paisaje montañoso sean más accesibles, la carretera de ochenta y dos kilómetros serpentea alrededor de lagos prístinos y arroyos. Atraviesa bosques antiguos antes de subir a lo largo de la ladera de la montaña hasta una cresta rocosa llamada Paso de Logan, y luego desciende por el otro lado.

Es difícil imaginar que el Congreso acepte construir una carretera que no conduzca a ninguna parte más que a la belleza, pero eso es exactamente lo que hicieron. Después de dos décadas de construcción periódica y un costo de más de dos millones de dólares, la carretera Camino al Sol se inauguró el 15 de julio de 1933.[188] Con gran parte de ella tallada en roca escarpada, todavía se considera una maravilla de la ingeniería actual.

Y todo esto fue posible gracias a hombres que, mediante una planificación cuidadosa y pura determinación, se atrevieron a construir una carretera a la cima del mundo, preparando el camino para que personas comunes como tú y yo accediéramos a tesoros nunca antes vistos del mundo natural.**

Preparar el camino

Cuando Isaías profetizó acerca de la venida del Mesías, le dijo al pueblo en Isaías 40:3,

> Preparen en el desierto
> un camino para el Señor;
> enderecen en el desierto
> un sendero para nuestro Dios.

Citado en los cuatro Evangelios (Mateo 3:1-3; Marcos 1:2-3; Lucas 3:4-6; Juan 1:23), las palabras de Isaías todavía resuenan hoy. Porque cada una de nosotras debe preparar nuestro corazón para la venida de Dios. Todos necesitamos preparar un «camino para el Señor» y enderezar «un sendero para nuestro Dios», y así «toda la humanidad verá la salvación de Dios» (Lucas 3:4, 6).

Pero las carreteras en el desierto no se construyen de la noche a la mañana, como aprendieron de primera mano los hombres determinados que construyeron la ruta del Camino al Sol de Glacier. Incluso planificar la ruta fue complicado, ya que un «camino recto» hasta la montaña obviamente no era una opción.

Al principio, se propuso una serie de quince curvas, una especie de camino en zigzag por la cara de la montaña, para abordar la empinada subida al paso. Pero Thomas Vint, un humilde asistente

**¡Algunos de los videos de estudio complementarios para este libro fueron filmados en Glacier! Obtén más información en JoannaWeaverBooks.com.

del arquitecto paisajista del Servicio de Parques Nacionales, no estuvo de acuerdo. Un enfoque tan directo marcaría la montaña y daría una visión muy limitada de la belleza de Glacier.

En cambio, Vint sugirió un camino más largo con una sola curva que cortaría a lo largo de la cara de la División Continental.[189]

Aunque más costoso y lento, la propuesta de Vint fue aceptada y el trabajo comenzó. Pero la tarea era desalentadora.

Debido a que la temporada de construcción a esa altitud era muy corta, no tenía sentido que los trabajadores viajaran al sitio de trabajo, por lo que vivían en campamentos establecidos a lo largo de la ruta de montaña. Cantidades masivas de roca tuvieron que ser removidas con explosivos para formar un banco para sostener el camino, con los escombros de piedra llevados a otros lugares para construir muros de contención, puentes arqueados y barandillas a lo largo de gran parte de la ruta. El peligro se cernía constantemente sobre la caída de rocas, explosivos, errores humanos, incluso animales salvajes.

Sorprendentemente, solo tres hombres perdieron la vida en la construcción de la «carretera hacia el cielo» de Glacier.[190] Pero cada mes de abril, los equipos de remoción de nieve todavía arriesgan sus vidas para limpiar hasta veintisiete metros de nieve[191] para que los visitantes puedan experimentar el hermoso viaje a fines de junio o principios de julio.[192]

Despejar el camino para la venida de Dios en nuestras vidas también es un proceso que consume mucho tiempo para nosotras. Pero a medida que permitimos que el Señor supere los obstáculos a nuestra fe y rompa cualquier dureza de corazón, Él toma los escombros y construye algo duradero. Ayudándonos a dejar un legado de confianza para quienes vienen atrás.

Tras los pasos de los pioneros

Antes de que la construcción real pudiera comenzar en la carretera del Camio al Sol, los topógrafos tuvieron que marcar la ruta hacia el Paso de Logan. Cada día, un equipo de treinta hombres subía más de quinientos dieciocho metros verticales para llegar al camino propuesto, atravesando la espesa maleza y estrechas cornisas mientras trazaban la ruta. El trabajo de estos pioneros fue un desafío, pero sin ellos, construir la carretera hubiera sido imposible.

Estoy tan agradecida por los pioneros de la fe en mi vida, hombres y mujeres piadosos que han allanado el camino para mi propio viaje. A algunos los he conocido bien, mientras que a otros los he conocido solo a través de libros o videos. Pero cada uno ha dejado un legado que ha enriquecido mi vida.

Oswald Chambers es uno de esos pioneros. Aunque murió en 1936, los sermones que su esposa, Biddy, compiló en un devocional, *My Greatest for His Highest*, han guiado mi fe durante casi cuarenta años. Otros escritores del pasado como Andrew Murray, Charles Spurgeon, Mrs. Charles E. Cowman, Amy Carmichael y Catherine Marshall, así como autores actuales como Philip Yancey, Beth Moore, Priscilla Shirer y otros, han profundizado mi comprensión de las Escrituras y también han sido mentores de mi trabajo como oradora y escritora.

Pero también he sido bendecida por otros pioneros de carne y hueso. Mis padres, por supuesto, hablaré de ellos más adelante en el capítulo, pero también líderes en la iglesia de mi infancia que me enseñaron la Palabra de Dios y honraron su presencia. Mi fe creció al rozarme con la fe de personas justas que regularmente se reunían para adorar en nuestra iglesia.

Cuando John y yo nos casamos y entramos al ministerio, tuvimos la bendición de servir bajo varios pastores maravillosos que predicaron fielmente y vivieron la Palabra de Dios, incluido el padre de John. Pero cuando nos mudamos a Oregon para un puesto de ministros asociados, encontramos mentores en el pastor Gordon Myers y su esposa Terry. Se vertieron en nuestras vidas de muchas maneras.

Nunca olvidaré escuchar a Terry enseñar en el estudio bíblico para mujeres y orar a su lado después de los servicios del domingo por la noche. Nunca había conocido a una mujer tan apasionada por Jesús. Su amor por la Palabra de Dios provocó mi propia hambre, pero fue su caminar personal con Jesús lo que me mostró cómo era tener una amistad con Dios. Gran parte de mi fe y amor por el ministerio fueron moldeados durante ese tiempo, no estoy segura de quién sería hoy sin el hermoso ejemplo de Terry.

Pero de todas las personas que han influido en mi vida a lo largo de los años, nadie me ha cambiado tan elementalmente como mi esposo, John. He sido bendecida por su amor y desafiada por sus sermones, pero es su naturaleza cristiana la que constantemente me convence. A menudo bromeo diciendo que es difícil «vivir con Jesús» porque el liderazgo amoroso y el corazón de servicio de John en la iglesia y en nuestro hogar a menudo señalan mi carencia. Pero sé que soy una mejor persona debido al ejemplo de John, y definitivamente soy una mejor mujer gracias a su amor.

Un patrón a seguir

He escuchado a la gente decir: «No deberías mirar a la gente. Tienes que mantener tus ojos en Jesús». Y en cierto modo tienen razón, porque incluso los cristianos bien intencionados nos decepcionarán. Tal vez has tenido algunos modelos negativos en tu vida, personas que te fallaron o le fallaron a Dios hasta el punto de que has cuestionado tu propia fe. Pero si miras hacia atrás, creo que también encontrarás ejemplos positivos.

Dios pone modelos a seguir en nuestras vidas por una razón. Positivos o negativos, nos ayudan a convertirnos en las personas que Dios quiere que seamos al mostrarnos lo que funciona y lo que no funciona. Idealmente, tendremos acceso a pioneros que viven su fe con una pureza y pasión que no nos hace tropezar. E idealmente también nos convertiremos en modelos inspiradores. Pero debido a que todos somos personas defectuosas, incluso los más dedicados seguidores de Cristo, no siempre funcionará de esa manera.

Tómeme a mí como ejemplo. Nunca te lastimaría deliberadamente. Pero si te quedas conmigo el tiempo suficiente, inevitablemente fallaré y te decepcionaré. Aunque me estoy esforzando por ser más como Jesús, todavía no soy el reflejo exacto de Dios que anhelo ser. Estoy segura de que eso también se aplica a tu vida, porque todos hemos pecado y estamos privados de la gloria de Dios (Romanos 3:23).

Sin embargo, a pesar de nuestras imperfecciones humanas y la atracción gravitacional del pecado, Dios nos ha llamado a cada una de nosotras a dejar un legado de fe. Como dice 1 Timoteo 4:12, «Que los creyentes vean en ti un ejemplo a seguir en la manera de hablar, en la conducta, en amor, fe y pureza».

La palabra griega para «ejemplo» en este versículo es *túpos*. Se refiere a una «marca, estampa o impresión», pero también a un «prototipo, patrón».[193] Nuestras vidas están destinadas a ser prototipos de trabajo a los que las personas pueden referirse al construir su fe. Pero para que eso suceda, necesitamos estar dispuestas a ser perfeccionadas por el Espíritu Santo en patrones que valga la pena replicar.

Convertirse en un ejemplo para los creyentes no es un proceso fácil, como señala el griego original. *Túpos* proviene de una palabra raíz que significa «golpear, estrellar con golpes repetidos», y se refiere a «algo causado por golpes o martillazos».[194]

A medida que nos humillamos en el yunque de Dios y permitimos que el martillo de su amor deje su marca en nosotras, nos convertimos en prototipos dignos de imitar. Patrones que vale la pena repetir. Porque golpe a golpe, martillazo a martillazo, estamos siendo transformadas a la imagen de Cristo (2 Corintios 3:18).

«Andemos de acuerdo con lo que ya hemos alcanzado», escribe Pablo en Filipenses 3:16. Encuentro esas palabras reconfortantes, porque lo que importa no es lo lejos que tenemos que ir, sino lo lejos que hemos llegado. Si deseamos sinceramente honrar a Dios en nuestra fe y conducta y permitir que el Espíritu Santo nos cambie de adentro hacia afuera, podemos hacer eco de las palabras de Pablo en 1 Corintios 11:1: «Imítenme, así como yo imito a Cristo».

Que tú y yo podamos ser modelos a imitar, pioneras a seguir y ejemplos de piedad que están construyendo un legado para quienes vienen detrás.

Construir para la próxima generación

Cuando David se convirtió en rey en 2 Samuel 5, el favor de Dios estaba tan claramente sobre su vida que el rey de Tiro se ofreció voluntariamente para construirle un palacio (v. 11). Pero una vez que David se instaló en este «palacio de cedro», comenzó a pensar en el arca de Dios asentada en una tienda, y simplemente no le parecía correcto (7:2).

Decidido a construir un santuario para Dios, digno de su nombre, David consultó con el profeta Natán (v. 3), quien inicialmente pensó que era una gran idea. Pero Dios dejó claro que tenía un plan diferente. No sería David quien completara el templo, sino su hijo Salomón (1 Crónicas 22:7-10).

Sin embargo, la pasión del rey David por el proyecto lo obligó a comenzar el proceso: asegurar un sitio de construcción (1 Crónicas 21:18-26) y reunir materiales para la edificación (22:1-4). «Mi hijo Salomón —pensaba David— es muy joven e inexperto, y el templo que hay que construir para el Señor debe ser el más grande y famoso de toda la tierra; por eso dejaré todo listo. Así que antes de morir, David dejó todo preparado» (v. 5).

¡«Dejó todo preparado» es un eufemismo! 1 Crónicas 22–29 describe los planes de David, incluyendo listas detalladas de los suministros necesarios y de los levitas que servirían como sacerdotes, cantantes, porteros, tesoreros y funcionarios del templo. También hizo arreglos para los trabajadores necesarios para construir el templo: «También cuentas con una buena cantidad de obreros: canteros, albañiles, carpinteros y expertos en toda clase de trabajos en oro, plata, bronce y hierro» (22:15-16).

Pero David hizo mucho más de lo planeado. También recolectó material y fondos para el proyecto, diciéndole a Salomón en 1 Crónicas 22:14: «Mira, con mucho esfuerzo he logrado conseguir para el templo del Señor cien mil talentos de oro, un millón de talentos de plata y una incontable cantidad de bronce y de hierro. Además, he conseguido madera y piedra, pero tú debes adquirir más». Con 3,4 millones de kilogramos de oro y 34 millones de kilogramos de plata a su disposición, Salomón tenía todo lo que necesitaba para terminar el glorioso templo.

David estaba comprometido a construir una casa para Dios, y el hecho de que su hijo obtuviera el crédito no importaba en lo más mínimo. Él solo quería honrar a Dios y hacer famoso Su nombre. «Ahora, pues, busquen al Señor su Dios de todo corazón y con toda el alma», le dijo David a Salomón en 1 Crónicas 22:19. «Comiencen la construcción del santuario de Dios [...] en honor de su Nombre».

En el rico y desinteresado legado que David dejó, veo algunas pistas para compilar el nuestro:

1. Estar dispuestas a trabajar hacia algo que requiere más de una vida.
2. Estar dispuestas a equipar a la próxima generación y pasar bien la antorcha.
3. Estar dispuestas a servir al llamado de Dios en la vida de otra persona.

He tenido el privilegio de visitar muchas iglesias en mis viajes y ver increíbles equipos ministeriales trabajando. Me encanta lo que Dios hace cuando su pueblo le sirve en unidad, tanto guiándose como animándose mutuamente mientras hacen la obra de Dios. Pero tengo que confesar que no siempre he hecho un buen trabajo en la construcción de ese tipo de equipos.

A menudo me parecía más fácil hacer el trabajo sola.

Sin embargo, estoy tratando de cambiar mis tácticas, porque estoy convencida de que, si el reino de Dios va a continuar y florecer, debemos levantar hombres y mujeres más jóvenes e incluirlos en la obra. Equiparlos y animarlos mientras persiguen el llamado de Dios en sus vidas. Porque como líderes ministeriales y empresariales, maestros y mentores, parte de nuestro trabajo es asegurarnos de que la próxima generación tenga todo lo que necesita para construir el templo espiritual en sus vidas.

Con la finalidad de que ellos también abran un camino de fe que otros puedan seguir.

Niños consentidos

Hace varios años, mis padres establecieron un fondo fiduciario para ayudar a simplificar los asuntos legales sobre su fallecimiento. El fideicomiso pone todos sus activos bajo un mismo paraguas, con instrucciones claras sobre cómo distribuirlos después de la muerte.

Pero mi hermano, mi hermana y yo ya hemos recibido nuestra herencia. Su valor no se mide en dólares, sino en el amor de nuestros padres y en su ejemplo piadoso.

Al mirar su hermoso legado, me doy cuenta de que es la fe absoluta de mi mamá y mi papá en Dios lo que más quiero replicar. La religión no era algo que mis padres practicaban los domingos. La experimentaban cada momento de la semana.

Lo vi en su hospitalidad cuando les abrían nuestro hogar a extraños (1 Pedro 4:9). Lo vi en su generosidad cuando diezmaban fielmente y daban más allá de lo que la Biblia requiere (1 Corintios 16:2). Lo vi en su compromiso en cuanto a congregarnos cuando terminaban nuestros viajes de campamento el sábado para que pudiéramos estar en la iglesia el domingo (Hebreos 10:25). Lo vi en el amor fiel que tenían el uno por el otro y los límites claros que establecieron para sus hijos (Proverbios 22:6). Pero lo más destacado fue su amor apasionado por Jesús y la forma en que lo compartían con quienes los rodeaban.

«He tenido una vida maravillosa», me dijo papá hace muchos años mientras esperábamos que se sometiera a una cirugía complicada. «Si el Señor me lleva, estoy listo. Mi vida está en sus manos».

Sabíamos que era una posibilidad. El cáncer de riñón y los anticoagulantes recetados habían contribuido a un coágulo de sangre masivo en la arteria principal que conduce a su corazón, y podría no sobrevivir a la arriesgada cirugía. Sin embargo, todos sentimos la asombrosa paz de Dios.

«*Realmente* hemos tenido una vida maravillosa, papá», le dije, besando su mejilla y compartiéndole mis lágrimas. «Gracias por amar tan bien a Jesús y a tu familia».

Aunque la complicada cirugía fue exitosa, la anestesia causó que su «demencia temprana» progresara. En los últimos años ha empeorado hasta el punto de que papá no puede hacer muchas de las cosas que ama, lo que realmente lo frustra. Recientemente, un grave deterioro en la salud de papá hizo necesario que mamá y papá abandonaran su hogar para recibir la atención que papi necesita. El proceso ha sido insoportable, especialmente para mi madre. Pero una vez más ella me ha mostrado un ejemplo de piedad al elegir confiar en Dios, dejando sus preferencias personales para amar y cuidar a mi padre.

Mis padres todavía me enseñan mucho sobre cómo vivir mi fe. Pero un día sé que el teléfono sonará y todo cambiará. Uno o ambos de mis padres serán llamados a recibir su recompensa. Aunque no espero con ansias ese momento, sé que todo estará bien. Porque en la forma en que han vivido y amado, mis padres me han estado preparando durante años.

Soy una niña consentida, ¿ya ves? Cliff y Annette Gustafson han dejado una rica herencia de fe que continuará por generaciones. Porque han seguido el consejo de David en 1 Crónicas 22:19, dedicando «todo su corazón y su alma a buscar al Señor».

El poder de tu testimonio

Soy consciente de que muchas mujeres no crecieron con el tipo de herencia piadosa que he tenido el privilegio de disfrutar. Pero no importan tus antecedentes, si has entregado tu vida a Jesús, has sido adoptada en la familia de Dios y ahora eres una «heredera junto con Cristo» (Romanos 8:17).

Debido a eso, tienes una nueva «familia de origen». Según 2 Pedro 1:4, tú y yo somos participantes de la naturaleza divina.

¡Lo que significa que un nuevo ADN fluye a través de tus venas espirituales, amiga mía! La naturaleza divina del Todopoderoso.

Todas y cada una de nosotras tenemos una historia poderosa que contar. Al permitir que el Señor nos transforme interiormente, nuestra vida exterior se convierte en testimonio del poder transformador de Dios. Prototipos sagrados que abren un camino para otra persona.

Dado lo que acabo de escribir sobre mi familia, podrías pensar que vengo de una larga historia de creyentes, pero eso no es cierto. El padre de mi padre no llegó a conocer a Jesús hasta los cuarenta. Antes de eso, llevaba un estilo de vida bastante salvaje marcado por la bebida y la parranda. Mi madre era una adolescente cuando sus padres conocieron a Jesús. Antes de eso, su padre a menudo bebía y apostaba su dinero.

Pero mis dos abuelos tuvieron encuentros tan radicales con Jesús que sus vidas cambiaron por completo, junto con las vidas de sus hijos, nietos y bisnietos. Y ahora sus tataranietos también.

Sus testimonios son parte de mi testimonio, así como su historia será parte de las generaciones venideras. Así que te animo a que te tomes un momento y consideres la obra de Dios en tu vida. Porque tu testimonio no se trata solo del momento en que fuiste salva. Involucra cada decisión que has tomado de confiar en Dios a pesar de tus circunstancias. Cada vez que le has dado al Espíritu Santo espacio para obrar en tu vida.

Las disciplinas que has abrazado.

Las hojas de higuera que has entregado.

Los ídolos que has derribado.

¡Nuevas oportunidades de transformación están a tu alrededor! Cada vez que dejas que Dios ponga sus manos sobre ti, tienes un nuevo testimonio de la fidelidad de Dios para compartir con otros que necesitan conocer a Aquel que salva.

Acceso a las riquezas de Dios

A medida que he tratado de aprender a confiar en Dios, me han atraído las biografías cristianas de grandes hombres y mujeres del

ESCRIBE TU TESTIMONIO

Una de las formas más poderosas en las que dirigimos a las personas hacia Jesús es compartiendo nuestro testimonio de una manera simple y concisa. Dedica quince minutos y utiliza las siguientes indicaciones de la organización cristiana *The Navigators* para ayudarte a identificar los hitos clave en tu caminar de fe.

Si aceptaste a Cristo cuando eras una niña y no puedes recordar tus días a. C. (¡es decir, antes de Cristo!), las siguientes preguntas pueden ayudarte a contar tu historia.

ANTES

1. Antes de conocer a Cristo (o dedicar completamente tu vida a Él), ¿cuáles eran algunas de tus necesidades?, ¿qué te faltaba o de qué carecía tu vida?

2. ¿Qué métodos para mejorar tu vida probaste que no funcionaron?

CÓMO

1. ¿Cuáles fueron las circunstancias que te hicieron considerar seguir a Jesús o ir más allá y aceptarlo como tu Señor?

2. ¿Cuál se ha convertido en tu versículo favorito de la Biblia y por qué?

3. Comparte acerca de cómo decidiste confiar en Cristo (o rendirte por completo a él) y da una breve explicación del evangelio. Juan 3:16 es un gran versículo para usar.

DESPUÉS

1. Menciona un ejemplo de cómo Dios ha suplido tus necesidades, ya sean físicas o emocionales, desde que aceptaste a Jesús.

2. Comparte por cuál área de tu relación con Dios estás más agradecida hoy.[195]

Hazle correcciones a tu testimonio escribiéndolo y reescribiéndolo hasta que tenga menos de trescientas palabras (unos tres minutos cuando se lee en voz alta). Elimina cualquier detalle innecesario y dale forma para tus oyentes, simplemente comparte lo que Jesús significa para ti. Puedes encontrar más recursos para testificar en Navigators.org.

> Estén siempre preparados para *responder* a todo el que pida razón de la *esperanza* que hay en ustedes.
>
> *1 Pedro 3:15*

pasado. Una de mis favoritas es sobre un hombre llamado George Müller, un nativo alemán que pasó la mayor parte de su larga vida en Bristol, Inglaterra, en el siglo XIX.

Un sinvergüenza en su juventud, Müller era un candidato poco probable para la obra de Dios. A los diez años comenzó a robarle dinero a su padre que era rico.[196] En su adolescencia estaba engañando y robando a sus propios amigos. Incluso veinticuatro días en la cárcel no fueron suficientes para que cambiara sus costumbres.[197]

Hasta que el amor de Dios capturó a Müller y su vida cambió por completo. Después de mudarse a Inglaterra, se casó y comenzó a predicar el evangelio. La codicia había perdido tanto su poder en el corazón de George que, junto a su primera esposa, Mary, decidieron depender completamente de Dios para sus recursos.

Cuando Müller vio las necesidades desesperadas de los niños huérfanos de la calle en Inglaterra en ese momento, tuvo la convicción de que Dios quería que construyera un orfanato. Pero no iba a hacer solicitudes ni recaudaciones de fondos. Si esto era de Dios, Müller creía que Dios proveería.

Milagrosamente, el dinero y los obreros aparecieron, y el primer orfanato se estableció en 1836. Pero a medida que el ministerio crecía, la fe de Müller a menudo era probada. A veces no tenían nada para alimentar a los niños. Pero mientras George guiaba al personal y a los niños en oración, alguien llamaba a la puerta y les llevaba comida milagrosamente. Aunque hubo muchos momentos difíciles, ni una sola vez les faltó comida a los niños, y por la gracia de Dios nunca les faltó nada.[198]

En el transcurso de sus más de noventa años, George Müller construyó un complejo de cinco casas que albergaban a más de dos mil niños a la vez. La dependencia diaria de Müller de Dios no solo proveyó para más de diez mil huérfanos durante su vida,[199] sino que también creó una confianza íntima que movía la mano de Dios una y otra vez.

Durante un viaje a Quebec para compartir sobre la fidelidad de Dios, el barco de Müller se retrasó por la intensa niebla. El capitán del barco le dijo a Müller que no había forma de que llegaran a tiempo para dar su conferencia. A lo que Müller respondió: «Bajemos a la sala de mapas y oremos».

El capitán, también creyente, describió más tarde la oración de Müller como muy simple, algo así como: «Oh Señor, si es consistente con tu voluntad, por favor quita esta niebla en cinco minutos. Conoces el compromiso que dispusiste para mí en Quebec el sábado. Creo que es tu voluntad».

Aunque el capitán no tenía fe para tal milagro, comenzó a decir una oración propia. Pero Müller lo detuvo, diciendo:

> Capitán, conozco a mi Señor desde hace cincuenta y siete años, y nunca ha habido un solo día en que haya fallado en ganar una audiencia con el Rey. Levántese, capitán y abra la puerta, y encontrará que la niebla se ha ido.

¡Y así fue! Sin obstáculos por la niebla, el barco llegó a Quebec ese sábado por la tarde.[200]

La «audiencia diaria con el Rey» de Müller le proporcionó una extraordinaria amistad con Dios. Cerca del final de su vida, Müller escribió:

> Soy un anciano feliz; Sí, de hecho, ¡soy un viejo feliz!… Señor Jesús, no estoy solo, porque Tú estás conmigo. He enterrado a mis esposas y a mis hijos, pero Tú te quedas. ¡Nunca estoy solo ni desamparado contigo y con tu sonrisa, que es mejor que la vida misma![201]

Qué hermoso legado. Qué vida tan increíble. Y qué ejemplo tan inspirador a seguir. Porque confiar en Dios es la única manera de acceder a la rica herencia que es nuestra en Jesucristo: una fe poderosa y viva que literalmente tiene el poder de cambiar al mundo.

La larga ruta ascendente

Mientras escribía los capítulos finales de este libro, me sentí impulsada a conducir por la carretera Camino al Sol en dos ocasiones diferentes.

El primer viaje fue perfecto. Los álamos dorados brillaban bajo la luz del sol de principios de octubre mientras me dirigía a la cima del Paso de Logan. Aprovechando los desvíos bien ubicados, tomé varias fotos de las increíbles vistas. Y me encontré agradeciendo a Dios por el largo y sinuoso viaje por el que me había llevado durante la escritura de este libro. Porque muchos aparentes «desvíos» se convirtieron en desvíos escénicos cuando Jesús se reveló a mí de manera íntima.

Sin embargo, mi segundo viaje más tarde en la semana estuvo lejos de ser perfecto: el cielo estaba oscuro y denso con nubes de lluvia. Me recordó al año anterior, cuando intenté llevar a mi amiga de Texas, Jana Kennedy-Spicer, a la cima en un clima similar. Aunque esperaba que las nubes se abrieran cuando llegáramos a la cima del Paso de Logan, nos había decepcionado encontrar la vista nublada por la espesa y densa niebla.

«Hay una montaña increíble allí», le dije a Jana mientras estábamos paradas en el centro de visitantes. Señalando las imágenes en un folleto, y luego apuntando hacia una dirección general, le informé: «Ese es el Monte Reynolds, y allí está la Montaña Clements…»

Jana se reía encogiendo sus hombros. «¡Supongo que tendré que confiar en tu palabra!»

Dios me recordó ese momento mientras conducía bajo la lluvia un año después. *No importa cuán oscura sea tu situación o cuántas nubes bloqueen mi rostro, siempre estoy ahí, Joanna. Si me sientes o no... si me ves o no... no afecta mi realidad. Soy tan real en las nubes como en la luz del sol. Confía en mí, hija mía.*

Estaba meditando sus palabras ese día mientras conducía bajo la lluvia, cuando las nubes frente a mí se separaron repentinamente, y vi el Monte Oberlin, mi pico favorito. Elevándose desde el fondo del valle, parecía aún más glorioso cuando un ligero hilo de nieve acentuaba cada grieta y fisura. A medida que el camino subía, los copos de nieve fresca traían una nueva definición y belleza a las montañas familiares que me rodeaban.

Ese día tormentoso vi el Parque Glacier de una manera que nunca antes había visto, y no pude evitar agradecer a Dios por las personas valientes que habían arriesgado sus vidas para construir el camino que transité.

«Preparen un camino para el Señor». Esa es la misión que se nos ha encomendado como creyentes: vivir nuestra fe de tal manera que cree un camino que dirija a las personas a Jesús y les muestre un destello de la gloria de Dios.

> No las esconderemos de sus descendientes;
> hablaremos a la generación venidera
> del poder del Señor, de sus proezas
> y de las maravillas que ha hecho [...]
> para que los conocieran las generaciones venideras
> y los hijos que habrían de nacer,
> que a su vez los enseñarían a sus hijos. (Salmos 78:4, 6)

Quiero ser parte de ese gran camino de fe que Dios ha estado construyendo a través de los siglos. Quiero ser parte de esos creyentes llenos de fe que han forjado su parte del camino al confiar en el Señor. Poder explotar la incredulidad y establecer un fundamento sólido sobre el cual otros puedan transitar.

Que podamos ser verdaderas creyentes que hemos soltado el control en rendición para poder abrazar la fe, y que nos hemos aferrado a un Dios eternamente fiel que está continuamente a nuestro lado y trabajando a nuestro favor. Embajadoras del reino del revés que llevemos la presencia de Dios dondequiera que vayamos.

Es nuestro turno de dejar un legado, amiga mía. Es hora de confiar en Dios con todo nuestro corazón y cooperar con el Espíritu para que nosotras también construyamos una vida que valga la pena imitar.

Abramos un camino que verdaderamente conduzca al Hijo.

Reconocimientos

Después de llevar este libro en mi corazón durante tanto tiempo, es casi imposible creer que esté aquí. Estoy muy agradecida con todas las personas que estuvieron a mi lado y lo hicieron posible.

A todos mis amigos en la iglesia y en línea que levantaron este libro en oración, mi hermosa familia de la iglesia, las mujeres de nuestro estudio bíblico del martes por la mañana y el grupo privado de Facebook «*The Living Room with Joanna Weaver*», gracias por su intercesión y apoyo. Estoy agradecida por mis padres, Cliff y Annette Gustafson, y por queridas amigas como Jodi Detrick, Kelly Balarie, JoAnn Roberts y Beth Epley, quienes oraron poderosas oraciones que hicieron retroceder la oscuridad y trajeron fuerza a mi alma. Un agradecimiento especial a mi increíble asistente, Rachel Krahn: No podría haber escrito este libro sin las muchas formas en que estuviste a mi lado e hiciste lo que yo no podía hacer.

Como siempre, el apoyo amoroso y tangible de mi familia significa mucho para mí. Gracias, Jessica, por ser una fabulosa caja de resonancia y por orar conmigo para que salga de los aprietos. John Michael, todavía estoy abrumada por el estudio bíblico en video que me ayudaste a crear. Josué, este libro es más rico porque me permitiste contar tu historia. Y John, mi esposo y querido regalo de Dios, gracias por creer en mí, pero aún más, por creer en el mensaje que Dios quería escribir a través de mí. Mucho de lo que he escrito, lo aprendí de ti.

A aquellos que me permitieron usar sus cabañas para largos tiempos de escritura, un agradecimiento especial a mi hermano y cuñada Steve y Polly Gustafson, Ron y Corky Pigman, Randy y Kay Creech, y al campamento bíblico Glacier.

Me encantó trabajar con el increíble equipo editorial de Revell. Andrea Doering, editora de adquisiciones y querida amiga, gracias por defender este mensaje y animarme, incluso cuando tomó tanto tiempo escribir el libro. A Eileen Hanson, Holly Maxwell y todos en Revell, que trabajan duro para poner los libros en manos de la gente: gracias por hacer lo que hacen con tanta excelencia. Además, un agradecimiento especial a Anne Christian Buchanan, mi editora desde hace mucho tiempo, que me ayudó a perfeccionar mis pensamientos y finalizar mis palabras.

Mirando hacia atrás más de veinte años de escritura, ¡estoy muy agradecida por Janet Grant, mi extraordinaria agente literaria! No puedo imaginar hacer esto de escribir sin ti a mi lado. Eres uno de los regalos más dulces de Dios.

Pero mi más profunda gratitud es para mi Señor Jesús, el Autor y Perfeccionador de mi fe. Gracias por escribir este mensaje de confianza en lo profundo de mi corazón y ayudarme a plasmarlo en estas páginas. Que este libro cambie a otros como Tú lo has usado para cambiarme a mí, al enseñarme cómo hablar el lenguaje de amor de Dios mientras suelto el control en rendición y me aferro solo a Ti.

Que seas glorificado en todo, Señor.

Soli Deo gloria. Amén.

Porque *todas las cosas* proceden de él,
y existen por él y para él.
¡A él sea la gloria por siempre! Amén.

Romanos 11:36

Apéndice

Conoce al Dios en el que puedes confiar

«El cristianismo… es fuerte o débil dependiendo de su concepto de Dios», escribe A. W. Tozer en su libro clásico, *Los atributos de Dios.*[202] Entonces, ¿cómo fortalecemos nuestro concepto, es decir, nuestra comprensión de quién es Dios y cómo obra?

Estudiar los atributos de Dios y los nombres dados a su Hijo ha expandido mi corazón, ¡a veces me ha volado la cabeza!, y me ha ayudado a forjar una fe más profunda. Debido a que Jesús «refleja el brillo de la gloria de Dios y es la fiel representación de lo que él es» (Hebreos 1:3), podemos aprender mucho acerca de Dios a partir de los nombres dados a Jesús en la Biblia.

Pero también he incluido una lista de los atributos de Dios que realmente me han bendecido, y confío en que a ti también te bendecirán.

Aunque hay muchos otros nombres y atributos que se encuentran en la Biblia, he compilado estas dos listas para ayudarte a comenzar a «pensar magníficamente» de Dios. Analiza ambas listas lentamente, reflexionando sobre un nombre o atributo a la vez mientras lees los versículos relacionados. Al contemplar la belleza del Señor, permite que tu mente se expanda y tu corazón responda en adoración. Porque al hacerlo, llegarás a conocer al Dios en el que puedes confiar.

Nombres de Jesús

En el Evangelio de Juan, Jesús define a nuestro gran Dios «Yo soy» (Éxodo 3:14) con las siguientes declaraciones acerca de sí mismo:

- Yo soy el pan de vida (6:35)
- Yo soy la luz del mundo (8:12)
- Yo soy la puerta (10:9)
- Yo soy el buen pastor (10:11-14)
- Yo soy la resurrección y la vida (11:25)
- Yo soy el camino y la verdad y la vida (14:6)
- Yo soy la vid (15:1-5)

Más nombres de Jesús para estudiar y orar:

- Abogado (1 Juan 2:1)
- Alfa y Omega (Apocalipsis 1:8)
- Autor de la vida (Hechos 3:15)
- Creador (Juan 1:3)
- Piedra angular principal (Efesios 2:20)
- Fiel y verdadero (Apocalipsis 3:14)
- Gran sumo sacerdote (Hebreos 4:14)
- Esperanza de gloria (Colosenses 1:27)
- Emanuel «Dios con nosotros» (Mateo 1:23)
- Don indescriptible (2 Corintios 9:15)
- Cordero de Dios (Juan 1:29)
- Señor de todos (Hechos 10:36)
- Paz (Efesios 2:14)
- Iniciador y perfeccionador de la fe (Hebreos 12:2)
- Poder y sabiduría de Dios (1 Corintios 1:24)
- Salvador (Lucas 2:11)
- Roca espiritual (1 Corintios 10:4)

- Dios verdadero y vida eterna (1 Juan 5:20)
- Maravilloso consejero (Isaías 9:6)
- Palabra (Juan 1:1)

Los atributos de Dios

Dios es infinito

Nuestro Dios es eterno y no fue creado por nadie. Nuestro Creador hizo todo y «Él es anterior a todas las cosas, que por medio de él forman un todo coherente» (Colosenses 1:17). Así como Él no tiene principio ni fin, tampoco lo tienen sus atributos. Se extienden en todas las direcciones sin límite. Dios es infinitamente bueno, infinitamente sabio, infinitamente todo lo que ha prometido ser (Salmos 102:25-27; Romanos 11:33-36; Apocalipsis 22:13).

Dios es inmutable

Dios es «el mismo ayer, hoy y por siempre» (Hebreos 13:8). Sus atributos no están determinados por su estado de ánimo o nuestro comportamiento. Él es confiable. Sus promesas permanecen como siempre han sido. Su amor es infalible y su poder es inmutable (Números 23:19; Salmos 33:11; Santiago 1:17).

Dios es santo

Dios es infinito e inmutable en su santidad, Él es perfecto en todos los sentidos. Aunque Él es Todopoderoso, Dios nunca actúa de una manera que contradiga su santidad. Él no puede mentir, Él no tienta y Él no tolerará el pecado. Él envió a su Hijo para que podamos ser santificados como Él es santo (1 Samuel 2:2; Isaías 6:3-5; Santiago 1:13; 1 Pedro 1:15-16).

Dios es bueno

Bueno parece una palabra tan mansa, pero abarca la perfección de Dios, su moralidad absoluta y su amor infalible hacia nosotros. Su bondad perfecta no tiene matices que la estropeen por días malos o motivos equivocados. En cambio, Él es completamente bueno, tanto en sus obras como en sus caminos (Salmos 100:5; 119:68; Romanos 2:4; 1 Juan 1:5).

Dios es amoroso

Todo lo que Dios hace está motivado por su amor. Y su amor es perfecto. A diferencia del amor humano, no está contaminado por el interés propio ni el deseo de controlar. En cambio, sus intenciones hacia nosotros son siempre para nuestro bien. Y anhela tener una amistad personal e íntima con nosotros (Jeremías 31:3; Romanos 5:8; Efesios 3:17-19; 1 Juan 4:16-18).

Dios es sabio

Dios es infinita y perfectamente sabio. Él conoce el final desde el principio. Debido a que Él entiende todos los hechos y ve el panorama general, Él sabe lo que es mejor para nosotros. Si confiamos en Él, Él nos dará la sabiduría que necesitamos y nos mostrará el camino que debemos seguir (Isaías 46:9-11; Salmos 139:1-6; 1 Corintios 1:25; Santiago 1:5).

Dios es Todopoderoso

Dios tiene poder ilimitado, no hay nada que Él no pueda hacer. Sin embargo, su poder siempre es consistente con su carácter. Nada frustra los propósitos y planes de Dios. Aunque Él no actúe de acuerdo con nuestro tiempo, podemos confiar en que Él hará que todas las cosas cooperen para nuestro bien y para su gloria (Génesis 18:14; Salmos 33:6; Jeremías 32:17; Efesios 3:20).

Dios es justo

La justicia de Dios debe traernos consuelo, así como producirnos un temor santo. Debido a que Él es justo, Dios vengará y pagará todo mal que se nos haga. Pero esa misma justicia requiere un castigo por el pecado. A menos que aceptemos la muerte expiatoria de Cristo, no podemos estar en su presencia ni esperar que Él nos ayude (Deuteronomio 32:4; Eclesiastés 12:14; Miqueas 7:18-19; 2 Corintios 5:10).

Dios es misericordioso

Debido a que Dios nos ama, Él ha satisfecho la justicia enviando a su Hijo a morir por nuestros pecados. Su amorosa compasión y misericordia buscan continuamente sanar nuestro quebrantamiento. En tanto que nuestro pecado es grande, su gracia es mayor. Su misericordia nos consuela y nos sana. Nos repara y nos restaura. Nos hace nuevos (Salmos 51:1-2; Daniel 9:9; Hebreos 4:16; 2 Pedro 3:9).

Dios es fiel

Dios no es olvidadizo, ni falla en hacer lo que ha prometido. No importa cuánto tiempo tome, Dios permanecerá fiel. Aunque podamos decepcionarlo, Dios nunca nos defraudará. Él será fiel para ayudarnos a vencer la tentación y terminar la obra que ha comenzado en nosotros (Deuteronomio 7:9; Salmos 119:90; 1 Corintios 10:13; Filipenses 1:6).

Dios es insondable

Aunque estamos hechos a su imagen, Dios está completamente por encima de nosotros y más allá de nosotros. No podemos comenzar a comprender sus pensamientos ni sus caminos (Isaías 56:8-9), lo que significa que debemos hacer las paces con el misterio. En lugar de exigirle que se explique a sí mismo, podemos descansar en la revelación de que Él es completamente bueno (Salmos 139:5-6; Salmos 145:3; Isaías 40:28; Romanos 11:33-34).

Dios es conocible

Aunque no podemos comprenderlo completamente, Dios quiere que lo conozcamos a través de su Palabra y por su Espíritu Santo. Al permitir que Jesús viva dentro de nosotros, nos familiarizamos íntimamente con nuestro Padre: un Dios que está obrando para nuestro bien y es digno de nuestra confianza (Jeremías 9:23-24; Romanos 1:20; 1 Corintios 2:10-12; Efesios 3:10-12).

Biografía personal de Dios

Si anhelas conocer mejor a Dios y «pensar magníficamente» sobre Él, no puedo pensar en un mejor lugar para comenzar que Éxodo 34:6-7. Porque en la autodescripción que Dios le dio a Moisés, encontramos revelaciones de su naturaleza, así como de su corazón:

> El Señor, el Señor, Dios compasivo y misericordioso, lento para la ira y grande en amor y fidelidad, que mantiene su amor hasta mil generaciones después y que perdona la maldad, la rebelión y el pecado; pero no tendrá por inocente al culpable.

Tal vez luches con esa última oración. ¿Cómo puede un Dios de compasión ser también un Dios de ira? Es importante entender que los atributos de Dios nunca se contradicen entre sí; sino que trabajan juntos en hermosa armonía. Debido a que Él es santo, Él no puede tolerar el pecado. Pero debido a que Él es amor, Él proveyó el sacrificio necesario.

Cuando aceptamos a su Hijo y abrazamos a Dios tal como Él es en lugar de tratar de moldearlo a nuestra imagen, no solo descubrimos un Padre que nos ama, sino también a un Dios eternamente fiel en el que podemos confiar.

En ti confían los que conocen tu *nombre*,
porque tú, Señor, jamás abandonas a los
que te *buscan*.

Salmos 9:10

GUÍA DE ESTUDIO

Escanea el código QR para ver o descargar la guía de estudio de 10 semanas.

Notas

Primera parte: Confiar en Dios

1. Parafraseado de Amy Carmichael, *If: What Do I Know of Calvary Love?* (Fort Washington, PA: Christian Literature Crusade, 1938), p. 93, en el libro de Leslie Ludy, *Authentic Beauty: The Shaping of a Set-Apart Young Woman* (Colorado Springs: Multnomah, 2007), p. 248.

Capítulo 1: El viaje hacia la confianza

2. Lysa TerKeurst, *Uninvited: Living Loved When You Feel Less Than, Left Out, and Lonely* (Nashville: Thomas Nelson, 2016), pp. 53-54.

3. Fuente desconocida.

4. Brennan Manning, *Ruthless Trust: The Ragamuffin's Path to God* (San Francisco: HarperOne, 2000), pp. 180-81.

5. Adaptado de Alan Watts, *"The Story of the Chinese Farmer"*, Wellsbaum. blog: Writing about Life and Arts, 27 de enero, 2018, https://wellsbaum.blog/alan-watts-story-of-the-chinese-farmer.

6. . Charles R. Swindoll, *David: A Man of Passion and Destiny*, Great Lives from God's Word (Dallas: Word, 1997), p. 7.

7. Recogí esta frase memorable de Martha Tennison, en un sermón predicado el 25 de septiembre de 1999.

8. Swindoll, David, p. 21.

9. Según la cita del gran predicador escocés Alexander Whyte (1836-1921) en un sermón llamado: *"The Magnificence of Prayer," Lord Teach Us to Pray:* Sermons on Prayer (London: Hodder and Stoughton, 1922), obtenido en Christian Classics Ethereal Library, 18 de septiembre, 2021, www.ccel.org/ccel/whyte/pray.ii.html.

10. A. W. Tozer, *A Journey into the Father's Heart*, vol. 1 of The Attributes of God (Chicago: WingSpread, 2007), p. 195.

11. C. Michael Hawn, *"History of Hymns: 'Tis So Sweet to Trust in Jesus,'"* Discipleship Ministries: The United Methodist Church, 18 de septiembre, 2014, www.umcdiscipleship.org/resources/history-of-hymns-tis-so-sweet-to-trust-in-jesus.

Capítulo 2: Rendición total

12. Julie Sprankles, *"55+ Gilmore Girls Quotes That'll Make You Crave Coffee & Witty Banter,"* Scary Mommy (blog), 13 de Enero, 2021, www.scarymommy.com/gilmore-girls-quotes.

13. Joel Schmidgall, citado por Mark Batterson en, *All In: You Are One Decision Away from a Totally Different Life* (Grand Rapids: Zondervan, 2013), p. 132.

14. Puedes encontrar referencias sobre perder la vida en Mateo 10:39; 16:25; Marcos 8:35; Lucas 9:24; y Juan 12:25.

15. Batterson, *All In*, p. 20.

16. Elisabeth Elliot usó este término para describir a su héroe de fe, Amy Carmichael. Véase Ian Hamilton, *"Lessons from the Life of Amy Carmichael (Part II),"* blog post, Radius International, 9 de febrero, 2021, www.radiusinternational.org/lessons-from-the-life-of-amy-carmichael-part-ii.

17. Greg Laurie, *"How to Know God,"* Harvest.org, consultado el 16 de septiembre, 2021, https://harvest.org/know-god/how-to-know-god, énfasis mío.

18. Joanna Weaver, *Having a Mary Spirit: Allowing God to Change Us from the Inside Out* (Colorado Springs: Waterbrook, 2006). Aunque "La Mujer de la Carne" se discute a lo largo de todo el libro, el capítulo 3 describe en detalle la batalla que experimentamos en nuestro interior.

19. Betel es el nombre del lugar donde Jacob se encontró con Dios en un sueño, recibió una bendición y estableció un altar para Dios (Génesis 28:10-22; 35:1-3).

20. Henri Nouwen, Henri Nouwen, ed. Robert A. Jonas, *Modern Spiritual Masters* (Maryknoll, MD: Orbis, 1998), p. 55.

21. Warren Baker y Eugene Carpenter, *The Complete Word Study Dictionary: Old Testament* (Chattanooga: AMG, 2003), bajo el vocablo 7503 (Strong's H7503).

22. Larry Pierce, ed., *"Outline of Biblical Usage,"* bajo el vocablo "ḥāzaq" (Strong's H2388), Blue Letter Bible, consultado el 25 de octubre, 2021, www.blueletterbible.org/lexicon/h2388/kjv/wlc/0-1.

Capítulo 3: Fe inquebrantable

23. Pistis (según *Strong* G4102) y según su empleo en *Bible Hub*: https://biblehub.com/greek/4102.htm

24. Soy consciente de que la confianza también puede ser un sustantivo, pero hacer esta distinción me ayuda a comprender la naturaleza activa de la fe expresada en la confianza, que creo que es completamente bíblica. Y hay algún fundamento para las designaciones de sustantivo/verbo en el griego. *Pistis* es un sustantivo relacionado con el verbo *peithó*, que significa confiar o tener confianza. Para obtener más información, consulte *pistis* (G4102 de *Strong*) y *peithó* (G3982 de *Strong*) en *Bible Hub*: https://biblehub.com/greek/4102.htm y https://biblehub.com/greek/3982.htm.

25. Usado con permiso. Puedes conocer más sobre Jodi y sus libros en JodiDetrick.com.

26. Kenneth L. Barker, ed., Biblia de Estudio NVI, Edición 10mo Aniversario, New International Version (Grand Rapids: Zondervan, 1995), nota textual en Apocalipsis 12:10.

27. John Piper, *"Are God's Providence and God's Sovereignty the Same?"* transcripción del episodio 1383 del podcast *Ask Pastor John*, Desiring God, 18 de octubre, 2019, www.desiringgod.org/interviews/are-gods-providence-and-gods-sovereignty-the-same?

28. Barker, Biblia de Estudio NVI, nota textual en 1 Samuel 18:4.

29. Dr. & Mrs. Howard Taylor, *Hudson Taylor's Spiritual Secret* (Chicago: Moody Publishers, 2009), p. 163.

30. Dr. & Mrs. Howard Taylor, *Hudson Taylor and the China Inland Mission: The Growth of a Work of God* (London: Morgan & Scott LD, 1920), p. 278.

31. Dr. & Mrs. Howard Taylor, *Hudson Taylor and the China Inland Mission*, p. 493.

32. *"Coronavirus World Map: Tracking the Global Outbreak", New York Times*, 7 de octubre, 2021, www.nytimes.com/interactive/2021/world/covid-cases.html.

Segunda parte: Soltar el control

33. A. W. Tozer, *The Pursuit of God: The Human Thirst for the Divine* (Harrisburg, PA: Christian Publications, 2015), p. 30.

Capítulo 4: Entregar las hojas de higuera

34. Paul Lee Tan, *Encyclopedia of 7700 Illustrations: Signs of the Times* (Rockville, MD: Assurance, 1990), 1566, bajo el vocablo "7124: Epigram."

35. Jackie Carroll, *"Fig Types: Different Types of Fig Trees for the Garden,"* Gardening Know How, updated June 23, 2021, www.gardeningknowhow.com/edible/fruits/figs/different-types-of-fig-trees.htm.

36. *"Fig Leaves Information and Facts"* Specialty Produce, https://www.specialtyproduce.com/produce/Fig_Leaves_7136.php.

37. *"Is Fig Tree Sap an Irritant?,"* EverythingWhat.com, 23 de julio, 2021, https://everythingwhat.com/is-fig-tree-sap-an-irritant.

38. Dorothy Hildebrand Irvin, "Sew," in The International Standard Bible Encyclopedia, ed. Geoffrey W. Bromiley, rev. ed. (Grand Rapids: Eerdmans, 1988), 4:428–29.

39. Lauren Migliore, *"I Can't Decide! Why an Increase in Choices Decreases Our Happiness,"* BrainWorld, 7 de diciembre, 2019, https://brainworldmagazine.com/cant-decide-increase-choices-decreases-happiness.

40. Josh Fiallo, *"U.S. Falls in World Happiness Report, Finland Named Happiest Country,"* Tampa Bay Times, 20 de marzo, 2019, www.tampabay.com/data/2019/03/20/us-falls-in-world-happiness-report-finland-named-happiest-country.

41. Barry Schwartz, *The Paradox of Choice: Why More Is Less* (New York: Ecco/Harper-Collins, 2004), p. 221.

42. Hans Christian Andersen, *"The Emperor's New Clothes"* ("Kaiserens Nye Klaeder"), trans. Jean Hersholt, University of Southern Denmark Hans Christian Andersen Centre, última modificación el 19 de septiembre, 2019, https://andersen.sdu.dk/vaerk/hersholt/TheEmperorsNewClothes_e.html.

43. Andersen, *"Emperor's New Clothes."*

44. Colin J. Hemer, *The Letters to the Seven Churches of Asia in Their Local Setting* (Grand Rapids: Eerdmans, 2000), 191, citado por Tony Garland, "A Testimony of Jesus Christ: A Commentary on the Book of Revelation," Spirit and Truth, consultado el 20 de septiembre, 2021, www.spiritandtruth.org/teaching/Book_of_Revelation/commentary/htm/chapters/03.htl#27394.

45. Monty S. Mills, *Revelations: An Exegetical Study of the Revelation to John* (Dallas: 3E Ministries, 1987), Apocalipsis 3:14, citado por Garland, "A Testimony of Jesus Christ."

46. Robert L. Thomas, Revelation 1–7 (Chicago: Moody, 1992), Apocalipsis 3:4, citado por Garland, "A Testimony of Jesus Christ."

47. Hemer, *Letters to the Seven Churches*, 193, citado por Garland, "A Testimony of Jesus Christ."

48. Warren Wiersbe, *Be Victorious* (Revelation), (Colorado Springs, CO: David C. Cook, 1985), p. 56.

49. Hemer, *Letters to the Seven Churches*, p. 193.

Capítulo 5: Expectativas no tan grandes

50. Melissa Camara Wilkins, *"7 Expectations to Let Go of Right Now,"* No Sidebar (blog), 26 de febrero, 2017, https://nosidebar.com/expectations.

51. Wilkins, *"7 Expectations to Let Go of Right Now."*

52. Brennan Manning, *The Ragamuffin Gospel: Embracing the Unconditional Love of God* (Colorado Springs: Multnomah, 1990), p. 22.

53. Adaptado de *"7 Expectations to Let Go of Right Now"* por Wilkins.

54. Strong's Exhaustive Concordance, s.v. "tiqvah" (Strong's H8615), Bible Hub, consultado el 20 de septiembre, 2021, https://biblehub.com/hebrew/8615.htm.

55. Cindy and Steve Wright, *"Finishing Well—Ruth and Billy Graham—MM 309,"* Marriage Missions International, consultado el 21 de septiembre, 2021, https://marriagemissions.com/finishing-well-ruth-billy-graham-finishing-well-mm-309.

56. Oswald Chambers, *My Utmost for His Highest: Selections for the Year: The Golden Book of Oswald Chambers*, The Christian Library (Westwood, NJ: Barbour, 1963), artículo del 3 de mayo, 1990.

57. Segundo verso del himno *Amazing Grace* (Sublime gracia en español) https://gccsatx.com/himnos/sublime-gracia/

58. Wikipedia, s.v. *"Miss Havisham"*, modificado por última vez el 20 de septiembre, 2021, 18:38, https://en.wikipedia.org/wiki/Miss_Havisham.

Capítulo 6: El reino del revés

59. Este número es de mi recuento personal de referencias en la NVI usando Biblegateway.com. (Conté 104). Aquí están las referencias que se encuentran solo en el Evangelio de Marcos: 1:15; 4:11, 26, 30; 9:1, 47; 10:14, 15, 23-25; 12:34; 14:25; y 15:43.

60. Jeremy R. Treat, *Seek First: How the Kingdom of God Changes Everything* (Grand Rapids: Zondervan, 2019), pp. 24-25.

61. Treat, *Seek First*, p. 183.

62. Treat, *Seek First,* pp. 184-185.

63. Alex Seeley, *The Opposite Life: Unlocking the Mysteries of God's UpsideDown Kingdom* (Nashville: W Publishing Group, 2019), p. 3.

64. Seeley, *The Opposite Life*, p. 4.

65. Arthur Bennett, ed., *The Valley of Vision: A Collection of Puritan Prayers and Devotions* (Carlisle, PA: Banner of Truth, 2009), xxiv–xxv. En español consultado el 29 de mayo, 2023, en la página 16 en https://www.iglesiacristianagraciayamor.org/Archivos/Libros/Oraciones%20Puritanas.pdf

66. Seeley, Opposite Life, p. 6.

67. Nota al pie de Mateo 5:3 en la Traducción la Pasión/The Passion Translation (Minneapolis: Passion & Fire Ministries, 2020), Bible Gateway, consultado el 21 de septiembre, 2021, www.biblegateway.com/passage/?search=Matthew+5%3A3&version=TPT.

68. "Naturalization Oath of Allegiance to the United States of America," U.S. Citizenship and Immigration Services, consultado el 23 de septiembre, 2021, www.uscis.gov/citizenship/learn-about-citizenship/the-naturalization-interview-and-test/naturalization-oath-of-allegiance-to-the-united-states-of-america.

69. John Avery, "Father," Names for God, consultado el 23 de septiembre, 2021, https://namesforgod.net/father.

70. Merriam-Webster.com, s.v. "holy," consultado el 26 de septiembre, 2021, https://www.merriam-webster.com/dictionary/holy.

71. Lloyd John Ogilvie, Silent Strength for My Life (Eugene, OR: Harvest House, 1990), p. 316.

Capítulo 7: Derribar ídolos

72. Hope Bolinger, "What Is an Asherah Pole?," Christianity.com, consultado el 30 de diciembre, 2019, www.christianity.com/wiki/bible/what-is-an-asherah-pole.html.

73. Timothy Keller, *Counterfeit Gods: The Empty Promises of Money, Sex, and Power, and the Only Hope That Matters* (New York: Riverhead, 2009), xix-xx.

74. Kyle Idleman, *Gods at War: Defeating the Idols That Battle for Your Heart*, rev. ed. (Grand Rapids: Zondervan, 2018), p. 48.

75. John Calvin, Institutes of the Christian Religion, ed. John T. McNeill, 2 vols., Library of Christian Classics (Philadelphia: Westminster, 1960), 1:108, citado por Elyse M. Fitzpatrick, *Idols of the Heart: Learning to Long for God Alone,* rev. ed. (Phillipsburg, NJ: P&R, 2016), p. 25.

76. Spiros Zodhiates, gen. ed., The Complete Word Study Dictionary: New Testament, rev. ed. (Chattanooga: AMG International, 1992), "pleonéktēs" (Strong's G4123).

77. Kurt Richardson, James, vol. 36 of *The New American Commentary: An Exegetical and Theological Exposition of Holy Scripture* (Nashville: Broadman & Holman, 1997), pp. 80–81.

78. Jeffery Curtis Poor, *"6 Surprising Idols Worshiped Today (What Is Idolatry?)"*, Rethink, consultado el 6 de abril 2020, www.rethinknow.org/2020/04/06/idol-worship-today.

79. *"Vlogs a Job: Children Turn Backs on Traditional Careers,"* consultado el 5 de febrero, 2022, https://www.thesun.co.uk/news/3617062/children-turn-backs-on-traditional-careers-in-favour-of-internet-fame-study-finds/.

80. "My Gaze | Worship Yourself | Nair," video de YouTube, 0:15, publicado por "Nair", 7 de abril, 2021, https://www.youtube.com/watch?v=IWesPpwokf8.

81. Ray Vander Laan, *"Fertility Cults of Canaan,"* That the World May Know, consultado el 24 de septiembre, 2021, www.thattheworldmayknow.com/fertility-cults-of-canaan.

82. Vander Laan, *"Fertility Cults of Canaan."*

83. Bolinger, *"What Is an Asherah Pole?"*

Capítulo 8: Un corazón que no se ofende

84. Concordancia Exhaustiva Strong, bajo el vocablo "skandalon" (Strong's G4625), Bible Hub, consultado el 30 de septiembre, 2021, https://biblehub.com/greek/4625.htm.

85. John Bevere, *The Bait of Satan: Living Free from the Deadly Trap of Offense,* 20th anniversary ed. (Lake Mary, FL: Charisma House, 2014), p. 6.

86. Francis Frangipane, *"Unoffendable, Part 1,"* The Frangipane Chronicles, March 2010, www.francisfrangipane.info/2010/03/unoffendable-part-1.html.

87. Max Lucado, *You'll Get Through This: Hope and Help for Your Turbulent Times* (Nashville: Thomas Nelson, 2013), p. 117.

Capítulo 9: Vivir más allá de tus sueños

88. John Duckworth, *Just for a Moment, I Saw the Light: Fresh Glimpses of Heaven from a Down-to-Earth Life* (Wheaton: Victor, 1994), pp. 217-18.

89. Duckworth, *Just for a Moment, I Saw the Light*, pp. 217-18.

90. Mrs. Charles E. Cowman, *Springs in the Valley*, en *Springs in the Desert and Springs in the Valley*, Zondervan Treasures (Grand Rapids: Zondervan, 1996), artículo del 25 de julio, 210.

91. Lamentablemente, la conferencia ocurrió hace tantos años, que no puedo recordar el nombre del orador ni la fecha y hora específicas del evento, pero estoy eternamente agradecida por su consejo.

92. Holley Gerth, *Opening the Door to Your God-Sized Dream: 40 Days of Encouragement for Your Heart* (Grand Rapids: Revell, 2013), pp. 23-24.

93. Henry Blackaby and Claude V. King, *Experiencing God: How to Live the Full Adventure of Knowing and Doing the Will of God*, rev. ed. (Nashville: Broadman & Holman, 1994), p. 69.

94. Warren W. Wiersbe, *50 People Every Christian Should Know: Learning from Spiritual Giants of the Faith* (Grand Rapids: Baker Books, 2009), p. 160.

95. Wiersbe, *50 People Every Christian Should Know*, pp. 160-61.

96. Wiersbe, *50 People Every Christian Should Know*, p. 160.

97. Wiersbe, *50 People Every Christian Should Know*, p. 161.

98. Olgivie, *Silent Strength for My Life*, p. 15.

99. Olgivie, *Silent Strength for My Life*, p. 15.

100. José tenía diecisiete años cuando tuvo sus sueños (Génesis 37:2-11). Tenía

treinta años cuando entró al servicio de Faraón (41:46). Después de siete años de abundancia, comenzó la hambruna. Los hermanos de José vinieron a Egipto a comprar grano y se inclinaron ante José (42:6). Un total de al menos veinte años.

101. Charles R. Swindoll, *Joseph: A Man of Integrity and Forgiveness, Great Lives from God's Word* (Nashville: W Publishing Group, 1998), p. 11.

102. David Santistevan, *"How Serving Another's Vision Prepares You for Your Own,"* Ron Edmonson (blog), consultado el 7 de junio, 2011, https://ronedmondson.com/2011/06/how-serving-anothers-vision-prepares-you-for-your-own.html.

103. Jodi Detrick, *The Jesus-Hearted Woman* (Springfield, MO: Salubris Resources, 2013), título del capítulo 8: Primero en aplaudir.

104. Philip Yancey, *Disappointment with God: Three Questions No One Asks Aloud* (Grand Rapids: Zondervan, 1988), p. 224.

105. Kosuke Koyama, *Three Mile an Hour God* (London, UK: SCM, 1979), citado en el libro de Craig Thompson, *"God's Speed: Slowing Down, Listening, and Learning,"* Clearing Customs, 18 de julio, 2021, https://clearingcustoms.net/2021/07/18/godspeed-slowing-down-listening-and-learning.

Tercera parte: Resistir

106. Lysa TerKeurst, *Uninvited*, p. 65.

Capítulo 10: Creer en Dios

107. Barnabas Piper, *"Four Differences between Believing and Unbelieving Doubt,"* Barnabas Piper (blog), 12 de mayo, 2020, https://barnabaspiper.com/2020/05/4-differences-between-believing-and-unbelieving-doubt.html. Para explorar este tema a mayor profundidad, véase: Barnabas Piper, *Help My Unbelief: Why Doubt Is Not the Enemy of Faith*, rev. ed. (Epsom, UK: Good Book Co., 2021).

108. Got Questions Ministries, *"What Does It Mean That All Things Are Possible to Him Who Believes (Mark 9:23)?,"* GotQuestions.org, consultado el 16 de septiembre, 2021, www.gotquestions.org/all-things-possible-him-who-believes.html.

109. Notas del sermón: «Oraciones del tamaño de Dios» de Randy Ruiz, el 3 de mayo, 2017 en la ciudad de Billings, Montana.

110. Living Proof Ministries with Beth Moore, *"Beth Moore Bible Studies: Believing God"*, video de YouTube, 0:56, publicado por Living Proof Ministries, el 1 de agosto, 2019, www.youtube.com/watch?v=XXQFUDcfCgs.

111. Beth Moore, *Believing God* (Nashville: Broadman & Holman, 2015), p. 30.

112. Moore, *Believing God*, p. 31.

113. Concordancia Exhaustiva Strong, bajo el vocablo "amen" (Strong's H543), Bible Hub, consultado el 4 de octubre, 2021, https://biblehub.com/hebrew/543.htm.

114. Concordancia Exhaustiva Strong, bajo el vocablo "aman" (Strong's H539), Bible Hub, consultado el 4 de octubre, 2021, https://biblehub.com/hebrew/539.htm.

115. Abraham y Sara comenzaron su vida como Abram y Saray, y recibieron esos nombres durante muchos años. Dios cambió sus nombres en Génesis 17 como una señal de Su pacto con Abraham. Para facilitar la explicación, me refiero a ellos como Abraham y Sara en todo momento.

116. Esta declaración bellamente concisa se atribuye ampliamente al gran predicador victoriano Charles Haddon Spurgeon, pero en realidad es una paráfrasis que ganó fuerza a fines del siglo XX. La cita original es del sermón de Spurgeon "Un cristiano feliz", sermón nro. 736, pronunciado en el Tabernáculo Metropolitano, Newington, Inglaterra, 1867, del Púlpito del Tabernáculo Metropolitano, Volumen 13, *The Spurgeon Center for Biblical Preaching,* https://www.spurgeon.org/resource-library/sermons/a-happy-christian/#flipbook. Para obtener más información sobre la paráfrasis, consulte la publicación de blog: *"6 Quotes Spurgeon Didn't Say", The Spurgeon Center*, consultado el 4 de octubre, 2021, https://www.spurgeon.org/resource-library/blog-entries/6-quotes-spurgeon-didn't-say.

117. Citado por Emily P. Freeman, *"Never Believe Anything Bad about God,"* EmilyPFreeman.com, consultado el 4 de octubre, 2021, https://emilypfreeman.com/never-believe-anything-bad-god.

118. La FIV, o fertilización in vitro, es un procedimiento médico mediante el cual un óvulo es fertilizado por un espermatozoide fuera del cuerpo para crear un embrión que se implanta en el útero de una mujer. Las personas tienen diferentes puntos de vista sobre este procedimiento, y nuestra historia no pretende ser una recomendación. Cada pareja debe determinar cuidadosamente y con oración lo que el Señor quiere que hagan.

Capítulo 11: Contentamiento en su amor

119. Joni Eareckson Tada y Steven Estes, *When God Weeps: Why Our Sufferings Matter to the Almighty* (Grand Rapids: Zondervan, 2000), p. 171.

120. Diccionario Cambridge, bajo el vocablo "contentamiento", consultado el 5 de octubre, 2021, https://dictionary.cambridge.org/dictionary/english/contentment.

121. Diccionario Macmillan (American English), bajo el vocablo "contentamiento", consultado el 5 de octubre, 2021, www.macmillandictionary.com/us/dictionary/american/contentment.

122. Dick Meyer, *"Meyer: 'Prosperity Paradox' at Center of American Discontent,"* Online Athens, Athens Banner-Herald, 28 de noviembre, 2016, www.onlineathens.com/opinion/2016-11-28/meyer-prosperity-paradox-center-american-discontent.

123. Meyer, *"Meyer: 'Prosperity Paradox' at Center of American Discontent."*

124. Usado con permiso. Descubre más información sobre Joy y sus maravillosos recursos en https://www.toolsformentoring.com/.

125. Greg Allen, *"From Christ to Contentment: Philippians 4:10-14,"* transcripción de un sermón predicado el 2 de noviembre, 2008, Bethany Bible Church (Portland, Oregon), https://bethanybible.org/new/sermon/2008/2008-11-02/from-christ-to-contentment-philippians-410-14.

126. Jack L. Arnold, *"Lesson 19: Contentment: Philippians 4:10-13,"* Equipping Pastors International, consultado el 5 de octubre, 2021, http://www.cleartheology.com/expo/40Philippians/Philippians%2019.html.

127. Ray C. Stedman, *"To Be Content,"* transcripción del sermón compartido el 29 de septiembre, 1963, *Ray Stedman: Authentic Christianity*, consultado el 5 de octubre, 2021, www.raystedman.org/new-testament/philippians/to-be-content.

128. Erik Raymond, *Chasing Contentment: Trusting God in a Discontented Age* (Wheaton: Crossway, 2017), p. 22.

129. Esta línea es ampliamente citada y atribuida a Sócrates, pero generalmente sin mencionar la fuente. Ver *"Talk:Socrates"*, Wikiquote.org, última edición el 30 de julio, 2021, https://en.wikiquote.org/wiki/Talk:Socrates#Unsourced.

130. Allen, *"From Christ to Contentment."*

131. Allen, *"From Christ to Contentment."*

132. Alan Carr, tomado del sermón: *"The Secret Society of the Satisfied"*, The Sermon Notebook: Biblical Resources for Preachers and Teachers of the Word of God, consultado el 5 de octubre, 2021, https://sermonnotebook.org/new%20 testament/Philippians%204_10-13.htm.

133. John Piper, *Desiring God*, rev. ed. (Colorado Springs: Multnomah Books, 2011), 10, énfasis mío.

Capítulo 12: El regalo de la disciplina

134. Concordancia Exhaustiva Strong, bajo el vocablo "ma'as" (Strong's H3988), Blue Letter Bible, consultado el 6 de octubre, 2021, https://www.blueletterbible.org/lexicon/h3988/niv/wlc/0-1.

135. Concordancia Exhaustiva Strong, bajo el vocablo "qus" (Strong's H6973), Bible Hub, consultado el 6 de octubre, 2021, https://biblehub.com/hebrew/6973.htm.

136. Concordancia Exhaustiva Strong, bajo el vocablo "paideia" (Strong's G3809), Bible Hub, consultado el 5 de octubre, 2021, https://biblehub.com/greek/3809.htm.

137. "Simone Biles", Olympics.com, consultado el 6 de octubre, 2021, https://olympics.com/en/athletes/simone-biles.

138. Liz Roscher, "Simone Biles Reflects on Olympics Ordeal: I Should Have Quit Way Before Tokyo," Yahoo! Sports, 28 de septiembre, 2021, https://sports.yahoo.com/simone-biles-reflects-on-olympics-ordeal-i-should-have-quit-way-before-tokyo-163022915.html.

139. "Simone Biles," Olympics.com, consultado el 6 de octubre, 2021, https://olympics.com/en/athletes/simone-biles.

140. Camonghe Felix, "Simone Biles Chose Herself," The Cut, 27 de septiembre, 2021, https://www.thecut.com/article/simone-biles-olympics-2021.html.

141. Alice Park, "These Are All the Gymnastics Moves Named after Simone Biles," Time, 26 de julio, 2021, https://time.com/6083539/gymnastics-moves-named-after-simone-biles.

142. Concordancia Exhaustiva Strong, bajo el vocablo "epichorégeó" (Strong's G2023), Bible Hub, consultado el 6 de octubre, 2021, https://biblehub.com/greek/2023.htm y el vocablo "chorégeó" (Strong's G5524), consultado el 6 de octubre, 2021, https://biblehub.com/greek/5524.htm.

143. Kenneth O. Gangel, "2 Peter," The Bible Knowledge Commentary/New Testament, ed. J. F. Walvoord and R. B. Zuck (Colorado Springs: Cook Communications, 2000), 2 Peter 1:5-7, consultado en PC Study Bible v. 5.

144. Gangel, "2 de Pedro".

145. Rick Renner, Sparkling Gems from the Greek 2: 365 New Gems to Equip and Empower You for Victory Every Day of the Year (Tulsa: Harrison House, 2017), artículo del 19 de octubre, p. 950.

146. Barker, NIV Study Bible, nota textual en 1 Crónicas 22:9.

Capítulo 13: Fe sobre el temor

147. Tomado de una conversación personal con Alicia Britt Chole.

148. Alice Jones, *"Restless Intelligence: Why Smart People Are So Anxious,"* RtoR.org, consultado el 6 de enero, 2021, www.rtor.org/2021/01/06/restless-intelligence-why-smart-people-are-so-anxious.

149. *"5 Things You Never Knew About Fear,"* Northwestern Medicine, consultado en octubre 2020, www.nm.org/healthbeat/healthy-tips/emotional-health/5-things-you-never-knew-about-fear.

150. Namita Gujral, *"Anxiety and the Amygdala,"* Unlearning Anxiety, consultado el 25 de octubre, 2021, https://www.unlearninganxiety.com/amygdala.

151. *"5 Things You Never Knew About Fear."*

152. Echa un vistazo al libro de Jennifer Allwood: *Fear Is Not the Boss of You: How to Get Out of Your Head and Live the Life You Were Made For* (Grand Rapids: Zondervan, 2020).

153. Warren Wiersbe, The Bible Exposition Commentary: Old Testament (Colorado Springs: Cook Communications, 2003), 1 Samuel 30, consultado en PC Study Bible v. 5.

154. Joanna Weaver, "#043: Jesús sobre todo con Lisa Whittle," en el podcast The Living Room with Joanna Weaver, 23 de septiembre, 2020, https://joannaweaverbooks.com/2020/09/23/043-jesus-over-everything-with-lisa-whittle-tlr. El libro de Lisa se llama *Jesus Over Everything: Uncomplicating the Daily Struggle to Put Jesus First* (Nashville: Thomas Nelson, 2020).

155. Pierce, *"Outline of Biblical Usage"*, bajo el vocablo "gālal" (Strong's H1566), Blue Letter Bible, consultado el 25 de octubre, 2021, https://www.blueletterbible.org/lexicon/h1556/kjv/wlc/0-1.

156. Sheila Walsh, *The Heartache No One Sees: Christ's Promise of Healing for a Woman's Wounded Heart* (Nashville: Thomas Nelson, 2004), p. 92.

Capítulo 14: Oraciones del tamaño de Dios

157. "Rees Howell—Intercessor—The Bible College of Wales," vide de YouTube, 58:00, publicado por "Revelation TV", 10 de julio, 2017, www.youtube.com/watch?v=WkbKeTXT__s.

158. "Rees Howell—Intercessor." El Palacio de Buckingham sería "atacado en dieciséis ocasiones distintas" entre septiembre de 1940 y junio de 1944, nueve de ellas "golpes directos". El 13 de septiembre, un solo piloto lanzó cinco bombas, que causaron grandes daños. Ver "El Palacio de Buckingham y el Blitz, 1940", The Guards Depot, 31 de marzo, 2019, https://theguardsdepot.co.uk/buckingham-palace-and-the-blitz-1940.

159. "Rees Howell—Intercessor."

160. "Rees Howell—Intercessor."

161. "Rees Howell—Intercessor."

162. Ray Stedman, "El Espíritu Santo y la oración", transcripción del sermón predicado el 19 de abril, 1964, Ray Stedman: Authentic Christianity, consultado el 11 de octubre, 2021, www.raystedman.org/thematic-studies/prayer/the-holy-spirit-and-prayer.

163. "¿Cuántos salmos escribió David?" Got Questions: Your Questions, Biblical Answers, consultado el 12 de octubre, 2021, www.gotquestions.org/Psalms-David.html.

164. Beverlee J. Chadwick, ed., Torrey on Prayer: The Power of Prayer & the Prayer of Power (Alachua, FL: Bridge-Logos, 2009), xii.

165. R. A. Torrey, *How to Pray* (New Kensington, PA: Whitaker House, 1983), p. 44.

166. Torrey, *How to Pray*, p. 46.

167. Torrey, *How to Pray*, pp. 23-24.

168. Torrey, *How to Pray*, p. 26.

169. Torrey, *How to Pray*, p. 31.

170. Torrey, *How to Pray*, p. 40.

171. Torrey, *How to Pray*, p. 44.

172. Torrey, *How to Pray*, p. 45.

173. Torrey, *How to Pray*, p. 59.

174. Torrey, *How to Pray*, p. 60.

175. Torrey, *How to Pray*, p. 63.

176. Torrey, *How to Pray*, pp. 50-51.

Cuarta parte: Una fe viva

177. *"The Commission to Faith"* by Beth Moore, Believing God Bible Study (Nashville, TN: LifeWay Press, 2004), p. 223.

Capítulo 15: Descansando en la soberanía de Dios

178. Si no has descubierto *Bible Project*, realmente necesitas echarle un vistazo. Tim Mackie, Jonathan Collins y su equipo han pasado años estudiando verdades bíblicas y decodificándolas en videos digeribles que hacen que la teología cobre vida para el cristiano promedio. Accede a su material en www.BibleProject.com.

179. Bible Project, "Shalom/Peace", video de la serie de Adviento, 3:49, consultado el 4 de noviembre, 2021, https://bibleproject.com/explore/video/shalom-peace. El guión del video se puede encontrar en formato PDF en https://d1bsmz3sdihplr.cloudfront.net/media/Script%20References/Advent_Peace_Script-References.pdf.

180. Zodhiates, Complete Word Study Dictionary: New Testament, bajo el vocablo 373 "anapa'u-o".

181. Zodhiates, Complete Word Study Dictionary: New Testament, bajo el vocablo 372 "ana'pausis".

182. Jim Cromarty, *It Is Not Death to Die: A New Biography of Hudson Taylor* (Fearn, Tain, Ross-shire, UK: Christian Focus, 2001), p. 8, citado por John Piper en, *"The Ministry of Hudson Taylor as Life in Christ,"* transcripción del sermón compartido en la conferencia para pastores Desiring God 2014, el 5 de febrero,

2014, Desiring God, www.desiringgod.org/messages/the-ministry-of-hudson-taylor-as-life-in-christ#fn36.

183. Citado en *Elisabeth Elliot, A Path Through Suffering* (Grand Rapids: Revell, 2014), p. 58.

184. "Blue Letter Bible Daily Bible Reading Program Chronological Reading Plan," Blue Letter Bible, consultado el 8 de noviembre, 2021, www.blueletterbible.org/assets/pdf/dbrp/1Yr_ChronologicalPlan.pdf.

185. "The Serenity Prayer by Reinhold Niebuhr," Common Prayers, primero de diciembre, 2019, www.commonprayers.org/the-serenity-prayer.

186. John Milton citado por Richard Foster y Emilie Griffin, *Spiritual Classics: Selected Readings for Individuals and Groups on the Twelve Spiritual Disciplines* (New York: HarperCollins 2000), p. 171.

187. Elliot, *A Path Through Suffering*, p. 58.

Capítulo 16: Dejar un legado de confianza

188. National Park Service, U.S. Department of the Interior, *"Going-to-the-Sun Road: An Engineering Feat,"* PDF, extracto de un folleto del mismo nombre producido por Historic American Engineering Record, 1990, www.nps.gov/glac/learn/news/upload/Going-to-the-Sun-Road-An-Engineering-Feat.pdf.

189. C. W. Guthrie, *Going-to-the-Sun-Road: Glacier National Park's Highway to the Sky* (Helena, MT: Farcountry Press, 2006), p. 22.

190. Guthrie, *Going-to-the-Sun Road*, página del título (subtítulo).

191. Tia Troy, *"Plowing Glacier National Park's Going-to-the-Sun Road,"* publicación del blog, Glacier Country Montana, 30 de mayo, 2014, https://blog.glaciermt.com/plowing-glacier-national-parks-going-to-the-sun-road-2.

192. Troy, *"Plowing Glacier National Park's Going-to-the-Sun Road."*

193. Zodhiates, *Complete Word Study Dictionary: New Testament*, bajo el vocablo 5179, "túpos".

194. Zodhiates, *Complete Word Study Dictionary: New Testament.*

195. *"How to Prepare Your Personal Testimony"*, Navigators, consultado el 7 de febrero, 2022, https://www.navigators.org/resource/how-to-prepare-your-personal-testimony.

196. Arthur T. Pierson, *George Müller of Bristol: 1805–1898*, Hendrickson Classic Biography (Peabody, MA: Hendrickson, 2008), p. 6.

197. Pierson, *George Müller of Bristol*, p. 9.

198. Pierson, *George Müller of Bristol*, p. 180.

199. Pierson, *George Müller of Bristol*, p. 312.

200. Esta historia fue contada por el capitán del barco al evangelista Charles Inglis. Se vuelve a contar en el devocional *"My Eye Is Not on the Fog,"* [Mis ojos no están en la niebla], GeorgeMuller.org, 10 de junio, 2016, https://www.georgemuller.org/devotional/my-eye-is-not-on-the-fog2874126.

201. Roger Steer, *George Müller: 1805–1898: Delighted in God* (Fearn, Tain, Ross-shire, Scotland, UK: Christian Focus Publications, 1997), p. 228.

Apéndice: Conoce al Dios en el que puedes confiar

202. A. W. Tozer, *A Journey into the Father's Heart*, p. 195.